무스탕
Mustang

시 간 의  저 편 으 로  떠 난  여 행

# 무스탕

글·사진 대원 | 大圓 |  Mustang

탐구사

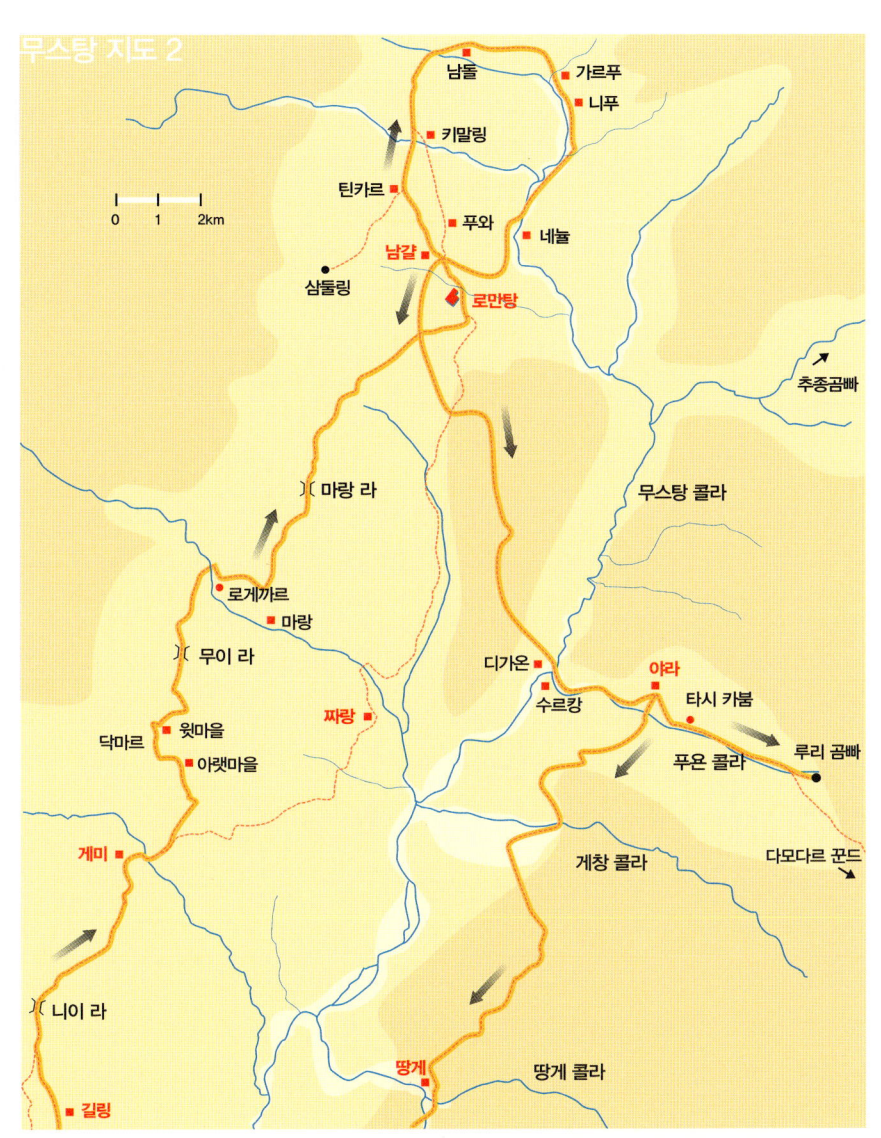

## 책머리에

　무스탕. 그곳은 시간의 먼 저편에 있었다. 그곳에서 돌아온 직후에는 마치 아득한 과거를 여행하고 돌아온 것 같은 느낌이 들었다. 그리고 시공의 순간 이동에 따른 충격인 양 사고 기능이 한동안 정지된 것 같았다. 돌아와 있는 '지금 이 순간'이 어떤 미래로 느껴질 만큼. 내가 꿈을 꿈 꾼 것일까? 과연 그런 곳이 있었던가? 하지만 찍어온 사진들을 보니 분명 꿈은 아니다.
　히말라야 트레킹을 몇 번 했지만 이번 같은 충격은 없었다. 무스탕은 지금까지 트레킹을 다녀 본 여느 히말라야 지역과는 전혀 다른 세계였다. 사전 조사를 통해 분위기를 대강 짐작하고는 있었지만 그곳의 독특한 풍광과 사람들이 사는 모습은 상상을 뛰어넘는 것이었다. 나무 한 그루 없는 황량한 산과 광대한 고원, 기이한 절벽과 메마른 계곡, 몰아치는 바람과 먼지, 한 세기 전과 별로 달라진 것이 없는 마을들, 그리고 유서 깊은 곰빠들의 보석같이 아름다운 벽화들…….
　히말라야를 다녀 온 많은 사람들이 무스탕을 가고 싶어 한다. 그곳에서 사진가는 멋진 풍광을 사진에 담고 싶어 하고, 작가와 예술가들은 새로운 영감을 얻고자 한다. 트레커들은 대자연을 만끽하기 위해 그곳으로 발길을 옮긴다. 물론 나도 말로만 듣던 무스탕의 경이로운 풍광을 보고 싶었다. 그러나 내가 무스탕을 가고 싶어 했던 또 하나의 주된 이유는 그곳이 티베트 불교의 숨겨진 성지이기 때문이다.
　8세기에 티베트 불교의 터전을 확립하여 '티베트 불교의 아버지'로 불리는 빠드마삼바바는 한동안 무스탕의 랑충 곰빠에 머물렀고, 11세기 티베트 불교의 중흥조인 아띠샤 존자尊者도 그곳을 거쳐 갔다. 또한 히말라야의 벌거벗은 성자 밀라레빠(1052~1135)도 무스탕을 다녀간 것으로 알려져 있다. 그리고 이름 모를 수많은 수행자들이 무스탕 곳곳의 절벽 동굴에서 치열하게 정진했다. 나는 한 사람의 불교도로서, 이곳에 머물렀던 옛 성인과 수행자들의 발자취를 더듬어 보고 싶었다.

  2006년 5월, 나는 뜻을 같이 하는 다른 두 사람과 함께 포카라 북쪽의 좀솜에서 트레킹을 시작, 무스탕 계곡 서쪽 사면을 따라 올라가 무스탕 왕국의 수도 로만탕과 그 북쪽의 티베트 접경 지역을 방문했다. 그런 다음 동쪽 사면을 타고 한 바퀴 돌아 내려왔다.

  성지를 순례하는 자세로 접근하여 무스탕의 독특한 자연과 역사, 불교 유적 등을 살펴보았지만, 감히 우리가 종교적 순례자였다고 말할 자신은 없다. 모든 구간을 두 발로만 걸은 것도 아니어서 큰 고행을 한 것도 아니다. 또 가 보지 못하고 지나친 곳들도 있다. 그러나 뒤에 올 사람들을 위해 나름대로 최선을 다해 무스탕에 대한 나의 인상과 느낌을 담아 보려 했다. 특히 우리가 방문했던 마을들과 무스탕 사람들, 그리고 불교 사원들에 대해서 쓰고 싶었다. 이 책은 순수의 땅 무스탕에서 보낸 16일간의 여행 기록이다.

# 차례

책머리에_ 8

1. 무스탕의 관문 까그베니_ 15
2. 금단의 왕국 무스탕_ 30
3. 풍경 속으로_ 42
4. 절벽길을 지나다_ 57
5. 옛 성인들의 자취가 서린 랑충 곰빠_ 73
6. 길링의 곰빠와 곤캉_ 85
7. 붉은 절벽 닥마르_ 102
8. 로게까르를 거쳐 로만탕으로_ 120
9. 무스탕의 역사를 찾아_ 138
10. 툽첸 곰빠와 잠파 곰빠_ 154
11. 띠지 축제_ 169

12. 남걀 곰빠의 동자승들_ 183

13. 바람 부는 광야_ 197

14. 산 넘고 물 건너 동쪽 사면으로_ 213

15. 무스탕의 작은 보물 루리 곰빠_ 228

16. 초르텐의 마을 땅게_ 245

17. 무스탕의 바람골 빠 콜라_ 260

18. 황홀한 4천 미터 고원길_ 271

19. 규 라를 넘어 묵티나트로_ 285

20. 구원의 땅 묵티나트_ 300

21. 루브라를 거쳐 좀솜으로_ 315

글을 마치며_ 330

참고 자료_ 332

## 무스탕 순례여행 일정표 (2006. 5.16-6.8)

| | | 순례여행 일정 | 시간(hr) |
|---|---|---|---|
| Day 1 | | 인천-(홍콩 경유)-카트만두 도착 | |
| Day 2 | | 무스탕 비자 신청, 카트만두 시내 투어 | |
| Day 3 | | 카트만두-포카라(국내선 ) | 0.5 |
| Day 4 | Trek 1 | 포카라-좀솜(국내선)-까그베니(2,900m) | 3 |
| Day 5 | Trek 2 | 까그베니-축상(3,050) | 5 |
| Day 6 | Trek 3 | 축상-사마르(3,700) | 7 |
| Day 7 | Trek 4 | 사마르-랑충 곰빠-길링(3,510) | 7 |
| Day 8 | Trek 5 | 길링-게미-닥마르(3,750) | 7 |
| Day 9 | Trek 6 | 닥마르-로게까르-로만탕(3,730) | 6 |
| Day 10 | Trek 7 | 로만탕 투어-남걀(3,800) | 전일 |
| Day 11 | Trek 8 | 남걀-북쪽 계곡투어-남걀 | 전일 |
| Day 12 | Trek 9 | 남걀-디-야라(3,650) | 7 |
| Day 13 | Trek 10 | 야라-루리곰빠-야라 | 6 |
| Day 14 | Trek 11 | 야라-게창콜라-땅게(3,200) | 7 |
| Day 15 | Trek 12 | 땅게-빠(4,060) | 6 |
| Day 16 | Trek 13 | 빠-테탕(3,140) | 6 |
| Day 17 | Trek 14 | 테탕-규 라-묵티나트(3,750) | 6 |
| Day 18 | Trek 15 | 묵티나트 투어 | 전일 |
| Day 19 | Trek 16 | 묵티나트-루브라-좀솜(2,720) | 6 |
| Day 20 | | 좀솜(항공기 결항으로 하루 지체) | 전일 |
| Day 21 | | 좀솜-포카라(국내선) | 0.5 |
| Day 22 | | 포카라-카트만두(국내선) | 0.5 |
| Day 23 | | 카트만두 출발-방콕 경유 | |
| Day 24 | | 인천 도착 | |

# 1. 무스탕의 관문 까그베니

좀솜행 비행기가 포카라 공항을 이륙했다. 포카라 시내를 벗어난 비행기는 사랑코트와 마차푸차레 사이 계곡을 통과하여 푼힐 산을 스치듯 지난다. 이윽고 세계에서 가장 깊은 깔리 간다키 Kali Gandaki 계곡으로 들어가 안나푸르나 연봉을 비롯한 계곡 좌우의 높은 산 사이를 날렵한 제비처럼 비행한다. 깔로빠니, 툭체, 마르파 등의 강변 마을들이 보이더니 잠시 후 좀솜 Jomsom 공항에 도착했다. 비행 시간은 불과 25분. 포카라에서 나야풀을 거쳐 걸어온다면 4일이 걸리는 거리다.

무스탕 트레킹은 사실상 좀솜에서 시작된다. 네팔 히말라야에서도 오지 중의 오지인 무스탕은 안나푸르나와 다울라기리의 연봉 뒤편, 티베트와의 국경 지역에 있다. 엄밀한 의미에서 무스탕은 깔리 간다키 강의 상류 지역에 자리 잡은 로 왕국 Kingdom of Lo을 말하지만, 보통은 외국인의 출입에 특별 허가가 필요한 까그베니 이북 지역 전체를 무스탕이라고 부른다. 무스탕은 고도가 높고 건조하며, 황량한 산과 절벽과 계곡들이 고대로부터 문득 튀어나온 듯한, 아득히 신비롭고도 적막한 땅이다. 그러면서도 대자연의 장엄한 위풍으로 트레커들을 압도하는 곳이라고 했다.

네팔 히말라야 트레킹을 다녀온 사람이라면 금단의 왕국 무스탕을 동경

하지 않는 이가 드물 것이다. 그곳은 '금단의 왕국Forbidden Kingdom'이라는 과거의 별칭이 말해주듯 쉽게 접근할 수 없는 곳이기 때문이다. 예전에는 외국인이 들어갈 수 없는 말 그대로 '금단의 땅'이었다. 지금은 개방되기는 했으나 제한된 인원에 한해 특별 허가를 얻어야만 들어갈 수 있으므로, 여전히 쉽게 갈 수 있는 곳은 아니다.

무스탕을 가고 싶은 마음이 난 것은 네팔 트레킹을 처음 했던 2000년 가을의 일로 기억된다. 18일간 안나푸르나 산군山群을 한 바퀴 도는 안나푸르나 일주 트레킹에서 5,416미터 높이의 토롱 라Thorong La('라'는 '고개pass'라는 뜻이다)를 넘으면 힌두교와 불교의 성지 묵티나트가 나온다. 무스탕과 맞닿은 곳이다. 당시 그곳을 지나면서 무스탕 쪽을 바라보았다. 그곳은 원정 등반대처럼 정부 연락관을 동반해야 하고, 롯지가 없어 식량과 텐트를 가지고 가야 하며, 입장 허가비가 비싼 특별한 지역이었다. 정부 연락관 제도는 근년에 폐지되었지만 그 외의 사정은 지금도 별반 다를 것이 없다.

무스탕은 네팔 히말라야 지역에서 순수한 고대 티베트 전통과 문화를 유

**좀솜에서 바라본 닐기리봉.**

지하고 있는 몇 안 되는 지역 중 하나로, 네팔 영토이면서도 역사적, 문화적으로는 티베트의 일부로 간주되는 특이한 곳이다. 내가 무스탕을 가고 싶어 한 것도 바로 그런 점 때문이었다. 중국의 영향을 받지 않은 순수한 중세 티베트 불교문화를 보고 싶었다. 거기에 더하여 솔직히 '황량한 아름다움의 극치'로 칭송받고 있는 그곳의 풍광도 보고 싶었다.

이번 무스탕 순례여행에는 나와 백산白山 스님, 그리고 보명화普明華 보살이 동참했다('보살'은 재가 여성 불자에 대한 호칭이며, 보명화는 법명이다). 모두 40대 후반에서 50대 초반이다. 백산 스님은 법랍法臘이 30년 넘는 구참久參으로 나의 토굴살이에 많은 도움을 주고 있다. 보명화 보살은 15년 전 송광사에 있을 때 알게 된 분인데 역시 나를 꾸준히 후원해 주고 있다. 히말라야 트레킹을 먼저 해 본 나는 2005년 가을 안나푸르나 베이스캠프(ABC) 트레킹 때 두 분을

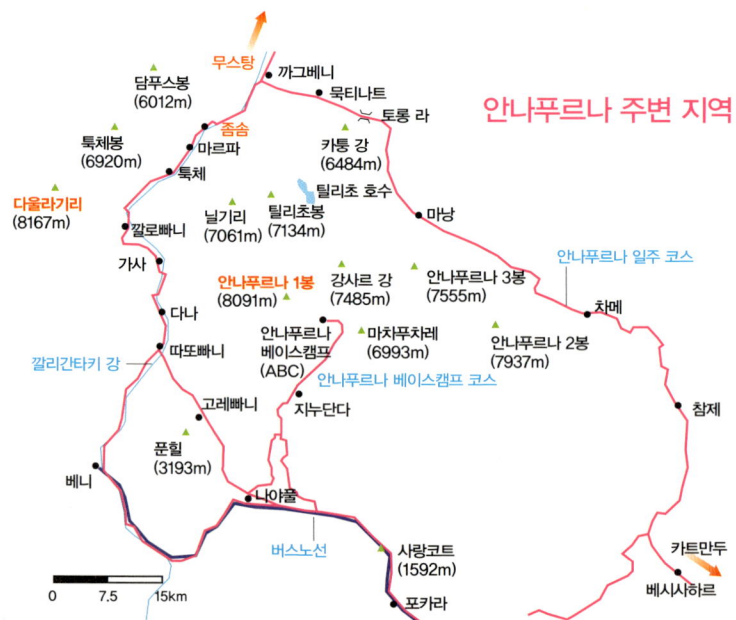

처음 안내했고, 이번 무스탕 여행도 내가 제안하여 뜻을 함께 모았다.

우리는 인천 공항에서 로얄네팔 항공편으로 네팔에 들어왔다. 카트만두의 트리부반 공항에서는 가이드인 삼툭 라마Samtuk Lama가 우리를 반갑게 맞아 주었다. 그와 나는 2002년 봄 ABC 트레킹부터 시작하여 지금까지 쿰부 트레킹, 랑탕 트레킹 등 네 번의 트레킹을 함께 했다. 무스탕의 남걀 마을 출신인 그는 1992년 한국에 와서 3년간 일하고 돌아가 지금은 카트만두에 살고 있다. 한국과의 인연으로 몇 년 전부터 한국인 트레커들의 가이드 일을 해 왔고, 지금은 카트만두에 작은 트레킹 여행사도 하나 차렸다. 나는 석 달 전부터 그와 연락하며 이번 무스탕 여행에 대해 의논했다. 그는 캠핑 트레킹에 필요한 셰르파와 주방 팀을 조직하고 식량과 텐트 등 물자를 준비한 뒤에 우리를 기다리고 있었다.

밤에 카트만두에 도착하여 1박, 다음날 무스탕 트레킹 허가를 신청하느라고 1박 했다. 여권과 사진, 그리고 현금이 필요하기 때문에 허가서를 미리 만들 수는 없다. 또 허가는 2인 이상이 공동으로 신청해야 하며 개인은 신청할 수 없다. 삼툭은 우리의 여권과 사진을 받아, 준비해 둔 서류와 함께 트레킹 전문 여행사에 넘겨주었다. 다음날 오전 여행사 직원이 안나푸르나 입산 허가서와 무스탕 비자를 호텔로 가져왔다.

카트만두에서 국내선을 타고 포카라로 와서 다시 1박 했다. 포카라에서 좀솜 가는 비행기는 오전에만 다니므로 카트만두에서 좀솜까지 당일에 가기는 어렵다. 카트만두에서 아침 일찍 포카라로 날아와 포카라에서 바로 좀솜행 비행기로 갈아타는 방법도 생각할 수 있겠지만, 그런 계획은 실패하기 십상이다. 카트만두에서 아침 일찍 비행기가 뜬다는 보장이 없기 때문이다. 카트만두는 분지여서 아침에 안개가 끼는 날이 많다. 우리도 11시 비행편이었지만 안개 때문에 2시간을 더 기다려서 출발했다. 또 포카라에서 좀솜 가는 비행기도 날씨가 조금만 나쁘면 운항하지 않는다. 따라서 네 팔에서는 항상 여유 있는 일정을 짜야 한다.

### 좀 솜

번잡한 도시에서 3일 밤을 묵은 뒤에야 설산에 들어와서 그런지 기분이 좋다. 6년 만에 다시 찾은 좀솜은 변모된 데가 있었다. 공항 청사가 완공되고 비포장이었던 활주로도 포장되었다. 마을길에도 판석이 깔렸고 전에 없던 트랙터도 보인다. 롯지도 모두 깔끔해졌다. 자본주의의 영향으로 사람들의 인심도 조금은 변했을 것이다. 그러나 개발이 더딘 여기서는 변화의 속도가 느리다. 변함없이 우뚝한 것은 동쪽의 닐리기봉(7,061m)이다. 다울라기리와 안나푸르나는 다른 산에 막혀 보이지 않는다.

좀솜(조모솜)은 현재 무스탕군의 행정중심지로 번창하고 있지만 안나푸르나 지역이 개방되기 전인 1975년까지는 더 아래쪽의 툭체가 중심지였다.

좀솜 공항.

1964년에 무스탕을 방문한 미셸 페셀의 여행기를 보면, 당시 좀솜은 몇 명의 군인이 무스탕으로 들어가는 사람을 감시하는 검문소checkpost가 있는 아주 작은 마을에 불과했다. '좀솜'은 '종삼뽀Zdongsampo'라는 티베트어에서 나온 말로 '새로운 요새'라는 뜻이다. 옛날 이곳을 통치하던 성주가 새로 이곳에 요새를 지은 데서 유래했다. 깔리 간다키의 오른편 상류 쪽에 있는 공항 주변 일대는 뉴 타운이고 원래의 마을인 올드 좀솜은 하류 쪽의 강 건너편이다. 트레커들이 오기 시작하면서 히말라야 산자락 곳곳의 길 옆에 이런 뉴 타운이 들어섰다.

우리는 아침도 먹을 겸 근처 롯지lodge로 들어갔다. 포카라 호텔에서 준비해 준 아침용 도시락에는 빵 2개, 망고 주스 1개가 들어 있다. 간단하게 식사를 마치고 밀크 티도 한 잔 마셨다. 짐을 실은 말들과 주방 팀은 아래쪽에서 올라오고 있는데, 나중에 에클로바티에서 만나게 될 것이다. 첫날은 에클로바티에서 점심을 먹고 까그베니까지 가는 여유 있는 일정이다.

몇 해 전 한국의 어느 무스탕 트레킹 팀이 좀솜에 도착하자마자 축상Chuksang까지 갔다고 하는 이야기가 문득 생각났다. 그것은 내가 보기에 무리한 운행이었다. 그들의 기록을 요약하면 이렇다. "좀솜에서 까그베니까지 10킬로미터 거리를 거의 휴식 시간 없이 3시간 15분 만에 왔다. 까그베니 롯지에서 라면으로 점심을 때우고 오후 1시 출발, 12킬로미터를 4시간 10분 걸려 오후 5시 10분 축상에 도착했다."

7시간 25분의 운행 시간은 특별할 게 없다. 트레킹을 하다 보면 하루 이틀 쯤은 많이 걸어야 할 때도 있다. 그러나 그것은 내리막길이거나 고소高所에 충분히 적응된 후에나 가능한 일이다. 고도 850미터의 포카라에서 3,050미터의 축상까지 하루에 오르는 것은 위험하다. 이들은 다음날도 8시간에 걸쳐 3,800미터의 샴모첸까지 갔다고 한다. 이틀 만에 고도 3,000미터를 올라가는 것은 나로선 상상조차 하기 어렵다. 고산지대에서 누구나 겪을 수 있는 고소증은 때로 치명적이다. 비상 헬기를 부르기가 쉽지 않은 무스탕 같은 곳에서는 더욱 조심해야 한다.

　나는 몇 번의 히말라야 트레킹을 하면서 고소 적응의 기본 원칙을 늘 지키려고 노력했다. 일정보다는 안전이 우선이다. 일정을 의식해 바쁘게 걷게 되면 목적지만 생각날 뿐 다른 것이 눈에 들어오지 않는다. 시간에 쫓기면 휴식하는 중에도 마음이 급하다. 설산을 마주하고 자신의 영혼을 돌아볼 겨를도 없고, 장엄한 풍광도, 사람들이 사는 모습도, 그들의 문화유적도 차분히 살펴볼 여유가 없다. 히말라야에서는 그럴 일이 아니다.

　좀솜을 벗어나 넓고 끝없는 깔리 간다키 계곡으로 들어섰다. 이곳의 주된 교통수단은 말이다. 걷다 보면 말을 탄 현지인들과 묵티나트 순례자들을 자주 만날 수 있다. 트레커는 걷는 것이 원칙이지만, 말을 유용한 이동수단으로 이용하는 현지인들의 관습을 무시하고 걷기만을 고집할 필요는 없다(우리도 나중에는 말을 타게 되었다.). 좀솜에는 요즘 오토바이가 등장했다. 물론 운행 구간은 한정되어 있다. 위로는 묵티나트, 아래로는 비교적 넓은 길이 나 있는 가사까지 갈 수 있을 것이다.*

　9시가 되자 뒤에서 슬슬 바람이 불어온다. 6년 전에는 이 바람을 정면으로 맞으며 에클로바티에서 좀솜으로 내려왔다. 매일 오전 해가 뜨면서부터 불기 시작하는 이 바람은 점점 강해져 항공기 운항이 어려울 정도로 거세진다. 그래서 포카라와 좀솜을 오가는 비행기는 오전 10시가 넘으면 뜨지 않는다. 안나푸르나와 다울라기리의 연봉들이 병풍처럼 늘어서 있어 그 앞쪽의 저지대와 뒤쪽의 고지대 사이에서 큰 기압차를 낳고, 이것이 거센 바람을 일으켜 깔리 간다키 계곡을 불어 올라가는 것이다.

*2007년 5월 무스탕을 다녀온 여행자의 말에 의하면 현재 좀솜에서 가사까지 지프가 운행 중이라고 한다.

좀솜에서 까그베니 가는 도중의 깔리 간다키 계곡.

　바람 많은 황량한 롯지 마을 에클로바티까지 2시간이 걸렸다. 에클로바티는 '한 채의 찻집'이라는 뜻인데, 옛날에는 집이 한 채밖에 없었지만 지금은 트레커들을 상대하는 롯지들이 몇 채 생겨났다. 그리 멀지 않은 곳에 무스탕의 관문 까그베니가 보인다. 바람이 점점 세게 불어왔다. 40분 거리의 까그베니를 목전에 두고 우리는 롯지에 들어가서 점심을 먹었다. 오늘은 아침도 시원찮게 먹었고 오랜만에 많이 걸었더니 생각보다 피곤하다. 여유 있게 쉬면서 기력을 회복하는 것이 좋다. 목적지에 빨리 가서 쉬려고 중간에 멈추지 않는 사람들이 있는데, 자칫 오버페이스가 되어 낭패를 볼 수 있다.
　우리의 짐을 실은 말들과 마부, 그리고 주방 팀은 우리가 쉬고 있을 때 도착했다. 안나푸르나 일주를 마친 트레커들이 가끔씩 내려온다. 해발 5천 미터가 넘는 토롱 라를 넘어왔다는 자부심과 만족감이 얼굴에 쓰여 있다. 마을 사람들이 롯지 앞 양지에서 해바라기를 하고 있다. 우리는 충분히 쉰 다음 출발하여 얼마 지나지 않아 까그베니에 도착했다.

### 까그베니

까그베니의 초르텐.

까그베니Kagbeni. '까그Kag'는 '경계境界' 또는 '봉쇄'라는 뜻이고 '베니Beni'는 '두 강의 합류점'이라는 뜻이다. 묵티나트에서 내려오는 종 콜라Dzong Khola* 의 물이 여기서 깔리 간다키 강에 합류한다. 이곳은 순수 티베트 문화권인 무스탕 지역으로 들어가는 경계다.

마을에 들어서자 거대한 초르텐chorten**이 중앙에 떡 버티고 있다. 히말라야 산자락을 몇 번 다녀 보았지만 이렇게 큰 초르텐은 처음이다. 전형적인 티베트 양식의 이런 초르텐이 무스탕에는 널려 있다는 것을 나중에 알았다. 초르텐 중앙에는 영어로 쓴 안내판이 있다. 안내문에 의하면 이 초르텐은 1665년에 세워졌고, 안쪽 통로 천장에는 375년 된 만달라mandala가 그려져 있다고 한다. 또 가운데 통로는 천상으로 가는 문이어서, 이곳을 지나가면 지금까지 지은 모든 죄가 없어지고 좋은 업業을 얻는다고 했다. 가운데 통로에 들어가서 보니 과연 천장에 큰 만달라가 하나 그려져 있고, 그 주위에 작은 만달라가 8개 있다.

---

\* '콜라'는 네팔어로 하천 또는 계곡을 뜻하는 말이다. 티베트어로는 '체'라고 한다.
\*\*티베트식 불탑. 마을 어귀와 마을 중심 그리고 곰빠 앞에 서 있다.

초르텐 주변까지 집들이 들어서 있다. 마을 입구에 세운 이런 초르텐은 여행자들에게 마을이 있다는 것을 알리는 이정표인 동시에, 마을에 악신이 들어오지 못하게 하는 벽사용辟邪用이다. 또 길을 떠나는 여행자들이 여행이 무사하기를 비는 기도처이기도 하다. 초르텐은 보통 마을의 앞과 뒤에 200~500미터 정도 거리를 두고 세운다. 까그베니의 올드 빌리지, 즉 구촌舊村은 초르텐을 지나 조금 더 가야 한다. 그러므로 초르텐 주변에 집이 있다는 것은 새로 생긴 마을을 뜻한다. 안나푸르나가 개방되어 외국인 트레커들이 들어오면서 생긴 롯지 마을이다. 신구新舊 두 마을은 종 콜라를 사이에

까그베니 뒤 언덕에서 내려다본 올드 빌리지. 왼쪽 붉은 건물이 곰빠이고, 멀리 보이는 마을은 띠리이다.

두고 마주 보고 있으며 다리로 연결되어 있다.

까그베니는 원래 로 왕국에 속한 하나의 성이었다. 마을 위의 무너져 가는 요새지는 한때 이곳이 강력한 세력의 한 거점이었다는 것을 증언하고 있다. 이곳은 또한 옛날부터 티베트와 인도 간의 무역에서 중요한 곳이었다. 깔리 간다키 계곡을 통해 인도와 티베트를 왕래하는 대상隊商들은 반드시 이곳을 통과해야 했고, 까그베니는 그런 상인들에게서 통행세를 받아 번영했다. 그러나 주변 세력들 간의 전쟁과 인도산 소금의 유입으로 티베트와의 소금 교역이 뜸해지자 쇠락의 길을 걷게 되었다.

스태프들이 롯지 마당에 캠프를 차릴 동안 우리 세 사람(나, 백산 스님, 보명화 보살)은 식당에서 차를 마셨다. 말에서 짐을 내리고 텐트를 치는 데 시간이 제법 걸린다. 보통은 말이 먼저 가는 법이지만 오늘은 첫날이라 말과 같이 운행했다. 곧 텐트가 세워지고 각자의 짐이 텐트로 배달되었다. 롯지 샤워장에서 간단하게 몸을 씻고 땀에 젖은 옷을 빨아 널었다. 까그베니는 롯지에 샤워 시설이 있다. 다음 목적지인 축상에서도 소박한 샤워 시설을 이용할 수 있었다. 그러나 그 이후에는 샤워용 텐트를 치고 물을 데워 간단하게 땀을 씻는 것으로 만족해야 했다.

밖으로 나오니 바람이 많이 분다. 마을 아래 강변 뒤쪽의 밭에서는 푸른 보리들이 속절없이 바람에 흔들리고 있다. 이곳의 주된 작물은 보리, 밀 그리고 메밀이다. 개울 건너 올드 빌리지는 깔끔한 롯지들이 즐비한 이쪽 뉴 빌리지와 달리 돌과 흙으로 지은 3층 높이의 집들이 서로 밀집하여 요새처럼 버티고 서 있다. 무스탕의 마을들은 대개 이런 형태다. 좁은 골목에 잿빛 일색의 일견 황량해 보이는 그곳은 아무도 살지 않는 곳 같다. 그러나 분명 사람들이 살고 있고 가축 우리도 집에 붙어 있다.

우리는 발길을 곰빠gompa(티베트 절)로 옮겼다. 까그베니의 곰빠는 무스탕의 주된 종파인 사꺄파Sakyapa 곰빠다. 깨끗하게 단장되어 있으나 현재 스님은 살고 있지 않다고 한다. 1998년에 이곳을 지나간 스위스인 칼스텐 네벨Carsten Nebel의 인터넷 글에서는 지진으로 무너진 곰빠를 새로 짓고 있다고 했고, 2000년에 이곳을 방문한 일본의 오쿠야마 나오지奧山 直司 교수는 이곳에 승려 35명이 살고 있다고 했다. 곰빠에서 롯지도 운영하는지 입구에 객실이 몇 개 보인다. 인기척은 없다. 안뜰로 통하는 작은 나무문을 젖히고 들어가 붉은 성채 같은 곰빠 앞으로 가니 문이 잠겨 있다. 무스탕은 물론 티베트의 절들은 대부분 성채 같은 모양이다. 실제로 이런 곰빠는 과거에 하나의 요새 역할을 했다고 한다. 그래서 입구는 하나뿐이고 창문도 아주 작다.

곰빠 외벽에는 무스탕 곰빠의 특징인 붉은색, 흰색, 검푸른 색의 세로줄 무늬 문양이 있다. 이 세 가지 색은 각기 자비의 화신인 관세음보살, 지혜의 화신인 문수보살 및 수호신장守護神將들을 상징한다. 외벽에는 또 마니차manicha*가 설치되어 있어 사람들이 곰빠를 돌면서 돌릴 수 있게 해 놓았다. 우리를 보자 한 젊은 여자가 와서 문을 열어준다. 입장료는 1인당 100루피인데, 무스탕의 모든 곰빠가 같은 금액이다.

3층 건물의 본당 중에서 법당은 2층에 있다. 안쪽의 불단에는 감龕 안에 석가모니불을 모셔 두었고, 그 좌우에도 역시 감 안에 부처나 조사들의 금동상들을 모셨다. 그리고 3면 벽에는 벽화들이 많이 그려져 있다. 우리는 부처님께 무스탕 순례를 원만하게 회향廻向할 수 있도록 보살펴 달라고 기도를 드린 다음 사다리를 타고 지붕으로 올라갔다.

깔리 간다키 계곡이 남북으로 길게 뻗어 있고 마을이 한눈에 들어온다.

---

*티베트 사원에서 신자들이 손으로 돌리게 만들어 놓은 바퀴통. 손에 들고 다니는 휴대용 마니차도 있다. 이 통 안에는 경전을 쓴 두루마리가 들어 있다.

로만탕으로 들어가는 깊고 깊은 계곡이 범상치 않아 보인다. 주위를 무심코 둘러보다가 곰빠 지붕 네 귀퉁이에 산발한 머리통 같은 것이 하나씩 걸려 있어 깜짝 놀랐다. 악귀를 물리치기 위해 벽사용으로 만든 형상이지만, 바람에 휘날리는 거대한 머리를 보니 기분이 으스스하다.

저녁을 먹기 전에 마을 뒤 언덕으로 올라가 깔리 간다키 풍경을 조망한다. 곰빠보다 훨씬 높아 전망은 더 좋은데, 바람이 얼마나 거센지 몸이 날아갈 지경이다. 닐기리와 토롱 피크Thorong Peak는 구름에 가려 보이지 않지만 다른 풍광은 훌륭하다. 북쪽으로는 넓은 계곡이 험준한 산허리 사이로 뻗어 있다. 이제 내일이면 저 멀리 보이는 계곡 속으로, 그토록 동경했던 금단

까그베니에서 아침에 출발을 준비하는 말들. 파란 모자를 쓴 사람은 마부 까르충. 그 오른쪽은 서다 빠상이다.

의 왕국 무스탕으로 들어간다. 이 순례여행을 과연 무사히 마칠 수 있을까? 어떤 긴장감과 잔잔한 흥분이 가슴에 밀려왔다.

## 2. 금단의 왕국 무스탕

여기서 무스탕의 지리와 역사에 대해 개관해 두는 것이 좋겠다. 무스탕은 네팔의 행정구역상 서부 지방 다울리기리 지구 Dhaulagiri Zone 무스탕군郡 Mustang District에 속해 있다*. 무스탕군은 국립공원과 유사한 '안나푸르나 보존 지역 Annapurna Conservation Area'의 일부이며, 남북으로는 깔리 간다키 강을 따라 북쪽의 티베트 국경에서 남쪽의 가사 Ghasa까지, 동쪽으로는 마낭 Manang, 서쪽으로는 고산 오지인 돌포 Dolpo 지역과 경계를 이룬다. 큰 마을들은 깔리 간다키 강변을 따라 발달해 있는데 행정 중심지는 좀솜이다. 이 지역의 인구는 대략 15,000여 명이며, 주요 종교는 불교가 약 90.8%, 힌두교 9%, 기타 0.2%라고 한다.

이 무스탕 지역을 크게 넷으로 나누어 맨 위에서부터 로초듄, 바라가온, 빤치가온, 탁사체로 부르기도 한다. 로초듄 Lo Tcho Dyun은 길링 위쪽 니이라 너머에 있는 전통적인 '로 왕국 Kingdom of Lo'의 여러 마을을 가리키고, 바라가온 Baragaon('12개 마을')은 길링 이하 까그베니와 묵티나트 일대까지의 마을들을 가리킨다. 한편 빤치가온 Panchgaon('5개 마을')은 바라가온의 아래

---

*네팔은 크게 동부, 중부, 서부, 중서부, 극서부의 5개 지방(Region)으로 나뉘고, 이것은 다시 14개 지구(Zone)와 그 아래의 75개 군(District)으로 나뉜다.

쪽, 탁사체Thaksachae는 그보다 더 아래쪽의 깔리 간다키 유역 마을 집단들이다.

또 무스탕을 상무스탕과 하무스탕으로 나누기도 하는데, 그 지역 구분은 명확하지 않다. 원래는 무스탕 왕의 관할권이 미치는 니이 라 이북 지역의 무스탕 왕국(로 왕국)을 상무스탕Upper Mustang이라고 불렀다고 생각된다. 이 경우 바라가온 지역을 하무스탕Lower Mustang으로 볼 수 있다. 그러나 최근에는 특히 여행사나 관공서 사람들이 까그베니 이북을 상무스탕으로 부르고, 그 아래쪽 지역을 하무스탕으로 부르는 경향이 있는 것 같다. 까그베니 이북 지역의 인구는 대략 6,000여 명이고, 7개의 마을발전위원회(VDC)에 속한 33개 불교도 마을이 있다고 한다.

외국인의 입장에서 무스탕은 보통 까그베니 이북 지역으로 인식된다. 이곳이 출입에 특별 허가가 필요한 시점始點이기 때문이다. 그리고 역사적으로도 로 왕국은 오랫동안 까그베니와 묵티나트 일대를 지배했다. 지금은 로 왕국이 '로초둔'에 국한되어 있지만, 한때는 그 영역이 더 남쪽의 툭체까지 이르렀다고 한다. 여하튼 우리는 편의상 까그베니를 기준으로 그 위쪽의 '무스탕'과 그 아래쪽 지역을 구분하기로 한다. 까그베니 동쪽은 묵티나트 계곡의 종 콜라(종 체)를 무스탕의 경계선으로 볼 수 있다.

까그베니 위쪽과 그 아래쪽 지역은 크게 보아 같은 티베트 문화권이면서도 언어와 생활방식, 종교 등에서 상당한 차이를 보여주고 있다. 까그베니와 묵티나트 계곡 일대 및 그 이북 지역 사람들은 '보티야' Bhotiya라고 불리는데, 이것은 티베트 사람이라는 뜻이다. 반면에 까그베니 아래쪽 지역 사람들은 티베트계이기는 하지만 별도로 타칼리족族Thakalis이라고 하며 타칼리어를 쓴다. 타칼리족은 과거에 툭체Tukche와 마르파Marpha를 중심으로 깔리 간다키 강을 통한 남북 교역을 장악했던 상업부족이다. 그러나 1959년의 티베트 합병 이후 중국이 티베트-무스탕 간의 국경을 봉쇄하면서 무스탕 교역로가 막히자 그들 중 많은 사람은 더 남쪽으로 이주했고, 남은 사람들은 숙박업 등으로 직업을 전환했다. 그들은 네팔의 주류 사회에 편입되기 위해 이름을 네팔식으로 바꾸기도 했고 불교를 버리고 힌두교를 신봉하는 경향도 보이고 있어, 위쪽의 무스탕과는 다른 점이 많다.

한편 까그베니 위쪽의 바라가온 지역에는 로 왕국의 로족Lobas과는 다른 언어를 쓰는 마을들이 있다. 까그베니 옆의 띠리Tiri라는 마을과 그 위로 땅베, 축상, 테탕, 쩰레, 기야까르 마을이 그것이다. 이 마을 사람들의 언어는 네팔어의 한 방언인 마낭어에 가깝다고 한다. 그들은 자신들을 '구룽족'이라고 부르지만 마낭 인근의 네팔 부족인 구룽족Gurungs과는 다르며, 티베트계 부족이다.

무스탕은 고고학적으로나 역사적으로도 흥미로운 지역이다. 깔리 간다키 강은 암모나이트 화석이 집중적으로 나오는 곳인데, 바다 밑의 지층이 급속히 융기하여 형성된 히말라야의 지질학적 특성을 보여주는 대표적인 증거이다. 또 깔리 간다키와 그 지류의 강변 절벽에는 수천 년 전에 사람이 살았던 동굴들이 많아, 이 계곡의 첫 주민들은 혈거인이었을 것으로 추정된다. 그러나 일부 학술적으로 조사된 동굴에서 토기 등 약간의 유물이 발견된 것을 제외하면 그들의 자취는 거의 완전한 신비로 남아 있다. 이 혈거인들이 어디서 왔는지, 그들이 나중에 들어온 사람들에 의해 밀려났는지 아니면 그 훨씬 전에 사라졌는지 알 도리가 없다.

지리적인 면에서 살펴보면 무스탕은 안나푸르나(8,091m)와 다울라기리(8,167m) 사이를 흐르는 깔리 간다키 강의 최상류에 위치하고 있다. '검은 강'이라는 뜻의 깔리 간다키는 로만탕 북쪽, 티베트와 접한 국경 지대에서 발원하는데, 지역에 따라 다른 이름을 갖기도 한다. 상무스탕(로초둔) 지역에서는 무스탕 체Mustang Che 또는 무스탕 콜라Mustang Khola라고 불리고, 그 아래에서는 깔리 간다키로 불리며, 마르파, 툭체, 가사 일대에서는 탁 콜라Thak Khola라고도 한다. 깔리 간다키 계곡은 안나푸르나와 다울라기리 사이를 지나는 탁 콜라에서 가장 깊다.

무스탕은 지형이 티베트 쪽으로 쑥 들어가 있어 삼면이 티베트로 둘러싸인 모양을 하고 있다. 로 왕국의 동쪽과 서쪽은 설산 준령으로 티베트와 명확히 경계를 이루고, 북쪽은 높지만 비교적 평탄한 산등성이가 티베트의 창포강(브라마푸트라 강)과 깔리 간다키의 분수령을 이룬다. 이 산등성이에 티베트로 넘어가는 고개들이 몇 개 있다. 1960년 에베레스트 산의 소유권을 놓고 네팔과 중국 간에 외교 분쟁이 있었고, 1961년에 국경 조약이 체결되어 무스탕을 포함한 네팔의 북쪽 국경이 결정되었다.

무스탕은 히말라야 고산준령이 자세를 낮추어 티베트 고원으로 변해 가는 중간 지대이다. 무스탕의 독특한 풍광과 생태도 여기에 기인한다. 이곳은 고도가 높은데다가 여름철 몬순 구름이 무스탕 남쪽에 늘어선 히말라야의 높은 산들에 가로막혀 비가 적게 내린다. 따라서 연중 무척 건조하여 식물들이 자라기 어렵다. 그래서 탁 콜라 주변 산자락에서는 무성한 산림을 볼 수 있으나 무스탕으로 접근할수록 식물상flora이 엷어진다. 상무스탕 지역에서는 마을 주변에 있는 나무들 외에는 보통 산에서 나무를 찾아보기 힘들고, 있다면 가축들이 먹을 수 있는 짧은 풀들과 사막 지대에서 볼 수 있는 야생화들뿐이다.

## 로 왕국

무스탕은 원래 '로'라고 불리던 티베트인들의 소왕국이었다. '로Lo'라는 명칭의 의미는 확실치 않다. 어떤 이들은 티베트어로 남쪽을 뜻하는 '로Lho'의 뜻으로 보기도 하지만 별 근거는 없다. 로 왕국은 티베트 왕족의 후손인 아메 팔Ame Pal 왕이 그의 세 아들과 함께 15세기 초반에 세웠다. 15

세기부터 17세기 사이에 무스탕은 티베트와 인도 간의 무역로에 위치한 덕분에 번영했는데, 티베트에서 내려오는 소금과 남쪽에서 올라오는 곡물이 주요 교역 품목이었다. 이 나라는 더러 네팔 중부의 강국이던 줌라Zumla 왕국의 침입을 받기는 했으나 특수한 지리적 여건으로 인해 항상 독립 왕국을 유지했다. 18세기 후반 네팔에 고르카 왕국이 등장하여 줌라를 위시한 다른 왕국들을 모두 복속시킬 때 로 왕국도 속국이 되었지만, 다른 왕국들과는 달리 자치왕국 체제를 보장받았다(무스탕의 역사는 제9장에서 다시 살핀다.).

로 왕국의 수도는 성벽 도시 만탕Manthang이다. 많은 문헌에서는 로 왕국의 수도를 만탕이라 하지 않고 '로만탕'으로 표기하는데 엄밀한 의미에서는 올바른 표기가 아니다. 그러나 이 책에서는 일반적인 관행에 따라 '로만탕'으로 표기하기로 한다. '만탕'의 현지 발음은 '몬탕'이나 '뫈탕'에 가까우며, 티베트어로 '기원의 평원Plain of Aspiration'이란 뜻이다. 전설에 의하면 로 왕국을 세운 아메 팔이 이 땅에서 '기원제'를 지낸 뒤에 그 공덕으로 이곳에 평원이 나타나자 이 평원에 수도를 건설했다는 것이다. 무스탕이라는 지명은 '만탕' 또는 '몬탕'이 서양인들에 의해 '무스탕'으로 와전된 것이다.

아메 팔이 쌓은 케처종 요새.

무스탕은 역사적으로 티베트의 일부나 마찬가지였지만 지형적 특성으로 인해 티베트보다 훨씬 적은 변화를 겪었다. 티베트가 몽골, 중국, 네팔, 영국 등과의 국제 관계에 의해 많은 영향을 받고 불교 역시 많은 굴곡과 변화를 보여주는 반면, 무스탕은 600년 전 로 왕국 건국 당시 티베트 문화를 수용하던 시기의 모습을 거의 원형에 가깝게 간직하고 있다. 무스탕 도처에 산재한 곰빠들이 그 대표적인 유물이라고 할 수 있다. 이 외에도 외적의 침입을 막기 위해 건설된 요새들의 유적도 많이 있다.

19세기 후반 네팔 정부가 타칼리족에게 소금 교역의 이권을 독점하게 하면서 로 왕국의 경제적 기반이 크게 상실되었다. 그리고 이 지역에 대한 외국인의 출입은 19세기 말 이후 네팔 정부에 의해 전면 통제되었다. 그 출입 금지는 1951년에 풀렸지만, 1959년부터 다시 출입이 금지되어 1991년까지 계속되었다. 나중의 출입 금지는 티베트를 점령하고 결국 합병한 중국과 네팔의 정치적 긴장 관계 때문이었다. 여하튼 이러한 오랜 출입 금지 조치로 인해 무스탕은 '금단의 왕국'이라는 별칭을 얻었다.

중국의 티베트 합병은 무스탕에도 피해를 주었다. 1961년부터 무스탕 지역이 티베트 캄파Kampas(캄족) 게릴라들의 활동 거점이 되었기 때문이다. 1959년 달라이 라마가 중국의 침략을 피해 인도의 다람살라로 망명하고 중국의 인민해방군이 티베트 전역을 장악하자, 중국군에 맞서 수년간 투쟁을 계속해 오던 티베트 동부 캄 지방 출신의 전사들이 무스탕으로 들어와 이곳을 게릴라 활동의 근거지로 삼았다. 이들은 미 CIA의 지원을 받았는데, CIA는 게릴라 지도자들을 미국에서 훈련시켰을 뿐 아니라 게릴라들에게 수시로 군수물자를 공수했다. 게릴라전이 최고조에 달했을 때는 무스탕과 인근 국경 지대에 6천 명의 캄파들이 있었다고 한다. 이 게릴라들의 존재는 무스탕 주민들에게 내내 큰 부담이 되었다.

그러나 1970년대 초 미국의 닉슨 행정부가 중국과 외교 관계를 맺으면서 게릴라들에 대한 미국의 지원이 끊겼다. 네팔에서는 캄파 게릴라들을 묵인 했던 갸넨드라 왕이 1972년에 죽고 그 아들 비렌드라가 왕이 되었는데, 그는 경제 원조를 해 주던 중국에 협조하기 위해 1973년 말 캄파 게릴라들에게 네팔에 항복하고 귀순하라는 최후통첩을 보냈다. 1974년 봄, 네팔 정부군의 위협과 북쪽 중국군의 남하 움직임 속에서 게릴라들은 선택의 여지가 없었다. 이 무렵 달라이 라마가 캄파들에게 항복하라는 녹음테이프 메시지를 이들에게 전달했다. 대부분의 게릴라들이 좀솜으로 내려와 무기를 반납하고 항복했지만 울분에 찬 일부 게릴라들은 자살했다.

## 무스탕과 외국인들

무스탕은 이곳을 왕래한 상인이나 승려 등을 제외하고는 예로부터 티베트나 네팔 바깥의 외국에 거의 알려지지 않은 곳이었다. 서양인의 무스탕에 관한 기록은 1759년에 이탈리아의 지우제페 마리아 다 가르냐고 신부가 어느 추기경에게 보낸 서한에서 "산을 넘어 걸어가면 위대한 티베트 왕국 무스탄Mustan에 이릅니다."라고 한 것이 최초로 알려져 있다. 영어로 된 문헌으로는 1793년 영국인으로서 처음으로 네팔 왕국을 방문한 커크패트릭이 묵티나트 근처의 '건덕Gunduck 강'(간다키 강)을 언급하면서 "강의 발원지는 묵티의 북쪽, 무스탕Moostang 방향에 위치하고 있으며 까그베니에서 멀지 않다"고 쓴 것이 최초인 듯하다. Michel Peissel, 《Mustang, A Lost Tibetan Kingdom》, p.276.

그러나 외국인이 무스탕을 직접 방문한 기록은 훨씬 나중에 등장한다. 1863년 이후 인도의 영국 식민지 당국은 히말라야 주변과 티베트의 지리 등 내정을 탐지하기 위해 학자나 종교인으로 가장한 이른바 '빤디뜨'라는 현지인 출신 스파이들을 파견하곤 했다. 무스탕 지역에는 1865년에 초기의 빤디뜨인 마니 싱이 까그베니와 묵티나트를 여행했고, 1873년에는 또 다른 빤디뜨 하리 람이 서부 네팔을 횡단하여 까그베니로 와서 로만탕을 거쳐 티베트로 들어갔다가 얼마 후 다시 로만탕으로 내려와 까그베니로 돌아갔다. 하리 람의 보고서에는 로만탕에 대한 글도 들어 있다.

 그 다음으로 무스탕에 들어간 외국인은 일본의 가와구치 에카이 河口慧海 (1866-1945) 스님이다. 일본의 승려 사회에 염증을 느낀 그는 티베트에 들어가서 참된 불법을 구하고 불경을 구해 오겠다고 결심하고 1897년 6월 일본 고베 항을 떠나 싱가포르를 거쳐 인도의 캘커타에 도착했다. 다르질링으로 간 그는 그곳에 거주하던 티베트인들에게서 1년 5개월간 티베트어를 배운 뒤 1899년 1월 중국 승려로 칭하고 네팔에 잠입, 카트만두에 머무르면서 무스탕을 경유해 티베트로 들어가려 했다. 그러나 당시 티베트와 중국*은 외국인들이 라사에 들어오는 것 자체를 금지했고 무스탕 루트도 엄중 경비하고 있었다. 그는 서북쪽의 오지를 통해서 들어가야겠다고 마음먹고 3월에 포카라를 거쳐 툭체로 가서 한 동안 머물렀다.

 툭체에서 짜랑의 한 승려와 교분을 맺은 그는 그 인연으로 묵티나트를 거쳐 무스탕 계곡을 따라 올라가 짜랑의 곰빠에서 거의 1년 가까이 머무르면서 때를 기다렸다. 그리고 1900년 3월, 마르파로 내려왔다가 마침내 돌포로 우회하여 티베트에 들어가는 데 성공했다. 성산 카일라스를 순례한 그는 라사까지 여행한 뒤에 라사의 세라 사원에서 1년 넘게 머무르면서 공부한 후 시킴 쪽의 국경을 넘어 다르질링으로 내려와 캘커타로 갔다. 그는 네팔과 티베트에 들어간 최초의 일본인으로 이후 일본 티베트학의 시조가 되었으며, 《티베트 여행기》(1907)**라는 책을 써서 자신의 여행 과정을 소상히 기술했다. 좀솜의 무스탕 박물관에는 가와구치 스님의 사진과 무스탕 여정

---
*17세기 말부터 신해혁명(1911) 전까지 중국(청나라)은 티베트를 많이 간섭했다.
**《티베트에서의 3년》(Three years in Tibet)(1909)이라는 영역판이 있다.

이 전시되어 있고 마르파에는 기념관이 있다.

1907년에는 스웨덴의 탐험가 스벤 헤딘Sven Hedin이 히말라야 횡단과 창포 강의 원류를 찾기 위한 세 번째 티베트 탐사를 마친 후 무스탕의 북쪽 고개 중 하나인 꼬레 라Kore La를 넘어 로만탕으로 들어갔다. 그의 보고서에는 무스탕 지역의 사진과 솜씨 좋은 그림이 들어 있다.

그 이후 한동안 무스탕에는 외국인의 발길이 끊어졌다. 왜냐하면 네팔 정부가 오랫동안 쇄국정책을 펴고 있었기 때문에 무스탕 지역은 물론이고 네팔에 외국인이 들어가는 것 자체가 어려웠기 때문이다.

1944년 인도의 영국군 포로수용소를 탈출하여 티베트로 들어간 오스트리아 등반가 한스 코프Hans Kopp는 나중에 무스탕을 경유하여 카트만두로 들어왔다. 또 영국의 유명한 탐험가이자 등반가인 해럴드 틸먼Harold Tilman은 1950년 안나푸르나 4봉 등정에 실패한 후 다모다르 히말(안나푸르나 북쪽의 산군)의 높은 고개인 테리 반쟝Tery Bhanjyang을 넘어 땅게로 와서 규 라를 넘어 묵티나트로 갔고, 토롱 라를 거쳐 마낭으로 돌아갔다. 그가 쓴 《네팔 히말라야Nepal Himalaya》는 이 탐사의 기록이다.

1951년 네팔 정부는 무스탕 지역에 대한 외국인의 출입을 허가했다. 스위스의 지질학자 토니 하겐Tony Hagen은 1952년 네팔 왕국 전체의 지질을 조사했는데, 무스탕 지역을 조사할 때 로만탕을 방문했다.

이탈리아의 티베트학자 지우제페 투치Giuseppe Tucci는 1952년 가을 무스탕을 단기간 여행하면서 로만탕에서 이틀을 머물렀다. 그는 《밀림과 불탑 속에서Tra Giungle e Pagode》(1953)라는 책을 썼는데, 이 책은 나중에 《1952년의 무스탕 여행Journey to Mustang, 1952》(1977)이라는 제목으로 영역되었다.

한편 호주의 저널리스트 허버트 티치Herbert Tichy는 1953년 카트만두에서 서부 네팔 전역을 횡단하는 여행 도중 무스탕을 방문했다. 그는 《이름 없는 산들의 땅Land der Namenlosen Berge》이라는 책을 썼다.

1956년 런던대학교 동양학부의 데이비드 스넬그로브David Snellgrove 교수는 돌포에서 카트만두까지 네팔 북부를 횡단했다. 그는 돌포에서 까그베니로 내려와 깔리 간다기 강을 따라 축상에서 툭체 근처까지 오르내린 다음 다시 올라가 로게까르와 짜랑을 돌아보았으나, 네팔 정부로부터 로만탕 입성을 허가받지 못해 로만탕은 직접 방문하지 못하고 묵티나트로 갔다. 그는 《히말라야 순례Himalayan Pilgrimage》라는 책을 썼는데, 이 책은 주로 돌포 지역을 다루고 무스탕에 관한 부분은 분량이 적다.

무스탕은 1959년에 다시 외국인 출입이 금지되었는데 그 이후에도 들어간 사람이 없지 않았다. 한스 코프와 함께 인도에서 티베트로 탈출했던 오스트리아의 등산가 페터 아우프슈나이터Peter Aufschnaiter는 1963년에 로만탕 주변의 산들을 답사하면서 무스탕 동부의 오지에 있는 루리 곰빠와 추종 곰빠를 서양인으로서는 최초로 방문했다.

이 시기의 방문자들 중 가장 유명한 사람은 1964년 봄 무스탕에 들어가 두 달 반 동안 주로 로만탕에 머무르면서 무스탕의 문화와 역사를 연구한 프랑스의 인류학자 미셸 페셀Michel Peissel이다. 그는 네팔 정부 고위층의 도움으로, '출입 금지' 지역임에도 불구하고 무스탕에 들어가는 것을 특별히 허락받았다. 그는 무스탕의 문화에 친숙히 동화되면서 깊은 관심과 애정을 가지고 그 문화의 본질을 천착한 최초의 외국인이었다. 그 연구의 결실인 《무스탕, 잃어버린 티베트 왕국Mustang, A Lost Tibetan Kingdom》(1967)은 무스탕을 전체적으로 깊이 들여다보고 그 인류학적, 문화적 가치를 설득력 있게 서술한 기념비적인 저서이다.

페셀이 로만탕을 떠난 직후인 그 해 7월 말에는 일본의 식물학자 가즈히로 이토오 씨가 로만탕에 잠깐 체류하고 8월 초에 까그베니로 내려왔다. 그보다 훨씬 뒤인 1976년에는 독일의 크리스토퍼 폰 퓌러-하이멘도르프 박사가 로만탕을 잠시 방문했다고 한다.

  1980년대에는 몇 팀의 외국인 원정대들이 로만탕의 남동쪽에 있는 브리쿠티봉(6,364m)을 오르기 위해 허가를 받아 무스탕을 여행했다. 그리고 마침내 1991년 10월 특별 허가를 조건으로 외국인들에 대한 무스탕 출입 금지가 풀렸고, 1992년 3월 미국인 토머스 레어드Thomas Laird와 피터 매티슨Peter Matthiessen이 비싼 허가비를 내고 무스탕을 방문했다.*

  외국인들의 본격적인 무스탕 트레킹이 시작된 것은 이때부터이다. 허가 인원은 당초 1년에 200명 이내로 제한했지만 얼마 가지 않아 1,000명 이내로 확대되었다. 출입 허가비는 기본 10일에 1인당 700불이며, 하루 초과할 때마다 70불씩 추가된다.

---

*매티슨과 레어드는 무스탕을 여행한 뒤 《로만탕의 동쪽: 무스탕의 땅에서(East of Lo Monthang: In the Land of Mustang)》라는 사진집을 냈다.

## 3. 풍경 속으로

  5시가 되니 날이 훤하다. 그렇지 않아도 요란한 새소리 때문에 더 이상 잠을 잘 수 없다. 오늘 우리는 히말라야에서도 오지인 무스탕으로 들어간다. 어제는 긴장한 탓인지 밤새 뒤척였다. 그룹의 리더인 나는 모든 일에 책임을 져야 하므로 아무래도 신경을 곤두세우게 된다. 가이드 삼툭도 마찬가지일 것이다. 백산 스님과 보명화 보살은 어떨까? 상당한 고생을 각오하고 왔겠지만 다소 긴장하고 있을 것이다.

  이 금단의 왕국이 외국인들에게 문호를 개방한 지 14년이 지났지만 한국인 방문자는 아직 50명을 넘지 않는다. 어제 ACAP<sup>Annapurna Conservation Area Project(안나푸르나 보존지역 계획)\*</sup> 좀솜 사무소에 게시된 통계표를 보니 2005년 무스탕 방문자 수는 665명이었다. 전체 27개국 중 프랑스가 156명으로 가장 많고 2위인 이탈리아가 88명, 그 다음은 미국, 독일, 영국, 스위스 순이다. 일본은 17명으로 10위, 한국은 2명으로 공동 18위를 차지하고 있었다.

  무스탕 트레킹은 대개 나무가 거의 없는 불모의 땅을 걷게 된다. 특히 로 지역은 황갈색 언덕이 끝없이 펼쳐져 있는 티베트 고원과 비슷하다. 무스탕은 네팔 히말라야에서도 가장 강수량이 적은 지역으로, 몬순 기간<sup>(6~9월)</sup>

---

\*안나푸르나 주변 지역의 보존과 관광, 개발을 감독하는 기관.

에도 비가 많이 내리지 않는다. 다만 겨울에는 눈이 자주 내리며 어떤 때는 30~40 센티미터씩 쌓이기도 한다. 추위와 눈 때문에 로의 주민들 거의 절반이 겨울에는 이곳을 떠나 남쪽의 저지대로 내려간다고 한다. 따라서 트레킹은 3월 하순부터 11월 초까지만 가능하다.

무스탕은 아주 고지대는 아니지만 여행자는 산과 계곡을 꽤 오르내려야 하고, 위험한 절벽 길로 가야 할 때도 있다. 또 춥고 먼지가 많으며, 오후에는 거센 바람이 불기 때문에 네팔의 다른 지역에 비해 트레킹이 힘들다. 롯지가 있는 트레킹 코스는 힘들 때마다 차를 마시며 쉬어 갈 수 있으며 여차하면 도중에 멈추어 하루쯤 푹 쉴 수도 있다. 그러나 무스탕처럼 롯지가 거의 없어 캠핑을 해야 하는 코스에서는 물이 있는 곳에 도착하기 전에는 운행을 중지할 수 없다. 특히 무스탕의 동쪽 사면은 마을이 드물기 때문에 어떤 날은 하루에도 먼 거리를 가야 하고, 트레킹 일정을 쉽게 바꿀 수가 없다.

아침을 먹자마자 설거지를 마친 주방 팀은 땅베를 향해 먼저 출발했다. 그곳에서 우리는 점심을 먹을 것이다. 말들도 아침을 먹었다. 콩이 든 주머니를 입에 걸어주면 자기가 알아서 먹는다. 말에 짐을 싣는 것을 보고 우리도 출발했다. 올드 빌리지를 지나 긴 마니월mani wall*이 끝나는 곳에서 길은 절벽에 막혀 오른쪽으로 돌아간다. 난간이 설치되어 있는 절벽 가에는 무스탕 쪽을 바라보는 주민들이 많이 나와 있다. 마치 장삿길 떠난 남편이나 아들을 기다리는 듯한 모습이다.

체크포스트에서 무스탕 비자를 확인받고 서명을 했다. 이제부터 정식으로 무스탕으로 들어서는 것이다. 비탈길을 따라 강바닥으로 바로 내려갔다. 아직 우기가 오지 않아 강물이 얕으니 강바닥 길로 갈 수 있다. 몬순 때

---

*길 가운데 불경을 새긴 돌을 쌓아 담처럼 만들어 놓은 곳. 티베트어로는 '멘당' 이라 한다. 길은 그 양편으로 나 있으며, 지나갈 때는 항상 마니월을 오른편에 두고 가야 한다.

까그베니 체크포스트에서 무스탕 쪽을 바라본 풍경.

는 오른쪽 산기슭의 비탈길을 타야 한다. 평지인 강바닥 길은 지름길일 뿐더러, 오르내림이 있는 비탈길보다 걷기에 편하다.

'금단의 땅'이라는 곳에 발을 들여놓자 왠지 기분이 묘하다. 알 수 없는 어떤 설렘과 고생할지 모른다는 막연한 두려움이 있다. 그러나 나름대로 준비를 많이 했으니 별 문제는 없을 것이다.

준비 없이 트레킹에 나서는 사람들도 많다. 인도를 여행하다가 네팔이 좋다고 해서 쉬기도 할 겸 들어간다. 그런데 사람들이 너도나도 트레킹을 간다고 한다. '트레킹? 뭐, 별로 힘들지 않다고? 1시간마다 먹고 잘 숙소가 있다니 어려울 것 없네. 그러면 우리도 한 번 떠나볼까? 가자! 안나푸르나를 한 바퀴 돌자!' 이런 식으로 트레킹을 하는 동서양의 젊은이들을 많이 보았다. 장비를 제대로 갖출 턱이 없다. 어제 아침 좀솜의 롯지 식당에서 만났던 한국인 청년 남녀는 전날 토롱 라를 넘어 왔는데 추워서 얼어 죽는 줄 알았다고 했다. 한 사람은 청바지를 입고 있었다.

사실 무스탕은 한두 번의 히말라야 트레킹 경험으로는 엄두를 내기 어려운 곳이다. 내 경우, 네팔의 주요 트레킹 코스를 대강 섭렵하고 나서야 이곳에 마음이 쏠렸다. 다른 지역보다 경비가 두 배 가량 드는 곳이므로(무스탕 트레킹은 비자 비용과 캠프 비용으로 1인당 하루 150불쯤 든다) 잘 생각하고 충분히 준비해서 오지 않으면 안 된다. 무엇보다도 기본적인 트레킹 경험이 중요하다. 경험이 있어야 필요한 장비를 챙길 수 있고 체력 단련도 하게 된다. 따라서 트레킹 초보자는 우선 네팔의 3대 트레킹 지역(안나푸르나, 랑탕, 쿰부)을 다닌 뒤에 시도하는 것이 바람직하다.

히말라야의 많은 지역이 트레커들에 의해 오염되거나 피해를 입고 있지만, 무스탕은 준비되지 않은 여행자들을 걸러주기 때문에 수백 년 전 모습을 거의 그대로 간직하고 있다. 이곳을 네팔의 주요 트레킹 코스처럼 무제한 개방한다면 그 결과는 불을 보듯 뻔하다. 대자연의 많은 곳들이 사람의 때를 탈 것이고, 곳곳에 쓰레기가 널릴 것이다. 주변 경관과 어울리지 않는 흉물스런 롯지들이 마을마다 생길 것이고, 마을 사람들의 인심도 각박해질 것이다. 어쩌면 귀중한 문화재들도 더러 도난당하거나 파괴될 것이다. 전에는 무스탕 출입 허가비가 비싸다고 생각했는데, 무스탕을 다녀온 지금은 그것이 정말 필요하다는 것을 알겠다.

## 땅베

강바닥으로 내려와 닐기리봉을 돌아보았으나 구름에 가려 보이지 않았다. 조금 걷다가 작은 나무다리로 강을 건넜다. 오랜 세월 물에 씻긴 강바닥의 돌들은 독특한 무늬가 있는데 대체로 하얀 줄무늬가 주종을 이루고 있다. 마치 누군가가 흰 선을 이리저리 그은 듯하다. 저만치 앞에는 서양인들 팀이 가고 있다. 조금 더 가니 마을 사람 열댓 명이 강에서 작은 나무다리를 철거하고 있다. 몬순이 가까워지면서 강물이 불어나기 시작하자 설치했던 다리를 거두는 모양이다. 그렇지 않으면 강물에 떠내려가 버릴 것이다. 하루 차이로 우리는 신발을 벗고 강을 건너게 생겼다. 강은 별로 넓지 않고 깊지도 않지만 물살이 제법 세다.

체중이 가벼운 보명화 보살은 삼툭이 업어 건네주었다. 백산 스님과 나는 등산화를 벗어 끈을 서로 묶어 목에 두르고 바지를 무릎 위까지 걷은 뒤에 강을 건넜다. 히말라야의 물은 천천히 흐르는 법이 없다. 늘 쏜살같이 달려간다. 등산용 스틱으로 몸의 중심을 잡았다. 뿌연 물이 마치 여름 장마철 개울물 같은 느낌이어서 가볍게 여기고 들어간 순간 "앗!" 소리가 튀어나왔

땅베 마을.

다. 물이 엄청나게 차가웠다. 빙하가 녹은 물인 것을 미처 생각지 못했다. 잠깐 적셨을 뿐인데 다리가 빨갛게 변한다.

강을 건너 강바닥을 한참 더 올라간 후 동쪽 비탈길로 접어들었다. 1시간 30분을 걸었는데 뒤로는 여전히 까그베니가 보인다. 산길이 만만치 않다. 처음 오르막은 문제가 없었는데 고개를 넘어 내리막길을 걸을 때는 45도 경사길이라 긴장을 늦출 수 없었다. 무른 흙과 바위 부스러기가 있어 미끄러운데다 뒤에서 바람이 세게 불어 균형 잡기가 쉽지 않다. 키친보이들은 이런 길에 익숙하여 가벼운 운동화에 짐을 지고도 잘도 간다.

강변을 벗어나 언덕을 오르니 갑자기 광활한 고원이 나타났다. 왼쪽 강 건너편에는 붉은 절벽이 파노라마로 펼쳐져 있다. 처음 만난 멋진 풍광인데, 나중에 알고 보니 무스탕에서 이 정도 풍광은 약과였다. 고원을 지나면 물이 없는 작은 계곡이 하나 나오고 건너편에 땅베Tangbe가 보인다. 땅베는 현지명으로 따옌Tayen이라고도 한다. 마른 계곡을 건너 다시 오르막을 오르자 소박한 초르텐 세 기基가 서 있다. 마치 어서 오라고 우리를 환영하는 듯하다.

땅베 입구의 소박한 초르텐.

우리 팀은 트레커 3인, 스태프 7인, 짐을 나르는 말 9마리로 이루어진 제법 그럴듯한 캐러밴이다. 스태프로는 가이드 겸 캐러밴 조직 책임자 삼툭 라마(45세), 서다sirdar(우두머리 포터)인 빠상 셰르파(40세), 마부 까르충(38세), 요리

주방 팀과 가이드. 왼쪽부터 키친보이 까말, 담, 주방장 타파, 가이드 삼툭 그리고 키친보이 발이다.

사 타파(37세)와 키친보이(요리사 보조원) 담(21세), 까말(25세), 발(42세, '보이'라 부르기엔 좀 늙었다)까지 모두 7명이다. 빠상과 타파는 쿰부 출신이고 까르충은 무스탕 출신이다. 키친보이들은 모두 좀솜에서 고용했다. 좀솜 인근 지방에서 일거리를 찾아 좀솜에 와서 머무르는 친구들이다. 말들은 며칠 전 베니에서 출발해 어제 우리와 합류했다. 포카라에서 식량과 장비를 준비하여 차량으로 베니까지 나르고, 그곳에서 말에 실어 사흘을 올라왔다. 까르충은 38세의 노총각으로 우리가 지나갈 길링 마을 출신인데, 타향에서 오래 고생한 끝에 말 아홉 마리를 소유한 어엿한 자영업자가 되었다.

땅베도 까그베니와 마찬가지로 마을 전체가 하나의 요새처럼 지어져 있다. 돌과 흙으로 다닥다닥 붙여 지은 높은 집 사이로 좁은 골목길이 미로를 이루고 있다. 마을 사람들은 일터로 갔는지 인적이 드물다. 안내 받아 들어간 집 문간에서는 주방 팀이 벌써 요리에 한창이다. 이런 집들은 사용료를

땅베의 허물어져 가는 요새터.

받고 트레킹 팀에게 캠핑 장소와 식수를 제공해 준다.

사다리를 타고 지붕으로 올라갔다. 여기 집들은 티베트의 집들과 마찬가지로 지붕이 모두 평평하다. 지붕 가에는 빙 둘러 장작과 땔나무 가지들이 쌓여 있다. 어느 집이나 지붕 위에는 이런 나무가 있다. 지붕 한쪽에는 옥탑방 같은 작은 방이 있다. 불단 앞에 작은 탁자가 있고 탱화와 달라이라마 사진이 모셔져 있는 것으로 보아 가정용 법당인 듯하다. 바람은 점점 거세지고 있다.

마을 아래 강 쪽으로는 허물어진 큰 요새가 보인다. 1964년 4월 이곳에 도착했던 페셀은 이 요새가 길이 약 90미터에 달하며 자신이 히말라야에서 본 것 중 제일 크고 인상적인 요새였다고 말했다. Michel Peissel, 앞의 책, p.64.

폐요새는 페셀이 보았던 그때나 지금이나 별반 달라져 보이지 않는다. 요새의 규모로 보아 옛날 이곳을 지배하던 세력은 상당한 힘을 가지고 있었을 것이다. 마을 뒤 언덕에도 무너진 요새가 있다. 무스탕에는 이런 유적이 마을마다 산재해 있다. 이 요새들은 아메 팔 왕이 이 지역을 통일하고 로 왕국을 세운 15세기 초엽 이전에 이미 존재하던 것들이라고 한다. 이들 건축물의 기원이 어디까지 거슬러 올라가는지는 아무도 모른다. 이런 곳들은 모두 독립된 작은 성주들이 지배하던 곳이다. 페셀은 성채들이 산재한 무스탕 지역의 깔리 간다키 강줄기를 두고, 한때 독립된 봉건 영주들이 지배하던 독일 라인 강 계곡과 같다고 했다.

## 축상

점심을 먹고 뒷바람의 도움을 받으며 동쪽 산기슭을 따라 걸었다. 마을

**땅베를 지나서 돌아본 풍경. 닐기리의 북면이 보인다.**

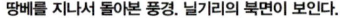

을 감싸며 흐르는 개울물에서 아낙네 서너 명이 빨래를 하고 있다. 뒤돌아 보니 이제는 닐기리가 구름 속에서 얼굴을 내밀고 있다. 히말라야에 들어오면 누구나 늘 설산에 눈을 맞추게 된다. 출발한 지 1시간, 멀리 축상 Chhuksang이 보이는 언덕에 올랐다. 축상은 지도에서 추상Chhusang으로도 표기된다. 축상 마을은 인터넷의 사진에서 여러 번 보았기 때문에 그리 낯설지 않았다. 그러나 실제로 본 느낌은 또 다르다.

마을이 빤히 보이지만 가는 길은 가물가물하다. 길은 가파른 산비탈을 가로지르고 있다. 무스탕에는 이런 길들이 많다. 트레킹 용어로 말하자면 '노출된 길exposed trail'인데, 이곳은 의지할 것이 별로 없는 위험한 바위 부스러기 비탈길이다.

**축상 가는 길.**

무스탕 52

땅베와 축상 중간의 '노출된 길'.
축상 입구의 초르텐. 앉아 있는 사람은 백산 스님, 삼툭, 보명화 보살이다(아래).

조심스레 이 비탈길을 지나 강바닥으로 내려선 다음, 강바닥 길을 조금 걸어 다시 오른쪽 기슭으로 올랐다. 얼마 후 마을 입구임을 나타내는 초르텐 앞에 도착했다. 강 건너편에는 장구한 세월의 풍화 작용이 만든 거대한 붉은 절벽이 모습을 드러내고 있다. 얼핏 보면 고대 신전 앞의 기둥 같기도 하고 산 전체가 하나의 파이프오르간 같기도 한, 자연의 걸작품이다. 절벽 왼편 언덕에 곰빠가 하나 있고 절벽 아래 부근에는 선사시대 사람들이 살았던 동굴이 많이 보인다.

투치는 이런 동굴들을 이 지역에 불교가 들어오기 이전 원주민들이 살았던 혈거지로 추정하는데, 대체로 그것이 정설로 인정되고 있다. 이런 동굴이 수행자들의 은둔처나 때로는 곰빠로 사용되기 시작한 것은 훨씬 후대의 일이다. '로'에 대한 역사적 기록은 7세기부터 나타나지만 그 훨씬 이전부터 여기에는 인간이 거주했다. 어떤 고고학자들은 무스탕의 혈거인 시대를 기원전 10세기, 그러니까 약 3천 년 전으로 추정하고 있다.

이런 동굴은 무스탕의 곳곳에 있는데, 건조한 기후 탓에 거의 변화가 없다. 그러나 아무리 생각해도 강바닥보다 한참 높은 저 동굴에 출입한 방법을 모르겠다. 사다리를 이용했을까? 3천 년은 긴 세월이지만 수천만 년의 세월이 묵묵히 진행 중인 이곳에서는 실로 짧은 기간이라 하겠다. 그 사이에 절벽에 어떤 변화가 있었는지는 알 수 없다. 그러나 동굴을 만들 당시에는 강바닥에서 그리 높지 않았을 것이 분명하다. 그렇다면 그동안 절벽이 높이 솟아올랐거나 강바닥이 훨씬 낮아졌다는 말이 된다.

강 건너 언덕 위의 곰빠는 나중에 알고 보니 곰빠 캉Gompa Kang이라고 불리는 비교적 큰 곰빠였다. 우리는 모르고 그냥 바라보며 지나갔다. 이 곰빠에 대한 기록은 1952년 이곳을 방문했던 투치 교수의 책에 처음 나온다. 스넬그로브 교수는 1956년 까그베니에서 올라와 축상 동쪽에서 내려오는 지

**축상 마을 앞의 절벽. 절벽 오른쪽 아래에 동굴이 많이 보인다.**

류인 나르싱 콜라Narsing Khola 상류 방향으로 멘치 라캉이라는 동굴 곰빠와 초크남이라는 곳의 작은 곰빠 두 군데를 들른 뒤에 이 곰빠를 방문했다. 페셀은 지나가는 길에 곰빠 캉만 가볍게 방문했지만, 2000년에 무스탕의 불교문화를 살펴보러 온 오쿠야마 나오지 교수 팀은 스넬그로브가 둘러본 세 곳의 곰빠들을 다시 둘러보았다.

    곰빠 캉은 원래 닝마파의 비구니절이었는데, 지금은 승려가 한 명도 상주하지 않고 마을 사람이 관리하고 있다고 한다. 위의 두 교수의 설명에 따르면 이 사원의 법당은 2층 구조이고 주불은 큰 미륵불이며, 법당의 벽면에는 여러 가지 불화들이 비록 습기로 많이 손상되기는 했으나 다채롭게 장식되어 있다. 무스탕의 불교문화에 관심이 있는 사람이라면 방문해 볼 만하다. 그러나 이 곰빠로 가려면 넓은 강물을 건너야 하는데 이것이 만만치 않다. 물이 깊을 때는 건너지 않는 것이 좋을 것이다.

마을 앞 보리밭에서 마을 사람들이 풀을 뽑고 있다. 우리보다 늦게 출발한 주방 팀은 이미 우리를 앞질러 갔고, 말들은 강바닥 길을 이용해 바로 올라갔다. 주방장 타파는 삼툭과 이야기하며 우리와 같이 왔다. 오후 3시에 축상에 도착했다. 고도는 3,050미터. 까그베니가 2,810미터이니 고도 적응에 적당한 상승이다. 그래도 포카라에서 이틀 만에 2,200미터나 올라왔으니 조심해야 한다.

여기도 땅베처럼 마을 출입구는 터널을 지나게 되어 있다. 요새화된 마을의 공통점이다. 축상은 지류 계곡인 나르싱 콜라가 깔리 간다키 강에 합수되는 지점에 있다. 중심 마을과 지류 계곡 건너편 마을, 그리고 강변 아래쪽 마을 해서 모두 3개의 마을이 모여 있다. 중심 마을에 있는 롯지 마당에 텐트를 쳤다. 롯지가 있으면 여러 모로 편리하다. 보통 캠프사이트를 갖추고 있고, 그런대로 샤워장도 있어 씻기도 편하다.

대충 씻고 마을을 돌아보았다. 마을 뒤 언덕에 폐요새가 있고 그 아래에는 오래된 초르텐 몇 기가 무너져 가고 있다. 무너지는 초르텐을 방치하는 것은 마을 사람들이 신심이 없어서가 아니라 경제력이 없기 때문이다. 롯지 바로 앞에 있는 공동 수도 옆 초우따라chautara\*에 노소 아낙네들과 아이들이 앉아 이야기를 나누고 있다. 주머니에 넣어 간 사탕과 비스킷을 이들

---
\*판석이나 나무로 만들어 놓은 길가의 쉼터. 주로 히말라야 산길에 많으며 짐을 내리고 쉰 후 다시 지기 쉽게 허리 높이에 단을 만든다.

과 나눠 먹었다.

　깔리 간다키 강으로 산책을 나섰다. 버드나무가 강변 마을을 감싸듯 심어져 있고 그 남쪽으로 장엄한 닐기리가 보인다. 동굴 바로 아래로, 강물이 가로막는 곳까지 다가가니 붉은 절벽이 사람을 더욱 압도한다. 보면 볼수록 장관이다. 강 한복판 자갈밭에 앉아 바람과 햇볕을 그대로 맞으며 한참 동안 절벽을 바라보았다. 고개를 돌리면 나르싱 콜라 상류 쪽으로는 테탕 마을이 보인다. 앞으로 12일 후 무스탕을 떠나는 날 저 마을에서 뒷산을 넘어 묵티나트로 갈 예정이다.

　요란한 엔진 소리가 나더니 좀솜에서 보았던 트랙터가 올라오고 있다. 몬순 시즌이 되어 강물이 불어나기 전까지는 축상까지 운행된다. 농기계인 줄 알았더니 큰 바퀴로 강바닥을 거침없이 달리는 교통수단이다. 큰 짐칸이 달려 있어 사람과 짐을 싣기도 하고 돌을 운반하기도 한다. 그러나 현지인들만 이용할 수 있다고 한다.

　저녁을 먹은 뒤 마을 뒤편 언덕 폐요새지에 올랐다. 아래쪽으로는 우리가 지나온 산길이 아스라이 보이고 위쪽으로는 내일 지나갈 쩰레 마을이 보인다. 산과 강을 바라본다. 이제는 무스탕의 풍광이 점차 눈에 익어가지만, 사람의 가슴을 단번에 틔워주는 이 장쾌함은 무엇에도 비길 수 없다. 계곡을 낀 산들은 웅장하고, 공기는 한없이 투명하며, 대지는 고요하다. 그렇게 풍경에 취해 땅거미가 지는 줄도 모르고 앉아 있다가 문득 어두워지는 것을 깨달았다. 어둠이 순식간에 찾아와, 비탈길을 더듬어 내려오느라고 혼났다.

# 4. 절벽길을 지나다

"굿모닝, 써."

아침 6시, 키친보이 까말이 밀크 티를 가지고 왔다. 5시만 되면 날이 샌다. 요란한 새소리에 이미 잠이 깼지만 침낭 속에 그대로 누워 있었다. 따뜻한 밀크 티를 마시고 펼쳐놓았던 짐을 카고백에 넣는다. 1인 1텐트를 쓰니 공간에 여유가 있고 무엇보다 혼자여서 좋다. 일행이라 해도 다른 사람과 같은 텐트를 쓰면 여러모로 불편하다. 혼자 쓰니 늦게까지 헤드랜턴을 켜고 책을 읽거나 지도와 자료를 볼 수도 있다.

6시 40분에 아침식사. 우리 세 사람의 식사가 먼저 준비되고, 스태프들은 좀 뒤에 먹는다. 식사 장소는? 롯지 캠프장을 빌린 경우는 롯지 식당을 이용하고 노지 캠핑일 경우는 식당용 텐트를 친다. 로만탕까지는 현지 식당이 있어 굳이 식당 텐트를 칠 필요가 없다. 테이블에는 냅킨 위에 숟가락과 포크가 놓여 있고 스테인리스 접시가 준비되어 있다. 한쪽에는 차관茶罐에 담아 온 뜨거운 물, 뜨거운 우유와 커피 가루, 홍차 티백, 코코아 가루가 있어 취향대로 마실 수 있다. 준비해 간 김치와 고추장도 빠지지 않는다. 접시에 스푼과 포크를 엎어놓는 것은 이곳 사람들의 관습인 모양이다. 식탁 준비는 까말이 맡고 있다.

아침은 무슬리muesli*를 곁들인 뽀리지porridge**에 짜파티chapati***, 삶은 계란 정도로 간단하게 먹지만 점심과 저녁은 푸짐하다. 이번 캠핑 트레킹의 식사는 늘 풀코스 정식이다. 먼저 수프가 나온다. 토마토수프와 버섯수프, 고소에 좋다는 마늘수프 등 여러 가지 수프가 매일 교대로 나온다. 달밧dalbat****과 짜파티는 기본이고 매 끼니 때마다 특식이 나온다. 주방장 타파는 이태리 음식을 전공했는지 스파게티와 피자, 마카로니를 맛있게 잘 만들었다. 팝콘이나 감자칩도 떨어지지 않고 야채튀김과 국수도 나온다. 가지고 간 누룽지를 끓여 달라고 해서 식사 후 입가심을 할 때도 있다. 후식으로 나오는 과일(통조림)을 먹고 나서 각자 따또빠니tatopani(뜨거운 물)를 물통에 담아 나가면 식사 끝이다.

이런 식이니 트레킹이 끝날 때까지 음식으로 고민할 필요는 없겠다. 롯지(티 하우스) 트레킹의 경우에는 뭘 먹을까 고민하다가 결국 "그래도 밥을 먹어야지." 하며 달밧으로 낙착되곤 하는데, 대엿새 먹다 보면 그저 에너지 비축을 위한 생존 차원에서 먹게 된다. 이번에는 음식이 좋아 하루 70불의 캠핑 비용이 결코 비싸게 생각되지 않는다. '이렇게 잘 먹어도 되나?' 하는 마음이 들 정도였다. 롯지 트레킹을 할 때는 물 한 잔, 차 한 잔 값도 장부에 올라간다. 여기서는 늘 물과 차가 준비되어 있고, 다양한 수프와 음식에 후식까지 나오니 궁벽한 산간을 여행하는 사람으로서 좀 과분하기도 하다.

보명화 보살은 작년 ABC 트레킹 때 음식 때문에 고생한 탓인지 김치, 무장아찌, 김, 깻잎 등 밑반찬을 잔뜩 가져왔다. 인천공항에서 출발할 때 보니 가방이 두 개다. 장비 가방과 음식 가방이었다. 합계 43킬로그램으로 음식 가방만 25킬로그램이나 되었다. 초과 요금을 각오했단다. 세 사람의 짐

*곡물·견과·건과 등을 섞어 우유와 함께 먹는 유럽식 아침 식사.
**오트밀에 우유 또는 물을 넣어 만든 죽.
***밀가루를 반죽하여 호떡처럼 얇게 구운 것.
****밥과 녹두스프에 반찬으로 감자와 야채가 조금 나오는 네팔인들의 주식.

무게를 합쳐 18킬로그램을 초과했다. 카운터 직원이 우리를 봐주면서 말했다. "여기서는 실어 드리지만 카트만두에서 오실 때도 이렇게 무거우면 로얄네팔 항공에서 가산금을 물릴 겁니다." 그러나 돌아올 때는 음식을 다 먹고 없을 테니 걱정할 이유가 없다. 2년 전에는 네팔 사람들에게 줄 헌 옷가지를 가져가느라 8킬로그램을 초과한 적이 있는데, 초과 1킬로그램당 8천 원을 낸 기억이 있다.

아침 출발은 보통 7시 30분이다. 우리는 삼툭과 함께 맨 먼저 출발하지만 목적지에는 제일 늦게 도착한다. 주방 팀은 식사가 끝나면 바로 식기와 버너, 음식 재료를 챙겨 점심 먹을 장소로 이동한다. 우리보다 30분 늦게 출발하고 1시간 먼저 도착해 점심을 준비한다. 말은 짐 싣는 시간이 걸리기 때문에 1시간 늦게 출발하여 우리와 비슷하게 도착한다. 그러나 점심 식사 후에는 야영지에 미리 텐트를 쳐야 하기 때문에 속도를 내어 우리보다 먼저 도착한다.

우리 팀은 좀솜에서 출발했지만, 예전에 미셸 페셀은 멀리 포카라에서 출발했다. 그는 미국의 하버드 경영대학원과 영국의 옥스퍼드 사회인류학 연구원에서 수학한 후 일생 동안 티베트 등 오지를 탐사한 탐험가이자 인류학자였다. 도합 29번의 원정을 다니면서 잘 알려지지 않았던 여러 곳의 사회와 문화를 연구했고, 1994년에는 메콩 강의 역사적 원류를 발견하기도 했다. 그리고 19권의 책을 영어로 저술했다.

페셀은 카트만두에서 6개월 동안 머무르며 무스탕에 들어가기 위해 애쓴 끝에 무스탕의 문화를 연구한다는 조건으로 네팔 정부의 허가를 받았다. 그리고 1964년 4월 23일 카트만두에서 포카라까지 군용기를 타고 날아가 거기서부터 무스탕으로 긴 도보 여행을 시작했다. 당시 그의 나이 28세였다. 석 달 간의 원정 중 두 달 넘게 무스탕에 머물며 무스탕의 역사, 문화,

풍습 등을 연구한 그는 나중에 자신의 견문록을 〈내셔널 지오그래픽〉 잡지에 소개했고, 1967년에는 《무스탕》 책을 출간했다.
 그 책을 인터넷 서점 '아마존'에서 미리 구하지 않고 네팔에 와서 샀다. 카트만두의 타멜 거리에서 서점을 뒤지니 예상대로 책이 있었다. 무스탕에 관한 책은 타멜에서도 드물어, 사진집을 제외하고 내가 구한 책은 페셀의 책과 투치의 《1952년의 무스탕 여행》이 전부였다. 만일 일반서점에 이런 책이 없으면 타멜의 유명한 '카트만두 게스트하우스' 아래에 있는 '필그림

쩰레 가는 길. 멀리 왼쪽 언덕 위에 쩰레 마을이 보인다.

북하우스'로 가면 구할 수 있을 것이다. 아무튼 이 두 권의 책은 이번에 무스탕을 순례하는 동안 저녁마다 내 벗이 되어 주었다.

## 쩰 레

하늘이 흐리다. 몬순이 다가오면 무스탕의 아침은 늘 구름이 끼어 일출을 보기 어렵다. 히말라야 산자락의 봄가을 아침은 구름 한 점 없이 맑은 날이 많아 장엄한 일출을 볼 수 있다. 그러나 해가 뜨고 나면 덥혀진 공기가 아래에서 구름을 만들어 올라오기 때문에 산은 곧 구름에 가려버린다. 무스탕에서는 거꾸로 아침에는 구름 낀 날씨였다가 나중에 구름이 걷히고 햇볕이 난다. 이런 현상은 이곳이 비구름들이 고산준령에 막혀 들어오지 못하는 비그늘rain shadow 지역이기 때문이다.

나르싱 콜라 건너편 마을을 지나 바로 넓은 강바닥으로 들어섰다. 멀리 앞쪽으로 거대한 바위장벽이 강을 가로막고 있고, 그 왼편 언덕 위에 쩰레Chele 마을이 보인다. 현지인들 몇 명이 내려오고 있다.

강바닥을 걷다가 검은 물체가 있어 가까이 가 보니 죽은 말이다. 살은 다 흩어지고 뼈와 가죽만 남았다. 죽은 지 꽤 오래된 듯했다. 몬순 때도 강 전

쩰레 가는 길 강바닥에 있는 말의 유해.

쩰레 초입의 다리와 16개의 절벽 동굴.

체가 범람하지는 않으니 떠내려가지 않았다. 자세히 보니 뒷발 왼쪽 다리가 부러져 있다. 무거운 짐을 지고 가다가 다리가 부러진 모양이다. 절뚝거려도 조금만 걸을 수 있다면 근처에서 다리를 치료할 수 있겠지만, 일어나지 못하면 도리가 없다. 운송마를 부리는 마부는 혼자 아니면 둘인데, 이런 오지에서 걷지 못하는 말은 포기할 수밖에 없었으리라.

붉은 협곡으로 접근하자 길은 금방이라도 무너질 듯 기울어져 있는 절벽 아래로 나 있고 그 끝에 철제 다리가 하나 놓여 있다. '깔리 간다키'라는 강 이름은 여기서부터 '무스탕 콜라'로 바뀐다. 강바닥 길의 끝에는 거대한 바위 하나가 강을 막고 서서 더 이상의 접근을 허락하지 않는다. 검은 강물은 바위 아래의 좁은 통로에서 흘러나오고 있다.

여기서부터는 무스탕 계곡의 서쪽 사면을 타는 산허리 길이다. 산허리 길이기는 하나 지류들의 계곡과 4천 미터급 고개를 여러 번 건너고 넘어야 성벽도시 로만탕에 이를 수 있다. 여기서 계속 강을 따라 험준한 계곡 사이로 가기는 어렵다. 걷기에는 현지인들 중에서 말을 타고 이 협곡을 이용하는 사람도 있다고 하지만, 햇빛도 잘 들지 않고 바위 덩어리가 언제 머리를 덮칠지 모를 위험이 도사린 골짜기를 가는 것은 무의미한 모험이다.

철제 다리를 건너 돌아보니 절벽 위에 16개의 동굴이 나란히 뚫려 있다. 질서 있게 뚫은 인위적 동굴이다. 일본의 무스탕 입문서인 《무스탕, 만달라 여행》(2001)을 쓴 오쿠야마 나오지 교수는 이 동굴들이 승려들의 주거였다고 하는데, 영국인 클라라 마룰로Clara Marullo가 쓴 《마지막 금단의 왕국 무스탕》(1995)이라는 사진집에서는 여행자들을 보호하기 위해 경전을 넣어둔 곳이라고 설명하고 있다.

페셀이 이곳을 지나갈 때는 나무다리가 있었다. 그의 책에 있는 사진을 보면, 돌을 쌓아 기초를 만들고 양쪽에서 상판을 받치는 통나무가 수평보다 약간 높게 비스듬히 뻗어 나오게 한 다음 그 위에 상판목을 걸쳐 만든 기막히게 멋진 다리였다. 단순하면서도 뛰어난 토목 기술이다. 건축 재료라고는 나무와 돌밖에 없는 히말라야 계곡을 사람들은 생존을 위해 그런 기술을 발전시킨 것이다. 나중에 로게까르와 로만탕 북쪽 계곡에서 아직도 사용 중인 그런 나무다리를 보았다.

쩰레 마을. 지붕 위의 가장자리에 장작들이 쌓여 있다.

왼편 비탈길을 오르면 바로 쩰레 마을이다. 나그네들의 식당인 티 하우스 옥상에서 차 한 잔을 마시며 한숨 돌린다. 정갈한 마을 모습이 한 눈에 들어오고, 북쪽으로는 마을에서 경작하는 밭들과 그 너머의 험준한 협곡이 보인다. 바람이 불기 시작한다.

우리 뒤를 따라오던 네팔인 가족들이 옥상으로 올라왔다. 그들은 어제 늦게 축상의 롯지에 10대 남매를 데리고 도착했다. 이들은 캠핑을 하지 않고 롯지에서 묵었는데 사마르 이후부터는 만나지 못했다. 중간에서 돌아간 모양이다.

정부 연락관 제도가 없어진 지금은 외국인도 가이드와 포터만 데리고 롯지나 티 하우스에서 묵으며 무스탕 트레킹을 할 수는 있다. 실제로 그렇게 하는 서양의 젊은이들도 있다. 무스탕에는 마을마다 이런 롯지나 티 하우스가 하나씩 있으며 예전부터 있던 마을집이다. 티 하우스는 객실이 따로 없고 식당만 있다. 외국인을 위한 것이 아니라 여행하는 현지인들을 위한 식당이다. 네팔 현지에 잘 적응된 외국인이라면 이런 곳을 이용하며 다닐 수도 있을 것이다. 삼툭은 전에 이런 '티 하우스 트레킹'을 염두에 두고 나에게 무스탕을 가자고 한 적이 있었다. 허가는 여행사를 통해 다른 사람이 낼 때 같이 내고(2인 이상이 허가를 신청해야 하므로), 다니는 것은 따로 하면 된다고 했다.

그러나 경비를 줄이기 위한 이런 식의 무스탕 트레킹에는 한계가 있다. 우선 음식이 문제다. 다른 지역의 트레킹 코스에 있는 롯지는 수십 가지 메뉴가 있어 입맛대로 고를 수 있으나 이곳은 선택의 여지 없이 달밧 한 가지만 나온다. 샤워는 꿈도 꿀 수 없고, 잠도 현지인 여행자, 가이드, 포터들과 함께 식당에서 자야 한다. 무스탕 동쪽 지역은 그나마 이런 식당조차 없다. 그렇다고 경비가 많이 절약되는 것도 아니다. 무스탕은 특별한 지역이므로 일당으로 가이드에게 20불, 포터에게 10불 가량 주어야 하고, 쌀과 채소가 귀한 곳이라 음식값도 비싸다. 그래서 하루에 최소한 40불은 든다. 그에 비하면 모든 것이 갖추어진 캠핑 트레킹의 하루 70불 비용이 그리 비싸다고 할 수 없다. 캠핑을 하지 않으면 고생은 고생대로 하고 돈은 돈대로 들 것이다. 또 무스탕 비자를 얻을 때도 다른 팀의 신청 날짜를 기다려야 하므로 출발일도 마음대로 정하지 못한다.

## 사마르

휴식을 마치고 다시 출발. 오늘은 점심시간이 애매하다. 쩰레 다음 나오는 마을이 바로 오늘의 목적지 사마르이기 때문이다. 11시쯤 운행을 멈추어 점심을 먹는 것이 가장 좋은데, 사마르까지 11시에 도착하기는 무리다. 오르막을 조금 오르자 첫 번째 돌무지가 나오고 잠시 평지 길이 이어진다. 왼편으로는 좁은 기야까르Ghyakar 협곡이 있다. 가까이 가서 내려다보니 아찔하다. 열 명가량의 서양인 트레커들이 내려오고 있다. 어제 체크포스트에서 보니 현재 무스탕에는 8팀이 들어와 있다.

사마르Samar는 1960년대에 캄파 게릴라들의 거점 가운데 하나였다. 캄족은 마르코 폴로 시대 이전부터 무역업에 종사한, 사납고 용맹하기로 소문난 티베트 부족이다. 페셀은 그들이 다른 티베트인들과 달리 신체가 크고 얼굴 모양도 다르다고 했다. 1954년 중국이 캄 지방을 침공하자 그들은 게릴라를 조직하여 중국군과 싸웠다. 나중에는 무스탕으로 넘어와서 이곳에 캠프를 차린 뒤 전형적인 '치고 빠지기' 전법으로 중국군을 괴롭혔다. 한창때는 열 개가 넘는 캄파 부대가 무스탕을 완전 장악하고 있었다고 한다. 중국의 압력을 받은 네팔 정부도 이곳이 워낙 오지라 어떻게 손을 쓰지 못하고, 대신 이 지역에 외국인의 출입을 엄격히 제한했다.

길은 계속 오르막이다. 밀가루같이 미세한 먼지로 가득한 길이다. 발이 푹푹 빠지고 걸을 때마다 먼지가 휘날려 신발과 바짓단에 뽀얗게 쌓인다. 1시간을 오르니 왼쪽 협곡 건너편으로 기야까르 마을이 보이고 오른쪽으로 절벽길이 시작되는 지점이 나왔다. 30분간 휴식. 곳곳에 산당화가 많이 피어 있다. 길가에 만들어 놓은 작은 수로에는 맑은 물이 흐르고 있다. 물은 얼음처럼 차갑다. 기야까르에는 녹색의 보리와 노란 유채꽃이 한창이고, 그 뒤편에는 졸고 있는 스핑크스 같은 거대한 바위가 마을을 굽어보고 있다. 주변은 모두 누런색인데 유독 그 바위만 붉다. 마을 사람들은 이 바위를 수호신으로 모시고 매년 재齋를 올린다고 한다.

절벽길을 오르기 시작한다. 이 절벽 길은 예전에 어느 책에서 사진으로 본 적이 있는데, 무스탕에서도 가장 인상적인 길 중 하나다. 높은 바위 절벽을 오른쪽에 끼고 절벽의 굴곡을 따라 뱀처럼 구불구불 이어진 길을 꼭대기까지 오르는 코스다. 왼편은 아찔한 깊은 협곡이다. 보호 난간 같은 것은

쩰레에서 사마르로 가는 절벽길.

전혀 없지만, 길이 넓어 그다지 위험하지는 않다.

　보명화 보살이 지쳤나 보다. 중간에 쉬는데 배낭 위에 몸을 엎드린다. 계속 아슬아슬한 절벽길을 오르느라 힘이 드는 모양이다. 고도가 3,500미터를 넘고 있으니 슬슬 고산병 증세가 나타날 때도 되었다. 보살은 이번 무스탕 방문을 준비하면서 집 근처의 관악산을 매주 올랐다고 한다. 왕복 5시간 걸리는 코스를 3개월 동안 12번 다녀왔지만 그 정도로는 부족하다. 적어도 6개월은 다녀야 다리에 근력이 생긴다.

현재 주방장이 해 주는 맛있는 음식으로 에너지는 충분하다. 문제는 근력이다. 근력이 있어야 지구력도 생기고 끊임없이 오르내리는 길에서 덜 지친다. 나도 여기 오기 위해 하루에 4킬로미터씩 걸었다. 그러나 평지 길을 걷는 것은 근력 형성에 별 도움이 되지 않는다. 다리 근육에 힘이 들어가는 오르막 내리막을 많이 걸어야 한다.

그런 면에서 우리는 전체적으로 체력 단련이 부족했고 그래서 모두 일찍부터 지치기 시작했다. 정 힘들면 말을 타고 갈 수도 있지만, 하루 중 말을 탈 수 있는 코스는 그리 많지 않고 오로지 두 발로만 가야 하는 급경사 오르막과 내리막이 많다. 현지인은 태연하게 이런 절벽 길에서도 말을 타지만 우리는 그럴 수가 없다.

'스핑크스' 바위는 올라갈수록 수줍은 강아지 모양으로 변했다. 마침내

기야까르 마을 위쪽의 '스핑크스' 바위.

사마르로 가는 도중의 고개인 타클람 라.

절벽 길을 통과하자 완만한 언덕 오르막이 나타났다. 완만하기는 해도 높은 고도라 숨이 찼다. 첫 번째 고개 타클람 라Taklam La(3,624m)에 오르고 다시 두 번째 고개 종 라Dzong La(3,740m)에 도착하니 12시가 되었다. 허기도 지고 몸도 지친다. 멀지 않은 곳에 붉은 흙덩어리가 보이는 걸 보니 사마르 마을이 얼마 남지 않은 모양이다. '사마르Samar'는 '붉은 흙' 이라는 뜻이다. 닥마르Dhakmar는 '붉은 절벽' 이라는 뜻이므로 '마르'가 티베트말로 '붉다' 라는 뜻임을 알 수 있다.

마을이 가까워지면서 길은 이제 사막 풍경으로 변한다. 곧 붉은 흙 가운데 있는 조그만 마을이 나타났다. 왼편 산은 캘리포니아 사막 같고 오른편 풍경은 그랜드 캐년 같은 느낌이 든다. 노란 꽃이 한창인 가시 많은 관목이 삭막한 풍경을 부드럽게 만들어 주고 있다. 사마르에는 12시 30분에 도착했다. 티 하우스는 첫 번째 집이다. 주방장 타파가 문 앞에서 기다리고 있다. 이층 식당으로 올라가 따뜻한 차부터 마셨다.

휴식과 동시에 피로가 몰려왔다. 점심때가 지난 데다 절벽길 오르막과 이어진 고개 너머 산허리 길에서 지친 것이다. 아침을 더 든든하게 먹을 걸 그랬다. 피곤하면 식욕이 떨어져 아침을 간단하게 먹기 쉽다. 나는 트레킹 중에는 입맛을 따르지 않는다. 가능하면 배를 많이 채워 열량을 비축하려고 노력한다. 보명화 보살은 아스피린을 먹었는데도 두통이 심하다. 아까 절벽길 중간에서부터 고소증高所症이 온 모양이다. 백산 스님도 맥을 못 춘다. 모두 식당으로 올라오자마자 배낭을 베고 눕는다. 나도 머리가 조금 띵하다. 이곳 고도가 3,660미터니 고산병이 나타나기 쉬운 높이이다.

주방팀이 점심을 준비하는 방에서 사다리를 타고 옥상으로 올라가 풍경사진을 찍었다. 이번의 무스탕 여행을 기록으로 남기기로 했기 때문에 걷는 중에도 틈틈이 메모를 하지만 모든 장면을 일일이 메모할 수는 없다. 사진으로 표현할 수 없는 상황만 간단히 적고 풍경에 대한 느낌은 사진으로 대신한다.

옥상에서 내려다보니 우리 말들이 땅바닥에 벌렁 누워 몸을 비비고 있다. 토욕을 하는 것이다. 이런 광경은 전에 안나푸르나 일주 트레킹 때도 본 적이 있다. 말도 힘들면 땀이 많이 나고, 땀이 끈적거리면 불쾌하기는 사람과 마찬가지일 것이다.

보명화 보살은 주방 팀이 고소에 좋다는 마늘 수프를 만들어 왔는데도 뜨는 둥 마는 둥 하더니 눕고 싶다고 텐트로 들어갔다. 고소가 오면 식욕은 물론 모든 의욕이 상실된다. 두통과 어지럼증으로 오직 눕고만 싶을 뿐이다. 삼툭에게 누룽지를 끓여 텐트로 갖다 주라고 했다. 우리 세대에게 누룽지는 어릴 때의 추억이 깃든 식품이다. 이번에 가져간 누룽지는 그야말로 히트 품목이었다. 식욕이 없을 때 먹으면 입맛이 살아났다. 스파게티를

71

먹고 나서 후식으로 먹으면 먼저 먹은 스파게티도 한식처럼 느껴진다. 끓여온 냄비 뚜껑을 열고 구수한 누룽지 냄새만 맡아도 입 안에 침이 저절로 고인다.

사마르부터는 샤워 시설이 없다. 마침 여기는 집 앞에 맑은 물이 흐르는 개울이 있다. 그 물에 세수하고 머리를 감았지만 물이 차가워서 혼났다. 땀에 젖은 속옷은 비누칠을 하지 않고 그냥 물에 몇 번 헹궈 널었다. 가끔 비가 후드득하며 지나간다.

점심식사 후 낮잠을 잤다. 일정이 일찍 끝났으니 스태프들도 마음 놓고 낮잠을 잔다. 그들도 피로하기는 마찬가지다. 한숨 자고 일어나 마을 구경

사마르 마을.

에 나섰다. 마을 끝 마니월을 지나 마을을 한눈에 볼 수 있는 마을 앞 붉은 흙 동산으로 올라가 풍광을 조망한다. 우리가 내려온 산허리 길이 보이고 그 뒤편 구름 속에 닐기리, 틸리초봉, 안나푸르나, 카퉁강이 살짝 한쪽 얼굴을 내밀고 있다. 그 아래는 전형적인 티베트 고원 풍경이다. 보명화 보살도 컨디션이 회복되었는지 동네를 산책하고 있다.

사마르의 마니월.

## 5. 옛 성인들의 자취가 서린 랑충 곰빠

오늘은 특별한 날이다. '티베트 불교의 아버지'로 불리는 빠드마삼바바 Padmasambhava와 티베트 불교의 중흥조中興祖 아띠샤Atisha 존자가 머물렀던 랑충 곰빠Rangchung Gompa를 참배하는 날이기 때문이다. 우리가 이번에 무스탕에 온 목적 중의 하나도 티베트 불교의 향기를 맡고 이런 성인들의 발자취를 더듬어 보는 것이다. 랑충 곰빠는 티베트 불교도들에게 아주 중요한 성지여서 지금도 수시로 순례자들이 찾아드는 곳이다.

티베트인들은 예로부터 티베트에서 무스탕을 경유하여 인도까지 걸어가 불적지佛跡地를 순례했다. 네팔에 있는 석가모니의 탄생지 룸비니와 북인도의 슈라바스티, 쿠시나가라, 사르나트, 부다가야 등 불교성지로 가는 가장 빠른 길이 바로 무스탕 루트이기 때문이다. 투치는 인도로 순례를 떠나는 티베트 순례자들을 무스탕에서 더러 만났다고 했다.

아침부터 가랑비가 내리기 시작해 비옷을 입고 출발했다. 사마르 마을을 벗어나면 두 개의 길이 나온다. 왼쪽으로는 계속 산허리를 타고 가는 넓은 길, 오른쪽으로는 계곡 아래로 내려가는 좁은 길이다. 왼쪽 길은 현지인들이 많이 이용하는 길로 산허리를 타고 빙 도는 먼 길이지만 넓어서 좋다. 오른쪽 길은 랑충 곰빠를 지나는데, 지름길이기는 하나 까마득한 절벽 아래로 내려갔다가 올라와야 하는 제법 힘든 길이다. 이 두 길은 나중에 샴모첸에서 만난다. 우리는 오른쪽 길로 접어들었다.

계곡을 하나 건너자 비가 그친다. 여름을 알리는 뻐꾸기 소리가 들려온다. 다시 작은 계곡을 건너 오르자 제법 넓은 분지가 나왔다. 분지 가운데에는 돌로 만든 가축우리가 있다. 염소나 양들이 낮에는 밖에서 풀을 뜯다가 밤에 들어와서 자는 곳이다. 이런 야외에서 쉴 때는 4단으로 접어 배낭 포켓에 넣을 수 있는 등산용 방석이 유용하다.

먼저 와서 쉬고 있는 팀이 있다. 중년의 서양인 남녀 세 명과 네팔인 세 명이다. 가이드로 보이는 남자는 덩치가 크고 혈색도 좋은데, 멋진 카우보이 모자를 쓰고 있다. 삼툭이 보더니 고개를 숙이며 반갑게 인사한다. 생김새가 일반 네팔인과 좀 달랐다. 아니나 다를까, 삼툭이 소개시켜 주는데 무스탕의 왕자이다. 현 무스탕 왕의 형인 예전 짜랑 곰빠 승원장의 아들인데, 현재 왕의 외아들이 8살 때 죽고 나서 왕이 양자로 들인 왕가의 유일한 남자 후계자이다. 페셀이 짜랑을 찾았던 1964년 당시 이 아들은 어린 장난꾸러기였다. 8년 전 칼스텐이 로만탕에서 만났을 때 40세라 했으니 지금은 48세일 것이다. 그는 카트만두에서 무스탕 트레킹 전문 여행사를 운영하고 있다. 같이 온 사람들은 노르웨이 팀이다. 왕자가 운영하는 여행사는 주로 외교관들이 많이 이용한다고 한다.

노르웨이 팀이 떠난 뒤에 우리도 출발했다. 다시 오르막길. 키 작은 관목들이 산 전체를 덮고 있다. 무스탕에서 이렇게 무성한 관목 숲이 있는 곳도 흔치 않다. 산허리 두 개를 넘어 세 번째 산허리(3,775m)에 올라서자 갑자기 엄청난 풍광이 눈앞에 펼쳐졌다. 거대한 협곡이다. 이곳에 비하면 어제 올라왔던 기야까르 앞 절벽은 맛보기에 불과했다. 전체가 바위로 이루어진

랑충 곰빠 가는 길. 앞쪽에 대협곡이 펼쳐져 있다.

무스탕 76

랑충 곰빠.

이 절벽은 수백만 년에 걸쳐 바람과 물길이 조각한 것이다. 자연이 빚은 걸 작품 앞에 모두 할 말을 잊었다. 이런 대자연의 장엄한 모습 앞에 서면 우리가 얼마나 미미한 존재인지 온몸으로 느끼게 된다. 길은 가물가물 아래로 향하고 있다. 아래는 까마득한 절벽이어서 내려다보면 오금이 저릴 정도지만 길이 넓어 그렇게 위험하지는 않다. 사진을 찍느라 지체했더니 앞 사람들이 코너를 돌아가 보이지 않는다.

9시 50분, 계곡 바닥에 도착했다. 고도 400미터를 내려오는 데 45분이 걸렸다. 그리 오랜 시간은 아니지만 쉬지 않고 발을 옮겨 놓아야 하는 내리막길이었으므로 제법 먼 거리를 걸었을 것이다. 왼편에서 내려오는 작은 계류 위쪽 절벽 중간에 붉은 돌담이 보인다. 랑충 곰빠다. 빤히 보이지만 그곳까지 가려면 다시 고도를 100미터 더 올려야 한다. 노르웨이 팀은 벌써 곰빠 아래까지 올라가 있다. 보명화 보살은 곰빠를 쳐다보더니 한숨부터 쉰다. 가파르고 긴 돌계단이 우리를 기다리고 있다. 내가 앞장을 섰다. 나도 힘들기는 마찬가지지만 나까지 지친 모습을 보일 수는 없다. 20분 정도 부지런히 계단을 올라 곰빠에 도착했다. 마당에서 내려다보니 보명화 보살이 아래에서 계단을 힘들게 올라오고 있다. 백산 스님이 제일 뒤에 도착했다.

랑충 곰빠는 자연적으로 형성된 종유동굴에 앞쪽을 돌로 쌓아 막고 붉은 칠을 해 놓은 형태인데, 밖에서는 마치 작은 요새처럼 보인다. 입구 쪽의 절벽 아래 작은 공간은 음식을 끓여 먹고 잠을 잘 수 있는 곳으로 순례자들을 위한 공간이다. 산꼭대기에서 끌어 온 물도 공급되고 있다. 주방 팀은 이미 올라와서 음식 준비로 분주하다. 내가 올라가자 빠상이 준비해 두었던 뜨거운 차를 내준다.

### 랑충 초르텐

얼마 후 우리는 차를 마시며 숨을 고른 뒤에 곰빠로 들어갔다. 곰빠 내부

랑충 곰빠 입구의 초르텐들. 카타가 여기저기 걸려 있다.

가 정갈하게 정돈되어 있는 모습이 보기 좋다. 분위기가 무척 아늑하다. 동굴 안에는 거대한 석순 하나가 마치 천장을 떠받치듯이 서 있다. 이것이 그 유명한 랑충 초르텐이다. 높이는 5미터쯤 될 듯하다. 초르텐에는 신도들이 걸어놓았을 카타katha*가 여러 개 걸려 있다. 랑충 초르텐 옆으로 작은 초르텐 세 개를 흙으로 조성해 올려놓았는데 초르텐 전면에는 불상들이 그려져 있다. 초르텐 꼭대기에는 잡귀를 쫓는 신성한 나무인 노간주나무 가지가 꽂혀 있다.

'랑충 초르텐'은 티베트어로 '스스로 생긴 초르텐' 또는 '기적에 의해 생긴 초르텐'이라는 뜻이다. 깊은 석회석 동굴에서나 볼 수 있는 큰 석순이

*티베트 불교에서 쓰는 하얀 스카프. 승려가 신도의 목에 걸어주기도 하고, 법당의 불상 등에 걸어 놓기도 한다.

지표면 가까이 이렇게 노출된 상태로 있다는 것이 신기하다. 우리는 과학 교육을 받은 터라 이런 석순이 어떻게 형성되는지 대강 알고 있다. 그러나 옛날 이곳 주민들은 종유동이니 석순이니 하는 것을 들어보지 못했을 것이고, 무스탕에서 보기 드문 이 석회동굴은 그들에게 몹시 신비로웠을 것이다. 따라서 이 랑충 초르텐은 불교가 들어오기 전부터도 매우 신성시되었을 것이 분명하다.

8세기 중엽 빠드마삼바바도 티베트로 가는 도중 소문을 듣고 이곳에 들렀을 것이다. 그리고 이곳에 머물며 자신의 기운을 보탰으리라. 빠드마삼바바가 머문 때로부터 250년이 지나 역시 티베트 왕의 초청을 받아 가던 아띠샤 존자도 이곳에 머물렀다. 그 후로 이곳은 무스탕에서 가장 성스러운 장소가 되었다.

랑충 곰빠는 현재 닝마파에 속하는 늙은 스님 한 분이 거주하면서 관리하고 있다. 이 스님의 모양새는 비승비속이다. 닝마파는 티베트 불교에서 가장 오래된 종파인데, 그 승려들은 결혼도 하고 속복을 입기도 한다. 닝마파와 그 뒤에 나온 사꺄파, 까규파의 세 파는 승려들이 붉은 모자를 쓰고 있어 적모파赤帽派라고 불린다. 반면에 더 후대에 등장한 겔룩파의 승려들은 노란 모자를 쓰므로 황모파黃帽派로 불린다. 히말라야 산자락에는 적모파 사원들이 대부분이다.

### 빠드마삼바바와 아띠샤

여기서 티베트 불교의 역사를 간략히 살펴보는 것이 도움이 될 듯하다. 티베트에 불교가 처음 전래된 것은 7세기경으로 그 이전의 티베트에는 토착 종교인 뵌교(본교)가 있었다. 뵌교는 태양, 달, 산의 정령을 숭배하는 일종의 샤머니즘으로 그 승려들 중에는 더러 마법을 사용하는 능력을 가진 자들도 있었다. 티베트를 통일된 하나의 큰 제국으로 만든 송첸 감뽀 왕

Srontsan Gampo(581-649)은 네팔의 브리꾸띠Bhrikuti 공주와 당나라의 문성文成 공주를 왕비로 맞이했는데, 이 두 공주가 시집오면서 각기 불교를 들여온 것을 계기로 불교를 전면적으로 도입하기 시작했다.

그는 새로운 도읍지 라사에 왕비들을 위해 조캉과 라모체라는 사찰을 건립하여 온 나라의 종교적 중심지로 삼았으며, 학자들을 인도로 파견하여 산스크리트어를 배우게 했다. 그 중의 한 학자는 당시의 어느 북인도 문자를 본떠 티베트 문자를 만들어 불경 등이 티베트어로 번역될 수 있는 토대를 닦았다. 이후 약 250년간 티베트 왕들은 송첸 감뽀의 뒤를 이어 경전 번역, 연구기관 설립, 사찰 건축, 교육 등 문화적 개혁을 계속해 나갔다. 그러나 뵌교의 저항 등으로 큰 진전을 보지 못하고 있었다.

그러다가 이 개혁 사업은 37대 왕인 티송 데첸Trison Detsen(742-797) 때 일대 도약기를 맞았다. 그는 페르시아, 인도, 위구르, 몽골, 중국, 실크로드 주변의 여러 도시국가 등 아시아 전역에서 다방면의 학술을 도입하기 시작했고, 이 도입 사업은 이후 60년 동안 계속되었다. 수학, 약물학, 시, 예술, 정치학, 조각 등 다양한 학문이 이때 발전했다. 이 시기에 티베트 불교는 인도 불교를 직수입하면서 비약적으로 성장했다. 티송 데첸은 날란다 불교대학의 학장이던 고승 샨타락시타(725-788)를 초청해 라사 근처의 삼예Samye에 최초의 불교 승원monastery(다수의 승려가 함께 거주하는 큰 사원)을 건립하려고 했다. 그러나 짓고 있던 승원을 토착의 신 혹은 악귀들이 무너뜨리며 방해하자

동굴 안쪽 벽에 나타난 불상들. 맨 오른쪽은 빠드마삼바바의 상으로 전해진다.

샨타락시타의 조언에 따라 이들을 물리치기 위해 다시 인도의 빠드마삼바바(717-762)를 티베트로 초청했다. 악신들을 압도하려면 탄트라를 수행한 빠드마삼바바 같은 고승의 법력을 빌려야 했기 때문이다.

　빠드마삼바바는 당시 인도에서 널리 알려진 탄트라tantra의 대가로 신비과학에 정통했으며, 인도 최고의 대학이자 영적 탐구의 중심지였던 날란다 불교대학의 교수였다. 초청에 응한 빠드마삼바바는 무스탕 계곡을 경유하여 티베트로 와서 모든 악신들을 제압하고 샨타락시타와 힘을 합쳐 이 승원을 세웠다(755년 경). 샨타락시타가 승원장이 되었고 이때 인도의 불교대학 제도와 교육과정을 함께 도입했다. 티베트 불교 최초의 승단이 조직된 것도 이때인데, 이 승단이 고파古派라는 뜻의 닝마파Ningmapa이다. 그 후 티베트불교는 약 100년간에 걸쳐 불경을 티베트어로 번역하는 등 융성한 발전을 보였다.

그러나 어느 종교든 박해자가 있기 마련이다. 41대 왕 랑다르마Gglang Darma(재위 838-841)는 뵌교를 숭앙하면서 불교를 탄압하기 시작했다. 이후 티베트 불교는 일종의 암흑기에 접어들었다.

빠드마삼바바는 일찍이 이러한 불교 탄압의 시대가 올 것을 예견하고 티베트의 히말라야 설산에 머무르면서 산스크리트어로 된 탄트라 경전들을 티베트어로 번역하는 한편, 인간을 궁극의 깨달음으로 인도하는 비밀의 책들을 직접 저술했다. 그러나 아직 제자들이 완전히 성숙되지 못했고 또 가르침을 펼만한 적절한 시기가 아닌 것을 알고, 많은 경전과 불상, 불구佛具 등을 후세를 위해 티베트 전역의 히말라야 동굴 속에 나누어 숨겨놓았다고 한다. 나중에 이 숨겨진 보물들('테르마')이 하나씩 발견되었는데, 옥스퍼드대학의 에번스 웬츠 교수가 소개하여 세간에서 널리 읽힌 《티베트 사자死者의 서書》도 이 숨겨진 가르침 중의 하나이다.

약 1세기 간의 암흑기를 거친 티베트 불교는 11세기 중반에 인도로부터 아띠샤 존자(982-1054)가 오면서 새로운 중흥기를 맞는다. 그는 인도 비크라마쉴라 불교대학의 고승으로, 티베트 왕의 초청을 받고 1042년에 티베트로 들어갔다. 당시 인도 불교는 막바지 쇠퇴기에 있었고, 그 뒤 오래 가지 않아서 무슬림 침략자들에 의해 초토화되고 만다.

아띠샤가 티베트로 간 것은 불교 자체의 존립을 위해서도 중요한 사건이었다. 그는 티베트에서 기강이 살아 있는 새 종파인 까담파Kadampa를 창설했는데 여기에서 나중에 사꺄파Sakyapa와 까규파Kargyupa의 두 파가 나왔다. 아띠샤는 《보리도등론菩提道燈論》이라는 책을 써서 보리심菩提心(깨달음을 얻고자 하는 마음)을 일으키는 단계(차제次第)부터 시작해서 점진적인 수행법을 단계별로 기술하고 있다. 여기에 담긴 그의 가르침은 후대의 고승 쫑까빠Tsongkapa(1357-1419)의 《보리도차제론菩提道次第論》, 《비밀도차제론秘密道次第論》으로 이어져 티베트 불교학의 기초가 되었다.

쫑까빠는 당대의 불교개혁자로 현교와 밀교를 융합한 종파인 겔룩파 Gelugpa를 창시했으며, 이후 티베트 불교는 겔룩파가 정통이 되어 그 지도자인 달라이 라마가 전 티베트의 종교적·정치적 지배권을 갖는 독특한 정교일치 체제를 구축하기에 이른다.

오늘날의 그러한 티베트 불교를 있게 한 두 성인 빠드마삼바바와 아띠샤 존자가 머물렀던 성스러운 곳에 이렇게 와 있다는 사실이 더없이 감격스럽다. 불전에 삼배를 올리고 조용히 앉았다. 위대한 스승들이 계셨던 곳이라서 그럴까. 이상할 정도로 마음이 편안해진다. 바깥이 열려 있고 바람 부는 소리가 제법 세차게 들리지만 법당 안에서는 바람을 전혀 느낄 수 없는 것이 신기하다. 이렇게 자연적으로 방한·방풍이 되는 동굴이니 수행자들에게는 더없이 좋은 수행처였을 것이다.

이런 순례지에는 옛 스승들과 수행자들의 영적인 기운도 배어 있으려니와, 경건한 마음으로 찾아온 사람들의 좋은 기운이 많이 축적되어 있다고 생각된다. 순례지에서 우리가 평화로움과 편안함을 느끼는 것은 그런 이유에서일 것이다.

이 랑충 곰빠는 랑충 초르텐을 가운데 두고 꼬라korah를 할 수 있다. 꼬라는 불교에서 성물이나 성소를 오른쪽에 두고 시계 방향으로 도는 행위(오른돌이)인데, 우리의 탑돌이 같은 것이다. 티베트 곰빠 내부는 기본적으로 꼬라를 할 수 있도록 설계되어 있다.

법당 뒤편은 오르막인데다 어두워 헤드랜턴을 켰다. 어두컴컴한 티베트 곰빠에 갈 때는 손전등을 준비해야 한다. 뒤에서 보니 동굴의 규모와 구조가 한눈에 들어온다. 랑충 초르텐의 뒷모습도 확실하고 작은 석순도 여러개 있다. 조그만 초르텐과 '옴마니밧메훔' 글씨가 중간 중간에 있다. 벽에는 여러 모습의 불상이 조각되어 있는데, 아띠샤 존자의 상像도 있다.

인위적으로 조성된 불상뿐만 아니라 석회수가 흘러내려 자연적으로 불상의 모습이 된 것도 여러 개 있다. 뭔가 신비하고 기적 같은 현상이 나타나면 약한 존재인 인간은 열광하게 된다. 따라서 이런 불상을 숭상하는 것은 당연한 일이다. 이 자연 불상들은 반질반질하다. 순례자들이 머리를 대고 기도하며 손으로 수없이 어루만진 결과다.

  점심을 먹은 뒤 동굴 옆 위쪽 산으로 올라갔다. 그곳에도 타르초가 나부끼는 것이 보여 뭔가 있을 것 같았다. 희미한 길은 있지만 경사가 심하고 건조한 흙 부스러기가 많아 자칫 미끄러지면 추락할 판이다. 간신히 올라가 내려다보니 랑충 곰빠가 절벽에 깃든 새둥지같이 편안한 모습으로 보인다. 다시 더 높은 곳으로 엉금엉금 기어오르니 동굴이 하나 나왔다. 입구에는 타르초와 카타가 많이 걸려 있다. 수행자들이 살면서 명상하던 동굴이었음이 분명하다. 우리로 치면 절에 딸린 산내 토굴 같은 곳이다.
  동굴 안에는 불을 피워 음식을 끓여 먹은 흔적으로 천장과 벽이 그을음으로 시커멓다. 내부에 쳐 둔 줄에는 순례자들이 걸어놓은 카타가 걸려 있다. 예전에 이곳에서 정진하던 수행자들은 사라졌지만 그 자취는 남아 있어 옷깃을 여미게 한다. 스승의 발자취를 찾아 이곳에 왔던 그들은 순례자들이 자주 드나들어 번거로운 아래 곰빠를 떠나 이 동굴로 올라왔을 것이다. 그리고 이곳마저 사람들이 찾아오자 더 깊은 곳으로 들어갔으리라. 잠시 그 옛날로 돌아가, 이곳에서 수행하던 이름 모를 수행자의 마음이 되어 본다. 그들의 신심은 얼마나 장했으며, 그들의 정진은 또 얼마나 치열했을까. 그들은 누구이며 우리는 또 누구인가. 그때 불었던 바람도 지금 부는 바람과 다르지 않았으리라.

# 6. 길링의 곰빠와 곤캉

 랑충 곰빠에서 점심을 먹은 뒤 우리는 다음 목적지 샴모첸으로 가기 위해 계단을 내려왔다. 계단 아래에서 곰빠를 다시 한 번 올려다보았다.
 곰빠 아래쪽 길 왼편 절벽 아래 돌담으로 막아 놓은 곳에 샘이 있다. 문을 열고 들어가 보니 3개의 작은 구멍에서 물이 솟아나고 있다. 샘물 곁에 국자가 하나 있다. 빠상이 국자에 떠서 손에다 세 번 부어주며 머리에 적시라고 한다. 샘이 셋이어서 우리는 아홉 번씩 머리에 적셨다. 묵티나트의 108 성수에 목욕하면 나쁜 업이 소멸된다는 믿음이 있듯이, 이 물을 적시면 그런 영험이 있다고 이곳 사람들은 믿는다. 맛을 보니 석회수다. 히말라야의 토양이나 암석은 석회 성분이 많다.
 계곡 바닥까지 내려간 뒤 다시 북쪽으로 난 좁은 협곡을 따라 올라갔다. 거대한 절벽이 양쪽에서 우리를 압도한다. 좁은 계곡에는 관목이 제법 무성하다. 우리가 보기에는 보잘것없는 숲이지만 무스탕에서는 마을이 아닌 곳에 수풀이 흔치 않다. 절벽을 벗어나 작은 고개를 넘자 넓은 계곡이 펼쳐진다. 길은 계속 오르막이다. 땀이 났지만 바람이 불어 오히려 한기를 느낀다. 넓은 벌판 같은 계곡에는 양과 염소들이 풀을 뜯고 있다. 절벽 아래 돌로 쌓아 만든 가축 우리도 몇 개 보인다. 뒤를 돌아보니 방금 우리가 빠져나

샴모첸 라에서 본 설산 파노라마(위).
샴모첸으로 가는 길에서 랑충 곰빠 계곡을 돌아본 모습(아래).

온 협곡이 누가 지나갔느냐는 듯이 적막에 싸여 있다.

샴모첸Shammochen에는 1시간 반이 걸려 도착했다. 잠시 찻집에 들어가 쉬었다. 고도 400미터를 내려갔다가 다시 400미터를 올라서인지 몸이 무척 피로하다. 아침에 사마르에서 출발하여 랑충 곰빠까지 3시간 걸렸으니 지금까지 걸은 시간은 4시간 반이다. 그리 많은 시간도 아니고 아주 힘든 코스도 아닌데 체력이 부족한 탓에 모두 힘든 기색이다. 여기서 멈추면 좋겠지만 체류 기간이 제한되어 있으니 특별한 상황이 일어나지 않는 한 계획된 일정을 지켜야 한다.

샴모첸(샹보체)은 집이 대여섯 채밖에 되지 않는 작은 마을이다. 나무가 없는 넓은 벌판 한 가운데 있어 황량함을 더해 주고 있다. 바로 위에 샴모첸 라가 빤히 보인다. 짐을 실은 말들이 고개를 향해 부지런히 오르고 있다. 고개임을 알리는 룽다 하나가 외로이 펄럭인다.

룽다lungda는 티베트 불교도들이 곰빠는 물론 동네 언덕, 집 마당, 또는 지붕 위에 세우는 긴 수직 깃발이다. 룽다의 깃폭은 다섯 가지 색으로 된 천을 이어서 만들었고(흰색, 녹색 등 단색으로 된 것도 있다), 각각의 천에는 불보살들의

삼모첸의 찻집.

　모습과 기원문이 새겨져 있다. 모두 중생의 행복을 기원하는 내용이며, 목판으로 인쇄했다. 부처님의 말씀이 온 세상 구석구석으로 퍼지라는 소망을 담은 것이다. 다섯 가지 색은 위로부터 청·백·적·녹·황색이며 이는 우주의 다섯 원소(공·지·수·화·풍)와 다섯 방향(동서남북과 중앙)을 상징한다.

　언젠가 우연히 TV에서 우리나라 뱃사람들의 용왕제를 보았는데, 배에 여러 개의 깃발을 꽂고 있었다. 색깔의 순서는 조금 다르지만 틀림없는 룽다였다. 이것은 고려 때 원나라를 통해 들어 온 티베트 불교의 영향으로 보인다. 알고 보면 우리에게 익숙한 49재 의식이나 탱화도 모두 원나라에서 수입한 티베트 불교 양식이다. 우리나라 절에서 가장 많이 독경하는 천수경千手經에도 티베트 불교적 요소가 많이 들어 있다.

룽다는 '바람의 말[風馬]'이라는 뜻이다. 룽다의 모습이 바람을 향해 앞발을 들고 선 말의 형상이기 때문이다. 펄럭이는 깃발은 말의 갈기이다. 룽다는 그런 모습으로 펄럭이며, 히말라야에서 부는 바람을 걸러준다. 티베트 사람들은 룽다가 탁한 바람을 맑게 하고, 거센 바람을 부드럽게 하며, 찬 바람을 따뜻하게 해 준다고 믿고 있다. 척박한 히말라야에서 생존하기 위한 자기 위안의 방편이며, 이것은 티베트의 스승들이 고달픈 중생들을 위해 마련한 따뜻한 배려다.

룽다가 수직으로 서 있다면 타르초는 오색 깃발을 만국기처럼 수평으로 매달아 놓은 것을 말한다. 깃발에 쓰여 있는 내용은 룽다와 같다. 트레킹 도중 고개 정상에 있는 타르초가 간혹 땅바닥에 떨어진 것을 볼 수 있다. 그럴 경우 다시 매다는 수고를 아끼지 말아야 한다. 어떤 것은 너무 길어 땅에 처진 것도 있다. 이때 타르초를 타고 넘으면 안 되고, 타르초를 들어서 그 밑으로 지나가는 것이 예법이다. 히말라야에서는 히말라야의 관습을 존중해야 한다.

### 샴모첸 라

샴모첸 라(3,850m)에 올라와 마을을 다시 내려다보았다. 마을과 풍경이 구분되지 않을 정도로 자연스럽게 조화를 이루고 있다. 오랜 세월 비바람을 맞아 자연의 색감으로 돌아간 고찰의 분위기처럼 이 집들은 주변과 잘 어울린다. 이런 민가뿐만 아니라 초르텐이나 곰빠도 거의 다 그렇다. 무스탕에서 "건축은 자연의 연장延長이고, 자연은 건축의 연장이다."라고 한 칼스텐의 말에 공감한다.

무스탕의 고개에는 어디나 룽다가 세워져 있고 타르초가 펄럭인다. 그리고 반드시 돌무지 혹은 돌탑이 있다.

"라 곌로 끼끼 쏘쏘, 라 곌로 쏘쏘쏘!"

삼모첸 마을.

    고개를 지나는 사람들은 누구나 돌을 주워 그 돌무지에 얹고 이런 소리를 외친다. 그것은 전쟁의 신에게 바치는 것으로, 악마를 제압하고 위대한 신이 승리했음을 알리는 선언이다. 독일의 티베트학자 롤프 슈타인Rolf. A. Stein은 이 돌무지에 대하여 다음과 같이 설명하고 있다.

    준령을 통과하는 행인은 돌무더기에 돌 하나를 올려놓거나, 돌이 없을 때에는 뼈, 천, 모포의 타래, 머리털을 올려놓고 큰 소리로 "(하늘의) 신들은 승리자이며 악귀는 정복된다"고 외친다. 끝 무렵의 고함은 전쟁 때의 절규이다. 이것은 신들의 호전적 성격과, 행인이 힘들고 전략적인 장소를 통과한다는 관념으로 설명된다. 바로 이런 이유 때문에 이 돌무더기들은 '무사의 성(정확히는 군신의 성)'이라고 불

샴모첸 라.

린다. 또 '영주의 성'이라고도 한다. 그러나 가장 일반적인 명칭은 라쩨la–btsas로, '통행세' 또는 '도로의 경계석'으로 해석된다. R. A. 슈타인, 〈티벳의 문화〉, pp.248–250.

구름이 낮게 깔려 있다. 사실은 구름이 낮은 것이 아니라 이곳의 고도가 높은 것이다. 그래도 군데군데 파란 하늘이 보이고 햇빛이 구름 사이로 환하게 대지를 비추고 있다. 고개에 오르니 무스탕 고원이 한눈에 보인다. 로만탕은 저 앞쪽 끝 출렁이는 산의 바다 어디쯤인가에 있을 것이다. 위는 산의 바다, 아래는 땅의 바다다. 오른편으로 안나푸르나 산군이 구름 속에 줄지어 있다. 그 아래 있는 무채색의 산들은 깊게 팬 골짜기들을 거느린 채 굽이치고 있다. 미리 사진도 보았고 어느 정도 짐작은 했지만, 실제로 보는 풍광은 경탄스럽기 그지없다.

페셀은 여기에 와서 이 광경에 엄청난 충격을 받았다. 당시만 해도 무스탕은 외국인들에게 거의 알려지지 않았고 접근하기 어려운 곳이었다. 막연한 기대와 불안감을 안고 온 그에게 이곳은 마치 혼돈의 입구처럼 보였다. 이때의 심경을 묘사하는 대목은 그의 책에서도 압권이다.

고갯마루에 오르니 갑자기 무스탕 영토가 내 발아래 놓여 있었다. 사마르에서는 첩첩이 겹쳐진 끝없는 설산의 바다를 보았는데, 이제는 그 봉우리들 사이를 볼 수 있었다. 지평선을 채우고 있는 것은 지금까지 내가 보았던 그 어떤 땅과도 달랐다. 내 앞에는 황색과 황갈색의 사막이 펼쳐져 있었다. 광대한 모랫더미에 난 깊은 상처들처럼, 바싹 마른 지옥 같은 대지를 절개해 나간 깊은 골짜기와 협곡들을, 바람에 침식된 황량한 바위들이 굽어보며 연이어 펼쳐져 있는 광경은, 내가 상상할 수 있는 가장 공포스러운 것이었다.

그것은 그랜드 캐년과 같았지만 선인장이나 물이 없었다. 내가 볼 수 있는 가장 먼 곳까지도 풀 한 포기, 나무 한 그루, 혹은 덤불 하나 보이지 않았다. 오직 사막과 메마른 고산지대의, 황량함과 추위의 공포스러움을 겸비한, 골짜기가 팬 광대한 황야 하나가 있을 뿐이었다. 무시무시한 바람소리가 귓전을 때렸다. 바람은 이 바싹 마른 땅을 매섭게 훑으면서 모래를 흩뿌리는 한편, 협곡 안에서 울부짖고 언덕들을 후려치며 그것들을 표백된 뼈처럼 음산한 탑들로 조각하고 있었다.

나는 이렇게 부르짖고 있었다. "이것이 무스탕이다! 내가 단단히 미쳤구나! 여기에는 황량함 밖에 아무것도 없는데, 어떻게 내가 이런 지옥 같은 바위와 흙 속에서 살아남을 수 있겠는가!" 눈을 크게 뜨고 살펴보았지만 마음을 끄는 것은 아무것도 없었다. 매력이나 안락함을 시사하는 그 어떤 것도 없었고, 햇볕에 타들어가는 대지의 이글거리는 섬광에서 벗어나 내 시선을 편안히 둘 곳도 없었다. 저 멀리 앞쪽, 수평선 너머에 티베트가 있음을 나는 알고 있었다. 좌우로는 둥근 설산 봉우리들이 이어진 산맥들, 끝없는 산의 바다의 첫 물결들이 일렁이고 있었고, 그 사이로 무스탕이 뻗어 있었다. 티베트로 이어지는 황량한 통로였다.

나는 꽤나 황량한 땅을 맞이할 준비를 하고 왔지만, 이곳은 내가 상상한 모든 것을 뛰어넘고 있었다. 이런 곳에서 어떤 사람이 살 수 있을까? 눈 아래 보이는 것은 오직 혼돈뿐이었고, 나는 놀란 나머지 이러한 풍광의 기이한 아름다움을 이해하지 못했다. Michel Peissel, 앞의 책, p.78.

## 길링

그러나 전통적인 로 왕국의 영토는 길링Ghiling을 지나 또 하나의 고개인 니이 라를 넘어서부터이다. 길링은 겔링Geling으로도 표기된다. 고개를 조금 내려가자 색채가 선명한 큰 초르텐이 나타났다. 마을 입구임을 알리는

길링 앞 언덕의 옛 요새 터.

것이다. 멀리 넓은 계곡 아래 집들이 산재해 있는 마을이 바로 길링이었다. 마을이 빤히 보이지만 당도하려면 1시간은 걸릴 것이다. 건너편 산중턱에 곰빠 두 개가 마을을 굽어보고 서 있다. 사진을 찍기 위해 초르텐 앞 언덕으로 올라갔다. 높이 올라가야 좋은 전망을 얻는다. 이래서 나는 늘 맨 뒤로 처진다. 무스탕까지 왔는데 어찌 이런 수고를 마다하겠는가. 여기를 떠나면 언제 다시 올지 기약할 수 없다.

마을로 가는 길 옆 언덕에 무너진 옛 요새가 적막하게 서 있다. 그 아래쪽 언덕에도 하나 더 있다. 아름다운 마니월을 따라 내려가 마을로 들어섰다. 무스탕에서 이렇게 탁 터진 넓은 들판에 있는 마을은 처음이다. 길링은 무스탕 왕의 통치권 밖인 바라가온의 북쪽 끝마을이다. 바라가온은 '12개의 마을'이라는 뜻이지만 지금은 남쪽 까그베니에서 북쪽 길링까지 19개 마을

**길링 마을 입구임을 표시하는 아름다운 초르텐.**

길링의 입구에서 바라본 마을 전경. 산 중턱에 곰빠가 보인다.

이 있다. 바라가온은 오랜 기간 동안 무스탕 왕족의 통치를 받았다.

페셀은 길링에서 캄파 게릴라의 부대장 한 사람을 만났다. 당시 캄파들은 주민들에게 두려움의 대상이었다. 아무리 같은 티베트인들이라 해도 군대는 주민들에게 피해를 주기 마련이다. 그들은 주민들이 쓸 땔나무나 야크를 훔치기도 하고, 목초지 출입을 금하는 등 강제력을 행사했다.* 주민들의 원성이 자자했지만 무력 앞에서는 어쩔 수 없었다. 그러나 세월은 다시 평화로운 마을의 모습을 돌려주었다.

마을 가운데 서 있는 큰 초르텐을 지나 캠프장이 있는 집 식당에 도착한 것은 오후 3시 30분. 우선 차부터 한 잔 마시며 피로를 풀었다. 그곳에는 삼툭 라마의 조카 라주가 기다리고 있었다. 라주는 한국말을 잘 한다. 25세의

---

*CIA는 캄파 게릴라들에게 물자 조달을 위한 충분한 현금을 공수해 주었지만 당시 게릴라 총대장이던 바바 겐 예쉬(Baba Gen Yeshi)가 많은 돈을 대원들에게 나누어주지 않고 착복했다. 그것도 게릴라들이 주민들에게 민폐를 끼친 중요한 한 원인이었을 것이다(바바 겐 예쉬는 1965년에 강직한 대장 왕두(Wangdu)로 교체되었다). 나중에 네팔 정부군이 캄파 게릴라를 압박할 때 바바 겐 예쉬는 네팔 정부에 협조하면서 카트만두에서 사업가로 변신했다.

호리호리한 체격인 라주는 의정부에서 일하다가 작년에 돌아와 고향 남걀에서 집안일을 돕고 있다.

　사마르에서 출발하기 전 삼툭이 말하기를 오늘 길링에 도착하면 남걀에서 사람이 마중 나와 있을 거라고 했다. "그래요?" 남걀은 로만탕 바로 위쪽에 있는 작은 마을로 삼툭의 고향이다. 그곳에서 이틀 거리의 길링까지 마중을 나오는 이유가 의아했지만 더 묻지 않았다. 삼툭에게 볼 일이 있으려니 했다.

　옷을 갈아입고 나서 밖으로 나왔다. 해가 지기 전에 마을을 둘러보기 위해서다. 내일 아침에는 시간이 없다. 마을 아이들이 담장 밖에서 고개를 내밀고 우리를 구경하느라 정신이 없다. 담장 바깥에 있는 공동수도는 빨래

길링의 아이들.

터 겸 놀이터이다. 여자 아이가 하나 있어 머리핀을 주었더니 너도나도 달라고 한다. 남자 아이들은 달라고 하지 않을 줄 알았는데 그게 아니다. 누구는 주고 누구는 안 주느냐. 하나씩 주니 모두 좋아들 한다.

이번에 보명화 보살이 아이들 선물용으로 머리핀을 많이 준비해 왔다. 작년 트레킹 때 네팔 여자 아이들의 부스스한 머리가 마음에 걸렸다고 한다. 취미가 머리핀과 머리고무줄 수집인 초등학교 5학년 조카딸에게 그 이야기를 하니 선뜻 200개나 되는 머리핀과 머리 묶는 고무줄을 주더란다. 애장품을 기꺼이 기증한 아이의 마음이 기특하다. 이걸 어떻게 나누어줄까 고민하다가 조금만 남기고 삼툭에게 주면서, 알아서 필요할 때 나누어주라고 했다.

먼저 마을 북쪽 언덕 위에 있는 타시 초링Tashi Choling 곰빠를 방문했다. 참배하러 가는 것이지만 사실 무스탕의 어느 마을이나 볼 만한 것이 있는 곳은 곰빠가 거의 유일하다. 두 개의 곰빠 중 아래쪽 큰 건물이 주 곰빠고 위쪽은 곤캉Gon-khang이다. 곰빠는 문이 잠겨 있고, 위쪽 곤캉으로 올라가니 한 젊은 스님이 마당에 나와 있다. 곰빠 뒤 위쪽으로는 폐 요새가 보였다. 아래 곰빠를 볼 수 없느냐고 하니 스님이 아래쪽 마을을 향해 고함을 지른다. 마을에서 한 남자가 그 소리에 응답한다. 스님은 그가 열쇠를 가지고 올라올 테니 가서 참배하라고 한다. 나중에 다시 이곳에 와서 곤캉도 볼 수 있느냐 물으니 그는 "노 프로블럼No problem" 하면서, 아래 곰빠에 있는 스님들은 지금 단체로 출타 중이어서 없다고 덧붙였다.

### 박제된 도둑의 손

곰빠로 내려가니 보명화 보살이 올라와 있다. 눈만 돌리면 누가 어디에 있는지 금방 알 수 있어, 동네를 구경하다가 위쪽 곰빠 주변을 어슬렁거리는 나를 본 모양이다. 곰빠 내부는 정갈하게 정돈되어 있다. 최근에 새로 그린 벽화도 깔끔하다. 그러나 작품성은 없다. 이곳 벽화를 본 투치는 이 그림들은 17세기의 훌륭한 벽화들이라고 기술했으나, 최근 비전문가들이 오로지 신심 하나로 보수한답시고 조악한 창작품을 만들고 말았다. 그 바람에 귀중한 유물들이 사라졌지만, 그들의 행위도 이해가 안 되는 것은 아니다. 벽화가 허물어지는 것을 방치할 수는 없고, 복원 전문가를 부를 능력은 없으니 그렇게 할 수밖에 없었으리라.

불전에 예배를 드리고 나와 다시 위로 오르니 스님은 간 곳 없고 곤캉 법당에서 '쿵쿵, 쨍쨍' 악기 소리가 요란하다. 곰빠 관리인이 곤캉에 들어갔다 나와서는 스님이 허락했으니 들어가 보라고 한다. 단, 보명화 보살은 안 된단다. 곤캉은 여자가 들어갈 수 없는 곳이다. 여자들은 무서운 형상을 한 수호신들을 보면 충격을 받을 수 있기 때문이다.

곤캉은 티베트 불교만의 독특한 법당으로 불법佛法의 수호신들이 모셔져 있다. 우리나라 같으면 절 입구에 있는 사천왕과 금강역사가 여기에 해당되지만, 티베트 불교의 이 수호신들은 훨씬 더 무서운 형상을 하고 있다. 따라서 미리 마음을 가다듬고 나서 들어가는 게 원칙이다. 나는 그냥 들어갔다. 불법의 수호신들을 무서워할 이유가 없다.

이 곤캉 역시 2층에 있다. 티베트 건물에서 1층은 대체로 가축용이다. 곰빠도 법당이 2층에 있는 경우가 많다. 2층으로 나무계단을 올라가 작은 출입구로 들어가니 아까의 그 스님이 의식을 진행하고 있다. 전체적으로 어두컴컴하며 벽이나 천장은 그을음으로 시커멓다.

빛이 들어오는 남쪽 작은 창문 아래에 앉아 의식을 지켜보았다. 진언을 외고 북과 바라를 치며 요령도 흔든다. 그야말로 혼자 북 치고 장구 치며 의식을 진행한다. 밀교인 티베트 불교에서 곤캉은 중요한 역할을 한다. 일반적인 의식은 승려 대중이 법당에 모여서 하지만 비밀스러운 의식은 곤캉에서 한다. 이제는 곰빠에서 하는 요란한 의식에도 익숙해져 편안한 마음으

길링 곤캉에서 의식을 진행한 라마. 자루가 긴 큰 북이 옆에 매달려 있다.

로 지켜본다. 의식을 진행하는 스님도 가끔 나를 바라보고 나도 그를 바라본다.

한 차례 의식이 끝나고 스님이 일어섰다. 사진을 한 장 찍자고 하니 흔쾌히 자기 자리로 돌아가 포즈를 취해 준다. 그리고 어두컴컴한 벽화를 설명해 준다. 벽화의 수호신들은 산스크리트어가 아닌 티베트 이름이어서 낯설다. 벽화를 다 보고 나자 그는 박제된 사람 오른손 하나를 보여준다. 그는 내가 그 손을 보러 왔다는 것을 알고 있다.

이곳에 박제된 사람 손이 있다는 이야기는 페셀의 책에도 나온다. 그것을 따로 보관해 두지 않고 불단 탁자 위에 그냥 올려 두었다. 시커먼 손이다. 박제 기술이 좋아서인지 제법 통통하고 손톱과 주름도 완연하다. 내 왼

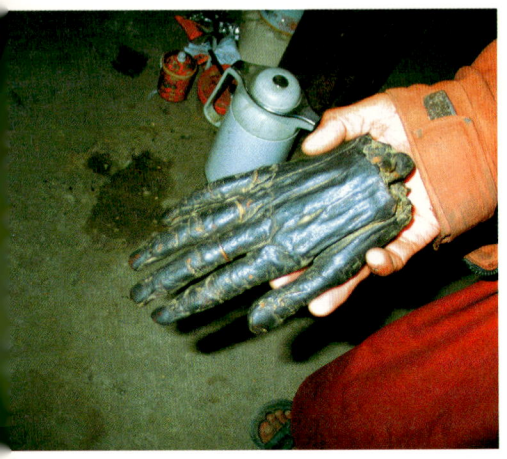

**라마가 보여주는 박제된 검은 손.**

손 바닥을 그 손바닥에 대어 보니 거의 같은 크기다. 손바닥의 감촉이 부드럽다. 페셀은 짜랑 곰빠에서도 이런 손을 보았고 로만탕에서도 보았다고 한다. 그래서 당시 무스탕에는 적어도 세 개의 잘린 손이 있었다. 이 손은 곰빠에서 물건을 훔치다 들킨 도둑의 손이라고 한다. 옛날 무스탕에는 그런 법이 있었다. 절도 초범은 봐주지만 두 번째로 훔치다 적발되면 손목을 잘랐다고 한다. 스님은 이것이 334년 된 것이라고 말한다.

"이 손 사진 찍어도 될까요?"

"쏘리. 사진은 안 됩니다."

"그럼 벽화는 어때요. 찍어도 돼요?"

"쏘리. 그건 더 안 됩니다. 차라리 이 손을 찍으세요."

벽화는 다른 데도 많이 있으므로 사실은 이 손을 찍고 싶었다. 불단에 헌금을 하고 스님에게도 보시금을 드린 다음 우중충한 계단을 내려와 밖으로 나왔다. 곤캉에서는 다시 쿵쾅거리는 소리가 들려왔다.

보명화 보살은 밖에서 기다리다가 언덕의 거센 바람을 견디기 어려웠던지 내려가고 없다. 아래로 마을 전경이 한눈에 보인다. 우리가 걸어온 길이 산허리에 걸려 있고, 마을에는 가축들이 한가로이 풀을 뜯고 있다. 무스탕에서 이렇게 나무와 풀이 많은 마을은 드물다.

해가 저물기 시작하자 남쪽 안나푸르나 산군의 모습이 구름을 헤치고 나왔다. 닐기리, 틸리초, 안나푸르나가 잘 보인다. 들에서 염소들이 일제히 집으로 돌아오느라 마을이 시끌시끌하다. 아이들 노는 소리도 메아리친다. 넓은 밭과 높다란 나무, 아이들 소리, 염소 우는 소리 등이 어울려 조용하던 마을에 갑자기 활기가 넘친다.

바람 부는 언덕에 앉아 주변의 산들과 평화로운 마을 풍경을 바라보며 잠시 상념에 잠긴다. 태곳적의 풍경과 지극히 단순한 삶, 사막 같은 황량함, 쓸쓸함, 바람과 먼지, 정지된 듯한 시간, 존재의 깊은 곳을 건드리는 그 어떤 것이 있었다.

바람의 재촉을 받고 언덕에서 내려왔다. 해가 지면서 기온이 떨어지고 있지만, 설산 가까이 접근하는 다른 트레킹 지역에 비하면 무스탕의 밤은 봄날과 같다.

## 7. 붉은 절벽 닥마르

    오랜만에 푹 잤다. 며칠 누적된 피로가 한꺼번에 몰려 온 모양이다. 어제 저녁 식사를 마치고 잠깐 눈을 붙였는데, 눈을 뜨니 어느새 아침이다. 날은 대체로 따뜻하다. 무스탕에 들어온 이래 텐트 안의 기온이 13도 이하로는 내려가지 않았다.

    밖으로 나와 상쾌한 아침 공기를 마셨다. 집 앞 광장에는 염소들이 잔뜩

나와 있다. 백 마리도 더 될 것 같다. 갑자기 캠프장 옆에 있는 문 하나가 열리더니, 새끼 염소들이 정신없이 뛰어나와 각기 자기 어미를 찾아가 젖을 먹는다. 어미들이 계속 신호를 보내면, 새끼들은 어슷비슷한 어른 염소들 사이를 이리 저리 돌아다니며 기필코 제 어미를 찾아낸다. 여기는 어미들과 새끼들을 따로 재운다. 어미가 방목지로 갈 때도 새끼들은 데려가지 않는다. 그래서 새끼들은 어미들이 아침에 풀을 뜯으러 가기 전, 그리고 저녁나절 집으로 돌아 온 후에만 젖을 먹을 수 있다.

출발 전에 마구간을 보니 처음 보는 말 세 마리가 여물을 먹고 있다. 말 등에 안장이 있는 것을 보고 비로소 라주가 길링까지 마중 나온 이유를 알았다. 우리를 위해 말들을 끌고 온 것이다. 동네에서 보낸 게 아니라 삼툭의 부탁으로 자기 집의 말들을 몰고 왔다. 삼툭이 우리를 위해 준비한 특별 서비스였다.

오늘도 지친 몸을 이끌고 하염없이 걸어갈 각오를 하고 나오던 동포들이

**늦은 오후의 닥마르.**

**길링의 아침 풍경.**

  이 소식에 구세주를 만난 듯 희색만면하다. 특히 아직 컨디션이 회복되지 않은 보명화 보살이 좋아한다. 말이 아침밥을 먹을 동안 먼저 천천히 출발했다. 워밍업으로 좀 걷는 것도 나쁘지 않다. 곰빠 쪽을 보니 서양인 트레커 팀이 곰빠를 향해 오르고 있다. 아침에 방문하는 걸로 보아 어제 늦게 도착한 모양이다. 마을을 벗어나기 전에 뒤돌아보니 사막의 오아시스 같은 마을이 평화롭다.

  마을을 벗어나 북쪽을 향하자 곧 광활한 벌판이 나타난다. 군데군데 무더기로 모여 있는 관목에는 노란 꽃이 한창이다. 조금 가다가 말이 오기를 기다렸다. 길은 끝없이 이어져 있다. 오른쪽 언덕에는 지그재그로 길이 닦여 있다. 이미 로만탕에서 이곳까지 자동차 길이 나 있다고 한다.

  그러나 차는 티베트 쪽에서 로만탕으로 들어와야 하는데, 아직 로만탕에는 도로가 개설되지 않았다. 그런데 근년에 무스탕 왕과 주민들, 그리고 행정 관리들은 오랜 협의 끝에 로만탕 성벽에서 좀 떨어진 서쪽으로 도로를 내기로 결정했다고 한다. Richard C. Blum, Erica Stone, and Broughton Coburn (ed.), 《Himalaya》, p.191.

라주가 말을 몰고 따라왔다. 제일 건장한 말은 백산 스님이 타고, 다음으로 건장한 10세 된 말은 보명화 보살에게 양보했다. 나는 제일 늙은 스무 살 짜리 말을 탔다. 탈로라는 이름의 이 친구는 생김새가 허름하다. 아니나 다를까, 다니는데 힘이 달려서 종종 나에게 미안한 마음이 들게 만들었다. 말의 평균수명이 25세라고 하니 사람으로 치면 60대 중반의 할아버지 급이다. 탈로를 타고 있으면 나는 아무래도 돈키호테 같고, 말은 로시난테 같다. 라주가 내 말을 끌지 않아 다행이다. 산초까지 만들어 배역을 완성시키고 싶지는 않다.

말에 오르자 기분이 이상하다. 안장을 통해 말 근육의 움직임이 다리로 전해지자 곧 떨어질 것 같아서 안장 앞부분을 꽉 잡았다. 그러나 시간이 조금 지나자 중심을 잡는 요령이 생겼다. 백산 스님의 말을 라주가 끌며 앞장섰다. 처음엔 견마잡이가 없어 불안했는데 차차 여유가 생겼다. 오히려 혼자 타니 말을 부리는 재미도 있다. 고삐를 오른쪽으로 당기면 우회전, 왼쪽으로 당기면 좌회전, 양손을 동시에 끌어당기면 브레이크다.

아침 일찍부터 염소들이 들판에 나와 풀을 뜯고 있다. 하루 종일 풀을 찾아 염소를 이리저리 몰고 다니는 저 목자는 무슨 생각을 하며 지낼까? 이런 단순한 생활은 단순한 사람들이 아니면 할 수 없다. 머리가 복잡한 사람들은 단순함을 견디지 못한다. 현대 문명사회는 사람을 복잡하게 만든다. 많은 욕망과 좌절이 있고, 치열한 경쟁과 성패가 있다. 인간들의 삶 자체가 아주 복잡하고 힘겹다.

예로부터 사람들은 어떤 이상향을 동경해 왔다. 토마스 모어의 유토피아가 그렇고, 도연명의 〈도화원기〉에 나오는 무릉도원이 그렇다. 티베트의 고대 문헌에서도 히말라야 설산 너머 어디엔가 샴발라Shambhala라는 신비의 왕국이 있다고 이야기한다. 사람들이 이상적인 나라를 그리워한다는 것은 현실이 그만큼 고달프다는 뜻이다.

제임스 힐턴의 소설 《잃어버린 지평선Lost Horizon》(1933)에는 히말라야의 이상향으로 '샹그릴라Shangri-la'가 나온다. 힐턴은 프랑스의 티베트 전문가 알렉산드라 다비드-넬Alexandra David-Neel(1868-1969)의 책에서 언급한 샴발라에서 힌트를 얻어 그와 발음이 비슷한 샹그릴라를 만들었다. 다비드-넬은 불교학자이자 여행가로 인도에서 산스크리트와 티베트어를 배웠고, 1923년 서양 여성으로는 최초로 티베트를 여행했다. 《잃어버린 지평선》은 영화로도 제작되었는데, 소설의 내용이 궁금해서 나중에 책을 구해 읽어보고는 실소를 금치 못했다. 추리소설을 연상케 하는 도입부는 그렇다 치고, 히말라야의 높은 샹그리 고개(라)를 넘어가면 나오는 이상적인 왕국이란 것이 결국 피아노와 모차르트의 음악이 있고 〈더 타임스〉 신문이 정기적으로 배달되는 곳이란다. 더욱이 그 통치자는 서양인이다. 한 마디로 만화 같은 이야기였다. 그러나 혹시 무스탕이 샴발라와 무슨 관련이 있지 않나 하는 느낌이 들 때도 있다.

## 니이 라

말을 타고 완만한 오르막 평원을 1시간쯤 가니 니이 라Nyi La(4,050m)로 올라가는 길목이 나왔다. 높아 보이지만 이미 3,820미터까지 올라 왔고 경사가 완만해 말을 타고 오르는 데는 문제가 없었다. 잠시 사람도 쉬고 말도 쉬었다. 걸어왔으면 아마 아침부터 많이 피곤했을 것이다.

조금 있으니 밑에서 견마잡이와 가이드를 앞세운 사람 둘이 올라온다. 30대 중반의 흑인 청년과 60대 초반의 백인 할머니다. 아프리카 가나에서 왔다는 이들은 고개까지만 말을 빌렸다고 한다. 무스탕에서 말 하루 임대료는 1,100루피인데 미화로 환산하면 15불 정도이다. 잠시 빌린다면 300루피면 충분할 것이다. 이들이 탄 말은 아주 건장해서 우리의 말들이 초라하게 보인다. 우리 말들은 체격도 작고 목도 몸통과 거의 수평을 이루고 있다. 나는 비로소 우리가 탄 말들이 조랑말이라는 것을 깨닫는다. 가나 팀은 말을 탄 채 잠시 쉬다가 바로 올라갔다.

곧 우리도 뒤를 따랐다. 내가 탄 탈로가 앞장섰다. 늙은 탓에 열 걸음마다 멈추며 가쁜 숨을 몰아쉰다. 숨을 토할 때마다 폐의 진동이 어깨 근육을 통해 전달되어 온다. 미안하기는 하지만 그냥 가만히 앉아서 간다. 말들이 좀 더 쉬게 놔두면 좋으련만 라주와 삼툭은 휴식이 조금만 길어지면 여지없이 휘파람을 불어 길을 재촉한다. 쉬엄쉬엄 오르는데 앞서 갔던 큰 말들은 이미 고개에서 손님을 내려주고 내려오고 있다.

얼마 후 우리도 니이 라에 도착했다. 뒤를 돌아보니 안나푸르나 산군의 멋진 풍광이 보인다. 안나푸르나 북면의 모습이 뚜렷하다. 여기서부터 로 왕국의 영토다. 니이 라가 국경인 셈이다. 지금은 여기까지만 무스탕의 땅이지만 초기의 로 왕국은 동으로는 묵티나트, 남으로는 툭체까지 제법 넓은 영토를 지니고 있었다고 한다.

수고한 말들을 앞서 가게 하고 돌무지에서 풍광을 감상하며 쉬노라니 아침에 본 한 무리의 트레커들이 걸어 올라왔다. 독일 사람들로, 리더를 포함하여 9명이다. 그 중에는 77세와 80세의 할아버지도 있다. 젊은 우리는 말을 타고 올라왔는데 이 노인네들은 순전히 자력으로 올라와 우리를 부끄럽게 만들었다. 독일 팀의 코스는 우리와 똑같아, 이후 늘 앞서거니 뒤서거니 하면서 같이 다녔다.

급경사 내리막길을 지나 완만하고 넓은 내리막길에 이르러 다시 말을 탔다. 서부영화의 한 장면처럼 황야를 말 타고 가는 기분이 괜찮다. 이젠 말이 움직이는 리듬에 몸의 리듬을 맞추는 요령도 생겼다. 이렇게 말을 잘 탈 줄은 나도 미처 몰랐다. 안장 앞부분을 잡지 않고 고삐를 잡는 여유까지 생겼

게미 마을의 시멘트 마니월. 마니차들이 설치되어 있다.

다. 앞쪽으로는 일망무제 티베트 고원이 펼쳐져 있다. 그 광경을 바라보면 마치 내가 꿈을 꾸는 것 같다. 예전에 상상도 못한 풍경 속으로 며칠째 가다 보니 가끔 꿈인지 생시인지 몽롱해질 때가 있다.

다음 고개인 게미 라(3,735m)부터는 다시 급경사 내리막길이라 걸어서 내려갔다. 멀리 푸른 풀밭이 있는 게미Gemi가 보였다. 뒤쪽으로 붉은 절벽이 있어 삼툭에게 저기가 닥마르냐고 물으니 그렇다고 한다. 그곳이 오늘의 목적지다.

조금 더 내려가니 왼쪽으로 깊은 계곡 건너편에 버려진 넓은 경작지 터가 보였다. 그 옆쪽으로는 버려진 마을 유적이 있는데, 이것은 옛날의 게미 마을이라고 한다. 마을을 버린 이유는 아마 물이 부족했기 때문일 것이다.

더 내려가 모퉁이를 돌자 게미 마을이 나타났다. 마을 가운데로 맑은 개울이 흐르고 있다. 다시 무스탕 전통 양식의 성벽형 가옥으로 돌아왔다. 어제 머물렀던 길링은 무스탕답지 않은 가옥 구조를 가진 마을이다. 게미는 로만탕과 짜랑에 이어 무스탕 왕국에서 세 번째로 큰 마을이다. 마을 입구에 시멘트로 지은 신식 마니월이 있고 큰 초르텐이 그 끝을 마무리하고 있다.

## 게미

우리가 점심 먹을 식당이 있는 롯지는 이 마을에서 제일 부잣집이다. 부자인 이유는 무스탕 왕족이기 때문이다. 마을에서 유일한 롯지여서 게미에 오는 외국인은 모두 이 집에서 점심을 먹는다. 식당에서 쉬고 있으니 주인 남자가 딸아이를 안고 들어오기에 서로 인사를 나누었다. 올해 이곳을 방문한 한국인들은 우리가 처음이라고 한다.

이 주인은 어제 만난 왕자처럼 덩치가 크고 얼굴이 흰하다. 왕족이라 힘든 일을 하지 않아도 되므로 일반 백성들과는 풍모가 다를 수 있겠으나, 근본적으로 종족이 다를 수도 있다. 티베트인들은 대부분 몽골리언 계통이지만, 고대로부터 많은 이민족들이 티베트 고원에 광범위하게 흩어져 살았다. 로 왕국을 건설한 아메 팔 왕과 그 대신들은 건장한 체구를 지닌 종족이었을지 모른다. 그 지배 계층이 주로 자기들끼리만 결혼했으면 그들의 유전적 특징을 그대로 보존할 수도 있었으리라.

점심이 준비되는 동안 동네를 둘러보았다. 마을 공동수도에서 아낙네들이 빨래를 하고 있다. 노인네 몇 명은 양지녘에서 마니차를 돌리고 있다. 낮이라 동네가 한산하다. 다시 식당으로 돌아와 음식을 기다리니 그제야 독

게미 마을의 공동수도.

일 팀이 들어왔다. 이 집은 이층의 큰 홀 두 개를 식당으로 쓰고 있다. 독일 팀은 우리의 옆방으로 들어갔다. 이들은 점심을 간단하게 먹고 곧 떠났다. 여기서 닥마르까지는 2시간이면 충분하다고 삼툭이 말했으므로 우리는 느긋하게 점심을 먹고 푹 쉬었다.

　게미에서 로만탕으로 가는 길은 두 갈래이다. 왼쪽 길은 닥마르를 거쳐 가고 오른쪽 길은 짜랑을 경유하는 길이다. 짜랑은 무스탕에서 두 번째로 큰 마을이어서 왕의 행궁도 있고 큰 곰빠도 있다. 닥마르는 기암괴석의 붉은 절벽이 볼 만하다. 10일짜리 허가라면 어차피 무스탕 동쪽 사면으로 갈 수 없으니 갈 때는 짜랑으로 갔다가 올 때는 닥마르로 오면 된다. 그러나 13일짜리 풀코스는 갔던 길로 다시 돌아오지 않으므로 둘 중 하나를 선택해야 한다. 우리는 닥마르와 로게까르의 가르 곰빠를 보기 위해 왼쪽 길인 윗길을 택했다.

　마을 뒤 작은 계곡을 건너 가파른 고개를 오르고, 오른 만큼 다시 가파른 길을 내려갔다. 고개를 오르면서 돌아보니 게미 마을이 한눈에 보인다. 니

## III

이 라와 게미의 고도차는 500미터로 멀리서 보면 상당히 가파르다. 아래쪽으로는 긴 마니월이 보인다. 짜랑으로 간다면 저 마니월을 지나게 된다. 마니월들은 길어야 보통 수십 미터 정도인데 이것은 244미터나 된다고 하며, 단일 마니월로는 히말라야에서 가장 긴 것으로 알려져 있다. 이 마니월 옆에는 일본인이 설립한 작은 서양식 병원이 있다. 무스탕 여행 중에 건강상 문제가 생긴 사람은 이 병원에서 도움을 받을 수 있을 것이다. 한편 이 마니월에는 빠드마삼바바의 다음과 같은 전설이 깃들어 있다.

티베트에 불교가 전래되기 전부터 무스탕은 어떤 강대한 마녀가 지배하고 있었다. 티베트 왕의 초빙을 받아 가던 빠드마삼바바가 이곳을 지나다가 그 마녀를 죽였다. 그는 마녀의 몸을 해체하여 집어던졌는데, 그 심장은

게미에서 닥마르 가는 도중 언덕에서 본 풍경. 짜랑으로 가는 찻길이 지그재그로 나 있다.

로게까르에 떨어졌고, 폐는 닥마르의 절벽에, 간은 멀리 테탕의 뒷산에, 창자는 이곳의 땅에 떨어졌다. 그래서 이곳에는 마녀의 창자를 본떠 긴 마니월을 세웠고, 로게까르에는 가르 곰빠를 지었다. 닥마르의 절벽은 마녀의 폐가 떨어진 뒤로 붉게 물들었다.

이 전설의 다른 버전도 있다. 빠드마삼바바가 라사에 가서 티베트 최초의 절인 삼예 사원을 지을 때, 낮에 힘들여 지은 건물을 밤에 악마들이 다 부숴 버려 진도가 나가지 않았다. 빠드마삼바바는 이 악마들이 무스탕에 살고 있다는 것을 알았다. 무스탕으로 온 그는 대장 악마를 잡아 몸을 해체하고 그 심장, 폐, 창자 등을 집어던졌다. 이것은 페셀이 이곳을 지나가며 들은 전설이다. 그러나 무스탕의 악마들이 먼 라사까지 가서 사원 건축을 방해했고, 빠드마삼바바가 다시 무스탕까지 와서 그 대장을 죽였다는 것은 아무래도 설득력이 떨어진다.

### 닥마르

붉은 절벽을 향해 한참 내려가자 길이 완만해져 다시 말을 탔다. 마치 거대한 붉은 성채로 들어가는 기분이다. 가까이 갈수록 절벽은 높아지고 색도 더 붉다. 이곳에도 까마득하게 높은 절벽 중간에 사람이 살았던 동굴이 많이 보인다.

닥마르의 붉은 바위 절벽은 생각했던 것보다 훨씬 장엄하다. 사진만 보다가 직접 와서 파노라마로 보니 감탄사가 절로 나온다. 주변과는 전혀 다른 이 붉은 절벽의 기이한 모습은 무어라고 표현할 길이 없다. 절벽 사진을 찍기 위해 멀리 마을이 보이는 곳에 이르러 말에서 내렸다. 다른 동포들도 엉겁결에 따라 내렸다. 이 마을의 집들도 길링 마을처럼 독립가옥이다. 자작나무가 집집마다 몇 그루씩 드문드문 심어져 있다. 거대한 붉은 벽 아래 모여 있는 마을이 고즈넉하다.

닥마르의 붉은 절벽.

사진을 찍고 나서 야영지까지 힘들게 걸어가야 했다. 절벽 밑의 마을은 아랫마을이고 야영지가 있는 윗마을은 한참 더 올라가야 한다고 삼툭이 설명했다. 아랫마을(3,725m)보다 고도 100미터 더 높은 윗마을에 도착한 것은 오후 3시였다. 빤히 보이는 곳인데도 아주 멀리 느껴졌다. 편하게 말을 타다가 갑자기 걸은 탓이다.

붉은 절벽은 여기까지도 이어져 있다. 절벽 아래 초원은 먼저 온 독일 팀이 차지하고 있다. 지난 며칠간은 담으로 둘러싸인 롯지 마당에서만 자서 그런지 좀 갑갑했다. 저렇게 넓은 초원에서 한 번 자고 싶다. 그러나 선택의

닥마르의 절벽 중간의 혈거 동굴들.

 여지가 없는 곳도 아닌데 다른 팀 옆에 텐트를 치기는 그렇다. 아쉽지만 초원에서의 야영은 다음으로 미루었다.

 이곳도 마을 앞으로 맑은 개울이 흐르고 있어 간단히 세수를 하고 땀에 젖은 속옷을 비누칠해서 빨았다. 혹시나 했더니 역시 손이 시리다. 동네 아이들이 우르르 몰려와 구경한다. 모두 얼굴이 새까맣다. 춥고 먼지가 많은 곳에 사는 사람들은 웬만하면 씻지 않는 것이 미덕이다. 아이들은 더 그렇다. 씻지 못해 힘들어하는 것은 여행자들뿐이다.

 이 마을에도 곰빠가 있다. 곰빠로 가 보니 문이 잠겨 있어 참배를 포기하

닥마르의 절벽.

고 풍광을 조망하기 위해 마을 뒤 밭으로 올랐다. 밭 한쪽에는 점토로 만들어 놓은 벽돌이 많이 있다. 무스탕에서 집을 짓는 데 쓰는 주재료인 이 흙벽돌은 굽지 않고 열흘 정도 햇볕에 말려서 쓴다. 건조한 지역이라 그냥 말린 벽돌로 집을 지어도 문제가 없다. 완전 친환경 소재인 이 천연벽돌로 지은 집은 여름에는 시원하고 겨울에는 따뜻하다. 그야말로 웰빙 주택이다. 근처에는 풀을 뜯는 송아지들이 모습이 한가롭다. 3천 미터가 훨씬 넘는 곳인데도 고지대 가축인 야크는 안 보이고 검은 소들만 보인다.

히말라야 트레킹을 하면서 춥고 거친 환경에서 살아가는 야크들을 많이 보았다. 야크가 먹는 것은 길고 싱싱한 풀이 아니라 땅바닥에 깔려 있다시

피 한 짧은 풀이다. 땅에 입을 대고 아주 조금씩 풀을 뜯는 야크를 처음 보
았을 때 신기하기도 했지만, '저렇게 먹고 언제 저 큰 배를 채우려나?' 하는
생각을 했다. 하지만 그런 풀마저 없었다면 야크도 염소도 없었을 것이고,
히말라야 산자락 사람들의 삶은 훨씬 더 고달팠을 것이다. 아니, 어쩌면 삶
의 뿌리를 내리지도 못했을 것이다.

사실 무스탕처럼 척박한 곳도 드물다. 비도 거의 오지 않고 거친 바람과
먼지가 끊이지 않는다. 다만 사람이 살 수 있는 것은 물이 있기 때문이다.
그리고 끈질긴 생명력을 가진 사막식물이 있다. 적으나마 그런 식물들이
자라므로 가축을 칠 수 있다. 좁은 경작지에서 나오는 곡식만으로는 생존
하기 힘들다. 그러나 이런 데 사는 사람들이 우리보다 불행하다고 할 수 있
을까? 어쩌면 이들이야말로 소욕지족少欲知足, 안빈낙도安貧樂道의 행복한 삶

**닥마르 아랫마을.**

을 살고 있는지도 모른다.

　붉은 절벽과 회색빛 언덕 사이로 툭 터져 있는 남서쪽으로 넓은 들판이 펼쳐져 있다. 멀리 눈 덮인 다모다르 히말Damodar Himal이 보인다. 그 오른쪽에는 야크와강Yakwa Kang(6,482m), 카퉁강(6,484m), 틸리초봉도 있다. 히말라야의 설산들은 언제 보아도 숨 막힐 듯이 아름답다.

　오늘까지 5일간의 일정을 마쳤다. 이제 내일이면 무스탕의 수도 로만탕에 입성한다. 바람 부는 들판에서 고요히 닥마르의 일몰을 바라본다. 해가 막 넘어간 서쪽 산에서 구름이 피어오르고 있다.

# 8. 로게까르를 거쳐 로만탕으로

무스탕에서 자주 듣는 것은 방울 소리다. 말과 소의 목에는 언제나 방울이 달려 있어 움직일 때마다 딸랑거린다. 이 녀석들은 잠도 없는지 한밤중에도 간단없이 방울을 울려댄다. 염소나 양에게 방울이 없는 게 그나마 다행이다. 아침에는 요란한 참새 소리에 잠을 깬다. 지붕에 쌓아 둔 장작더미는 참새들의 좋은 안식처다. 불심이 깊은 이곳 사람들은 참새를 잡지 않는다. 마을 주변 외에는 곡식이 없으니 참새들은 자연히 마을로 모여들고, 아

침저녁으로 시끄럽게 지저귄다.

　날이 밝으면 일어나고 어두워지면 잠을 잔다. 전깃불이 들어오지 않는 밤에 우리가 할 일은 별로 없다. 하루 종일 몸을 움직였기 때문에 몸이 먼저 휴식을 원한다. 확실히 트레킹 중에는 소화불량이나 변비가 없다. 매일 온몸 운동을 하면서 땀을 흘려 에너지 대사가 활발하기 때문이다.

　히말라야에 오면 뇌리에 잠재해 있던 태고의 자연인 생활을 다시 경험하는 즐거움이 있다. 복잡한 세상사도 떨쳐버릴 수 있다. 트레킹을 마치면 다시 예전의 일상으로 돌아가겠지만, 해가 바뀌면 나는 다시 히말라야를 그리워한다. 히말라야에는 순백의 설산들이 있고, 기억의 저편으로 사라져 간 우리의 어린 시절 풍경이 있다. 문명의 때가 덜 묻은 순박한 사람들이 사는, 가난해도 인정이 넘치는 그런 곳이다.

　텐트 안에서 밀크 티를 마시며 오늘의 일정을 살펴보았다. 지도를 보니 점심을 먹을 로게까르는 그리 멀지 않은데, 로게까르에서 로만탕까지는 상당히 멀다. 무스탕에서 운행 시간은 점심시간을 제외하고 보통 6~7시간이

닥마르 언덕에서 본 안나푸르나 산군.

다. 점심시간에 2시간을 배정했다. 그래서 목적지에는 출발 후 최소한 8시간이 지나야 도착하게 된다. 다행히 갈수록 아침이 일찍 밝아와 보통 6시 40분쯤이면 아침 식사가 끝난다.

무스탕 사람들, 혹은 티베트 사람들은 식사하는 사람을 빤히 쳐다보는 습관이 있는 것 같다. 남의 시선을 받으며 음식을 먹기는 좀 어색하다. 오늘 아침에도 우리가 밥을 먹고 있는데, 롯지에서 일하는 소녀와 주인아줌마가 와서 지켜본다. 두 사람뿐만 아니라 이번엔 한 떠꺼머리 소년까지 와서 우리를 바라본다. 식사를 마치자 소년이 노트 한 권을 내민다. 마을 청년회에서 지나가는 트레커들에게 발전 기금을 모금한다는 것이다.

작은 마을 닥마르에 청년회가 있다는 것은 뜻밖이다. 그래, 이 멋진 곳에서 하룻밤 신세졌으니 돈을 내도 아깝지 않지. 마을을 위해 뭔가 해 보려는 청년들의 마음이 가상해 500루피를 기부했다. 마을마다 이렇게 기부금을 요구하면 곤란하다 싶었는데 그것은 기우였다. 닥마르 외에는 기부금 장부를 들고 오는 마을이 없었다. 여러 곰빠에 시주금을 낸 것은 별도로 하고, 마을 사람들에게 기부한 경우는 나중에 길을 가다가 한두 군데서 공동작업하는 사람들에게 새참용 술값을 조금 준 것이 전부였다.

7시 30분, 로만탕을 향해 출발한다. 마을 뒤 작은 계류를 건너 곧바로 수직의 절벽을 넘는 가파른 오르막이다. 아침부터 힘을 내야 한다. 오늘 아침은 구름이 별로 없어 절벽 위로 오르면 전망이 좋을 것 같다. 작은 다리를 건너 깊은 골짜기로 들어가는데 그곳이 길임을 알리는 타르초가 절벽 꼭대기에서부터 마을까지 길게 걸려 있다. 엄청나게 긴 타르초다.

땀을 흘리며 지그재그로 난 절벽길을 오른다. 올라갈수록 뒤쪽으로 안나푸르나 산군이 파노라마로 펼쳐진다. 3분의 2지점에 도착하여 휴식. 연봉을 이룬 설산들의 장관에 우리는 한동안 넋을 잃는다. 맨 오른쪽의 뾰족한 닐기리 북봉北峰(7,061m)부터, 복스럽게 생긴 둥근 틸리초봉, 그 뒤의 안나푸르나 1봉(8,091m), 강사르강(7,485m), 강가푸르나(7,454m) 그리고 안나푸르나 3봉(7,555m), 더 왼쪽의 툭 튀어나온 카퉁강과 그 옆의 야크와강이 시원하게 보인다. 그 외에도 이름이 생소한 6천 미터급 산이 여럿이다. 야크와강과 카퉁강 사이에 있는 고개 토롱 라는 구름 속에 잠겨 있다. 안나푸르나 남쪽에서는 가까운 산들에 가려 이렇게 많은 봉우리를 한꺼번에 볼 수 없다. 여기는 티베트 고원이기에 한 눈에 다가온다. 바로 아래쪽 닥마르의 붉은 절벽과 톱니 같은 언덕, 그리고 멀리 보이는 잿빛 산들과 흰 산의 물결도 군더더기 하나 없이 담백하다.

그곳에서 말을 탔다. 아직 절벽을 다 올라오지 않았지만 하루 밤 푹 쉰 말이라 괜찮은지 삼툭이 권했다. 그러나 역시 오르막은 오르막이다. 처음에는 씩씩하게 잘 가던 말들이 이내 숨차한다. 쉬엄쉬엄 절벽 위로 오르자 다시 넓은 고원이 펼쳐진다. 무스탕 길은 늘 오르막-고원-내리막이 반복되고 있다. 고원길은 말을 타고 가기 좋아 다시 말에 오른다. 바람 부는 고원에서 딸랑거리는 말방울 소리를 들으며 간다.

그렇지만 말을 타는 것이 노상 즐겁지만은 않다. 등자(안장 좌우의 발걸이)에 발을 걸치니 무릎이 꺾인 상태가 되어 30분만 지나면 오금이 저려온다. 흔들리는 말은 비포장도로를 달리는 지프 같아서 오래 타면 피곤하다. 무엇보다 사진을 찍을 수 없다. 풍경 사진을 찍으려고 세우면 말은 잠시 서 있는 척하다가 셔터 누를 시간도 주지 않고 바로 앞 말을 따라가곤 한다. 동료애가 지극한 건지 세 마리 말이 한시도 떨어지지 않으려 한다.

고도 4천 미터에 가까워질 때까지 평지가 계속되었다. 그러나 평지 길만 있는 게 아니었다. 중간에 몇 개의 작은 계곡이 나타났고 그때마다 말에서 내려야 했다. 그럴 때는 저린 다리를 펼 수 있어 오히려 좋았다. 얼마 후 닥마르와 로게까르 중간 지점에 있는 고개 무이 라Mui La(4,170m)에 도착했다.

무스탕에 들어온 후 처음 만난 4천 미터급 고개다.

  말에서 내렸다. 급경사 내리막길이 시작되는데 그 끝은 작은 계곡이다. 일행들은 고개에서 잠시 쉬다가 내려가고, 일망무제의 풍광을 놓칠 수 없는 나는 고개 위의 작은 언덕으로 올라갔다. 서쪽으로는 6천 미터급 검은 산들이 가까이에서 가로막고 있다. 그러나 서쪽을 제외한 나머지 방향은 그야말로 산들이 파도처럼 물결치고 있다. 멀리 앞쪽으로 녹색의 밭 가운데 있는 마랑과 그 아래 짜랑 마을이 보인다.

### 로게까르

  닥마르에서 로게까르Lo Gekar(3,875m)까지 2시간 15분 걸렸다. 로게까르는 제법 무성한 관목 숲 사이에 자리 잡고 있다. 주변에 있는 붉은색의 초르텐들이 범상치 않다. 다른 곳의 초르텐들과는 양식이 전혀 다르다. 돌과 진흙을 섞어 만든 정사각형 모양의 단을 단순하게 3단, 4단, 혹은 5단으로 쌓았다. '로의 순수한 미덕Pure virtue of Lo' 이라는 뜻의 로게까르는 지명일 뿐 사람들이 사는 마을은 아니었는데, 지금은 곰빠 앞에 집이 몇 채 있다. 곰빠는 아래에 조금 멀리 떨어져 있는 마랑Marang 마을에서 관리하고 있다.

  이곳의 곰빠는 닝마파의 곰빠로 가르 곰빠라고도 하는데, 빠드마삼바바가 불교 탄압을 예견하고 숨겨둔 '테르마' (매장 경전)가 발견된 곳 중의 하나로 유명하다. 무스탕 전문 여행사의 설명으로는 이 곰빠가 775~787년 사이에 창건되었다고 한다. 그러나 이것은 빠드마삼바바가 티베트에 머물던 기간을 근거로 추정한 연대일 뿐이다. 티베트에서 최초의 승원 삼예사가 건립된 것이 755년경인데, 불과 2, 30년 뒤 무스탕 오지에 이런 절이 지어진다는 것은 문화의 전달 속도를 감안할 때 너무 빠르다. 뿐만 아니라 당시는 티베트 본토조차 불교가 확립되지 않았을 때였다. 그렇기는 하나 이 곰빠가 무스탕 최초의 절이라는 주장은 설득력이 있다. 곰빠 건물이나 초르

로게까르의 투박한 초르텐들.

텐의 양식이 로 왕국 초기에 건설된 로만탕의 툽첸 곰빠나 잠파 곰빠와는 다른 투박한 양식이기 때문이다. 오쿠야마 교수는 곰빠 관리인의 말을 빌려 이 곰빠가 1265년에 개창되었다고 전한다. 그러나 현재의 건물은 그렇게 오래된 것은 아니다.

곰빠 뒤 벽에 설치된 마니차들을 돌리면서 앞쪽으로 가니, 마을 사람들이 집을 한 채 새로 짓고 있다. 잿빛 흙벽돌로 짓는 순수한 흙집이며, 다른 재료라고는 문틀로 쓰는 나무뿐이다. 마을 사람들 공동작업인 듯, 여자들은 등짐으로 흙벽돌을 나르고 남자들은 집을 짓는다. 이렇게 집을 짓는 것을 보니 이곳도 곧 마을이 될 것 같다.

먼저 온 독일 팀이 곰빠에서 나온다. 말을 타고 온 우리보다 먼저 도착했으니 어지간히 일찍 출발한 모양이다. 관리인이 문을 열어주어 곰빠 안으

로게까르의 가르 곰빠(왼쪽)와 그 외벽에 설치된 마니차들(가운데). 가르 곰빠의 정면(오른쪽).

로 들어갔다. 다른 곰빠와는 달리 여기서는 법당에 들어갈 때 신발을 벗어야 한다. 바닥이 얼음처럼 차갑다.

본당의 1층은 앞뒤 두 개의 공간으로 나뉜다. 주 법당은 뒤쪽 공간을 차지하고 있는데 유리창으로 막아둔 정면 탁자 위에 빠드마삼바바가 모셔져 있다. 그 좌우에 예셰 쵸걀Yeshe Tshogyal과 만다라바Mandarava가 협시挾侍하고 있다. 이들은 빠드마삼바바의 부인들로 각기 티베트인, 인도인이었다. 이렇게 빠드마삼바바를 본존으로 모신 곰빠는 무스탕에서도 드물다. 법당 안은 천장에서 비치는 적은 빛만 들어올 뿐이어서 어두컴컴하다. 오른쪽 벽에는 유리 칸막이가 있는 감龕이 몇 개 있고 그 안에 여러 보살상이 모셔져 있다.

가장 눈길을 끄는 것은 앞쪽 공간에 있는 벽화를 대신하는 석판 그림들

이다. 대략 15인치 모니터 크기의 직사각형 돌에 여러 불보살과 수호신들을 얕은 돋을새김으로 조각하고 채색하여, 벽에 붙인 나무틀 속에 집어넣은 독특한 양식이다. 판석들이 벽 전체에 꽉 들어차 있다. 그림에는 불보살도 있지만 대부분은 수호신장들인 듯하다. 비록 연대는 그리 오래되지 않았다 하더라도 이런 양식의 벽화는 한 번도 본 적이 없어 특별한 느낌을 주었다. 그러나 방이 어두워 그림들이 잘 보이지 않았다. 가지고 간 헤드랜턴보다 좀 더 강력한 전등이 필요했다. 또 우리는 몰랐지만 어두운 오른편 벽 쪽으로 캄캄한 작은 방이 하나 있는데, 그 안에는 각기 말과 황소를 탄 두 여존상女尊像이 있다고 한다.

 무스탕의 곰빠들은 보통 사진 촬영을 금지한다. 성스럽게 모신 불상이나 벽화를 관광 기념물 정도로만 여겨서는 안 될 것이다. 또한 오래된 보물들이 외부에 노출되면 도난 대상이 될 수도 있다. 벽화의 경우 카메라 플래시의 영향으로 훼손될지도 모른다. 그러나 이미 외부에 공개된 것들까지 사진을 찍지 못하게 하는 것은 불만이다. 삼툭을 통해 관리인에게 '코리안 라마' 임을 밝히고 불단의 빠드마삼바바 상을 찍을 수 있었다.

 다시 관리인의 안내로 곰빠 2층으로 올라갔다. 무스탕의 곰빠를 방문하면 법당만 둘러볼 게 아니라 지붕까지 올라가 봐야 한다. 보통 곰빠는 마을에서 가장 높은 곳에 위치해 있기 때문에 곰빠 지붕은 좋은 전망대이기도 하다. 2층에는 순례자들을 위한 주방과 숙소가 있다(2층에도 석판 그림들이 있는 방

법당 안에 모셔진 빠드마삼바바와 2비(妃).

이 하나 있다고 하는데, 우리는 알지 못했다.). 가르 곰빠는 랑충 곰빠와 더불어 무스탕에서 가장 성스러운 곳이어서 순례자들이 연중 방문하고 있다. 숙소에 머물던 한 무리의 여성 순례자들이 짐을 싸서 나온다. 며칠간의 기도를 마치고 떠난다고 한다.

  숙소에는 벽 아래 빙 둘러 흙으로 만든 의자 겸 침대가 있고 한쪽에는 순례자들을 위한 담요가 쌓여 있다. 순례자는 가져 온 음식을 옆 주방에서 요리해 먹는다. 일반 가정의 거실과 다른 점은 천장이 넓게 뚫려 있어 내부가 아주 밝고, 벽에 식기를 간수하는 찬장이 없다는 점이다. 법당을 위에서 돌 수 있도록 이층에 뒤쪽으로 꼬라 길이 만들어져 있다. 이곳은 아래층 법당이 넓지 않아 안에다 만들지 못하고 2층에 만들었다. 크지 않은 곰빠는 이처럼 2층에 꼬라 길이 있다. 순례자들은 밖에서 곰빠를 돌고 나서 곰빠로 들어와 다시 이곳을 돈다.

  우리는 꼬라를 마치고 나서 사다리를 타고 곰빠 지붕으로 올라갔다. 티베트 건축물의 가장 두드러진 특징 중 하나가 통나무에 홈을 파서 만든 사다리를 통해 위층으로 올라가는 구조다. 건물 전체 모양은 가운데가 비어 있는 'ㅁ'자 형태이고, 천장으로 난 작은 구멍을 통하여 오르려면 반드시 사다리를 이용하게 되어 있다.

   티베트학자들은 이런 구조에 두 가지 의미가 있다고 한다. 천장에 뚫은 구멍은 하늘로 오르는 영혼의 통로를 상징한다. 티베트인들은 죽으면 그들의 영혼이 천장에 난 구멍을 통해 나간다고 믿는다. 또 사다리를 쓰는 것은 적들이 공격해 왔을 때 쉽게 함락되지 않기 위해서이다. 예로부터 티베트는 수많은 세력들이 싸움을 벌여 왔다. 무스탕 지역 곳곳에 있는 폐요새도 그런 투쟁의 흔적이다. 따라서 집이나 곰빠는 비상시에 그 자체 하나의 요

무스탕의 전통적인 나무다리.

새가 되었다. 적들이 집으로 쳐들어오더라도 위층으로 오르는 사다리를 걷어 버리면 접근을 일단 차단할 수 있다.

지붕에 올라 사방으로 툭 터진 시원한 풍경을 조망했다. 본당의 천장 채광창은 금빛 지붕을 하고 있다. 조금 전 우리가 꼬라를 돈 곳의 외벽은 붉은 담으로 둘러싸여 있다. 동남쪽으로는 마랑 마을이 보이고, 멀리 짜랑도 넓은 계곡에 자리 잡고 있다.

점심을 먹을 곳은 곰빠에서 조금 내려온 곳의 언덕에 있는 움막이다. 주방 팀이 이미 요리를 시작했지만 음식이 다 되려면 한참 기다려야 한다. 따가운 햇볕과 거센 바람을 피해야겠는데, 쉴 만한 그늘이 없다. 점심을 먹기 전에 마랑과 짜랑의 녹색 보리밭을 바라보며 잠시 상념에 잠긴다. 닥마르와 로게까르 코스를 선택한 것은 잘했다고 생각되지만 가지 못하는 짜랑에 미련이 남는다.

로게까르에서 짜랑까지는 16킬로미터다. 짜랑에서 로만탕까지는 반나절 거리지만, 짜랑을 일정에 넣으려면 하루가 더 필요하다. 처음부터 14일 일정을 짰으면 짜랑까지 방문할 수 있었을 텐데, 나중에는 좀 후회가 되었다.

### 짜랑

짜랑Tsarang은 왕궁과 폐 요새와 큰 곰빠가 있는 인구 800명의 큰 마을이다. 이 마을은 예전에 가와구치 에카이 스님이 티베트로 잠입하기 전에 1년 가까이 머물렀던 곳이다. 짜랑에 대해서는 나중에 오쿠야마 나오지 교수의 《무스탕, 만달라 여행》의 짜랑 부분을 읽어 보았다.

지세地勢를 살펴보면 짜랑은 무스탕 콜라(깔리 간다키)의 지류인 짜랑 체(짜랑 콜라)의 높은 하안단구 위에 자리 잡고 있다. 마을에서 좀 떨어진 동구 밖에는 유명한 큰 초르텐이 있는데, 초르텐 밑으로 지나갈 수 있게 되어 있다. 왕궁과 곰빠는 마을보다 조금 높은 언덕 위에 위치하고 있다. 또 마을의 교

외에는 넓은 경지가 펼쳐져 짜랑 체를 따라 위쪽 마랑까지 이어져 있다.

짜랑에서 볼 만한 곳은 왕궁과 곰빠이다. 오쿠야마 교수의 설명에 따르면, 짜랑의 왕궁(행궁)은 16세기 중엽에 건립되었으며 1960년대 이후로는 사용되지 않아 황폐해졌다. 그러나 불당이 하나 있으며 여기에 여러 가지 불교문화재가 간직되어 있다고 한다. 불당 안쪽에는 '히말라야의 미인'이라고 부를 만한 아름다운 목조 관음보살입상이 있고, 그 좌우의 선반에는 불보살, 고승 등의 상들과 티베트 불경이 안치되어 있다. 불당과 같은 층에 곤캉도 있는데, 이곳에는 옛날의 각종 무기들이 걸려 있고 도둑의 잘린 손도 하나 걸려 있다.

짜랑의 곰빠는 15세기 전반에 아메 팔에 의해 창건되었지만 현재의 중심

짜랑 마을과 동구 밖의 초르텐. 멀리 가운데 흰색 높은 건물은 왕의 행궁. 오른쪽 붉은 건물은 곰빠이다. ⓒ김옥희

짜랑 곰빠 법당의 경전 선반. ⓒ김옥희

　법당 건물은 16세기 말에서 17세기 초에 건립되었다고 한다. 이 법당에는 무스탕의 불교를 확립한 고승 고르첸 꿍가 잠뽀의 보좌寶座가 있고, 중앙의 불단에는 두 협시보살을 거느린 훌륭한 미륵불 금동상이 본존으로 모셔져 있다. 그 좌우에도 불상들이 있고, 선반에는 16인의 조사상들도 있으며, 법당 내의 기둥에는 대형 만달라들도 걸려 있다고 한다.
　이 곰빠에도 곤캉이 있는데, 특이한 것으로는 곤캉의 입구에 벽사용으로 매달아 놓은 눈표범 박제가 있다. 눈표범snow leopard은 이제는 좀처럼 찾아보기 어려운 티베트산 맹수인데, 예전에 무스탕에서도 가끔씩 잡혔던 것이다. 이 밖에도 경내 안쪽에 또 하나의 불당이 있어 훌륭한 벽화들이 그려져 있다. 투치는 책에서 "짜랑은 한때 미술품 전시장이었다"고 말했다. 그만큼 이곳에 좋은 불상이나 벽화들이 많았다는 이야기이다.

짜랑의 곰빠는 무스탕 최대의 승원이지만, 지난 수십 년간 그에 걸맞은 사격寺格을 유지하지 못했던 것 같다. 1992년에는 승려가 5명, 1998년 칼스텐이 방문했을 때는 40명이었는데, 2000년 오쿠야마 교수가 갔을 때 122명으로 늘어나 있었다. 2007년 5월에 짜랑을 방문한 트레커 김옥희 씨에 따르면, 현재 승려 수는 7~80명 정도이고 그 중에는 동자승이 30명 가까이 되며 여승들도 상당수 있다고 한다. 이제 이 곰빠는 로만탕의 초에디 곰빠, 남걀의 곰빠와 더불어 무스탕에서 가장 규모 있게 운영되는 곰빠의 하나가 된 듯하다. 그러나 1950~60년대에는 승원장에 실망한 많은 승려들이 이곳을 떠나 버려 도량이 피폐해져 있었다고 한다.

대대로 무스탕 왕의 둘째 아들은 출가한 뒤에 짜랑 곰빠의 승원장으로 임명되었다. 티베트나 무스탕에서는 집집마다 둘째 아들은 9살이 되면 출가시키는 전통이 있다. 왕족도 마찬가지다. 투치와 스넬그로브, 그리고 페셀이 왔을 때 이곳의 승원장은 현 무스탕 왕의 둘째 형인 샵둔 린포체였다. 당시 2, 30대였던 그는 그전에 한때 방종한 생활을 했고 나중에는 결혼하여 부인까지 둔 상태여서, 주민들로부터 존경을 받지 못했다.

1952년 가을, 투치 일행은 로만탕으로 가는 길에 짜랑을 방문하여 이 승원장을 만났다. 투치는 승원장이 자기들의 시계와 신발에 관심을 보이자 그를 구슬려 곰빠의 오래된 성물 몇 점과 바꾸었다. 이때 승원장 부인이 그림자처럼 따라다니며 승원장에게 잔소리를 하는 바람에 더 이상의 거래는 하지 못했다. 그는 그것이 아쉬웠던지 책에서 "승원장은 그녀를 몹시 무서워하고 있음이 틀림없다. 주술은 악령을 제거할 수 있어도 여자에게는 아무 힘이 없다."라고 하여 승원장을 조롱하고 있다. 투치의 책을 읽으면 무스탕 사람들을 깔보는 듯한 오만함이 곳곳에서 느껴진다.

1964년에 페셀이 짜랑을 방문했을 때는, 승원장보다 더 신심 있게 성물을 수호했던 그 부인이 어린 아들 하나만 남긴 채 1년 전에 죽고 없었다. 이 아들이 나중에 무스탕 왕의 양자가 되었고, 지금 카트만두에서 트레킹 여행사를 하고 있다는 것은 앞에서 이야기했다.

페셀이 갔을 때 '짜랑의 라마'는 곰빠에 칩거하면서 오랫동안 바깥출입을 삼가고 있었다. 로만탕을 떠난 페셀은 내려가는 길에 짜랑에 다시 들렀는데, 말동무가 없었던 승원장은 그에게 무스탕의 불교와 승원 제도 등에 대해 많은 이야기를 해 주었다. 나중에 재혼을 한 그는 카트만두와 포카라에서도 살았다고 하며, 마지막으로 틴카르의 작은 곰빠에서 이태쯤 산 뒤 2000년 가을에 세상을 떠났다고 한다. 松井亮, 奧山直司, 〈ムスタン, 曼茶羅の旅〉(2001), pp.123-4.

### 로만탕으로

큰 나무 사이에 들어앉은 건너편 가르 곰빠 모습이 평화롭다. 점심이 다 되었다고 부르는 소리가 들렸다. 움막 안에 따로 작은 방이 하나 있어 그곳에서 점심을 먹었다. 들어와 보니 바깥과는 다르게 오히려 추울 정도로 시원하다. 보명화 보살의 상태가 또 좋지 않다. 지친 데다 더위까지 겹쳐 식욕을 잃었다. 고소증도 계속되어 매일 아스피린을 먹고 있다고 한다. 이제 적응할 때도 되었는데 체력이 달리니 그게 쉽지 않은 모양이다. 밥을 먹는 둥 마는 둥 하기에 삼툭에게 다시 누룽지탕을 부탁했다.

로만탕으로 가려면 먼저 작은 계곡을 건너야 한다. 대부분의 마을은 물이 있는 계곡을 끼고 있기 때문에 출발하면 계곡부터 건너게 된다. 계곡에 걸쳐 있는 나무다리를 건너 오르막을 올라 말을 탔다. 길은 완만한 오르막과 내리막이 반복되는 넓은 고원 사이로 나 있다. 고개 못미처 우리 앞에 가던 가나 팀의 할머니와 독일 팀의 할아버지들을 지나쳤다. 노인네들은 가이드의 '밀착 경호'를 받으며 천천히 걸어가고 있다.

오후 2시, 무스탕에서 제일 높은 고개인 마랑 라(4,350m)에 도착했다. 먼저 온 독일 팀의 젊은 트레커들이 비스듬히 편한 자세로 앉아 드넓은 티베트 고원을 바라보고 있다. 이들은 각자 자기 페이스대로 걷다가 이런 고개 같은 데서 쉬면서 다시 집결하는 것 같다. 일부 팀원들이 늦게 도착해도 충분히 쉴 시간을 주고 나서 출발은 같이 한다.

아직 로만탕은 보이지 않는다. 저만치 앞에 있는 작은 언덕을 넘어야 한다. 저 황량한 곳에 인구 1,000명의 '큰 도시'가 있다는 사실이 믿기지 않는다. 로만탕 너머는 티베트 고원이고 이 고원은 중앙아시아로 연결된다. 뒤쪽의 안나푸르나 히말(산군)과 오른쪽의 다모다르 히말이 산의 바다를 이루고 있다. 먼 산 위의 구름들은 폭풍이 몰아치는 바다 위의 파도처럼 보인다. 돌무지 위에 걸쳐진 타르초가 거센 바람에 펄럭인다. 말을 내려 먼저 보내고 잠시 쉬면서 무스탕의 풍경을 음미한다. 북쪽으로는 미묘한 오렌지색을 띤 불모의 산들이 하늘과 경계를 이루고 있다. 나무가 없어도 산이 아름다울 수 있다는 것을 무스탕에 와서 알았다.

한참 내리막길을 걸은 후 다시 말을 탔다. 평탄하지만 돌이 많은 길이다. 잠시 후 돌은 사라지고 넓은 평원이 나온다. 작은 언덕을 돌아 내려가자 북쪽 계곡에 있는 남걀 곰빠와 마을이 먼저 보인다. 곧 로만탕이 보이는 작은 고개에 도착했다. 멀리 황량한 산 아래 동화 속의 궁전 같은 로만탕이 한눈에 들어온다.

로만탕까지는 제법 남았지만 나는 말에서 내렸다. 바람 부는 '기원의 평원'을 걸어보고 싶었기 때문이다. 황야를 걷는 맛도 나쁘지 않았다. 그러나 곧 피곤해졌다. 끝은 보이는데 거리가 여간해서 줄어들지 않았다. 다행히 로만탕이 얼마 남지 않은 초지에서 나를 기다리며 모두들 쉬고 있었다. 다시 말을 탔다. 오후 4시, 먼지가 휘날리는 길을 헤치며 로만탕 입구에 당도했다. 6일간의 여행 끝에 무스탕의 수도에 마침내 도착한 것이다.

무
스
탕

136

작은 계곡을 건너 긴 성벽 앞에 이르렀다. 짜랑에서 오는 길도 여기서 만난다. 계곡에는 아낙네들이 빨래를 하고 있고 짜랑 쪽 길로는 짐 실은 말들이 들어오고 있다. "역사적인 성벽도시 로만탕에 오신 것을 환영합니다."라고 쓴 안내판이 있다. 안내판의 약도를 보니 캠프장은 성벽 동쪽 바깥에 있다. 성벽 안에는 캠프를 차릴 공간이 없다.

스태프들이 텐트를 칠 동안 우리는 캠프장 마당 건너편 지붕에 올라 로만탕의 해넘이를 보았다. 서쪽 티베트와 국경을 이루고 있는 산 아래 낮게

**멀리서 본 로만탕.**

깔린 구름 가운데에서 찬연히 붉은 불기둥이 피어오르고 있다. 로만탕에서 보는 석양이 일품이다. 600년 가까운 세월을 꿋꿋이 견뎌온 성벽도시에 어둠이 깃들기 시작했다.

## 9. 무스탕의 역사를 찾아

로만탕에서의 첫날이 밝았다. 흐리던 날씨가 7시를 넘자 화창해졌다. 아침을 먹고 잠시 동쪽 평원으로 나가 보았다. 담으로 구획된 밭들이 넓게 펼쳐져 있다. 다른 마을은 보리가 한창 자라고 있는데 여기는 보리는커녕 아무것도 보이지 않는다. 고지대여서 그런 것일까? 로만탕의 고도는 3,750미터. 그러나 우리가 지나온 다른 마을들도 대부분 3,500미터가 넘는다. 불과 200여 미터 차이로 농사가 훨씬 늦어지고 있다.

로만탕 성벽 위로는 붉은색의 잠파 곰빠와 흰색의 왕궁이 보이고, 성벽

로만탕 평원.

입구의 초르텐 꼭대기가 보인다. 멀리 로만탕 북쪽 남걀 마을 옆의 틴카르Tinkar도 보인다. 로만탕은 동서로 긴 대지 위에 자리 잡고 있는데, 북쪽 개울 건너편으로 높은 언덕이 있고, 그 꼭대기에 아메 팔이 지은 요새인 케처종Ketcher Dzong의 유적이 있다.

로만탕의 성곽은 북동-남서 방향으로 놓인 큰 직사각형 모양에서 북동쪽 모서리의 작은 사각형을 떼어낸 모양, 다시 말해서 두툼한 'ㄴ' 자 모양을 하고 있다. 성벽은 대략 높이 8미터, 길이 300미터, 너비 200미터이다. 성의 정식 출입문은 원래 북동쪽에 하나뿐이었는데, 나중에 '새 문New Gate'인 뒷문이 생겼다. 성 안의 호수戶數는 120호 정도이며 인구는 800~1,000명 정도로 추산된다. 성문 바로 앞쪽에는 네팔 관리들이 근무하는 건물(경찰서, 체크포스트) 등이 있고, 성벽을 따라 여러 기의 초르텐도 있다. 성벽 바깥에도 집들이 꽤 있는데, 동쪽의 마을은 캠프장을 운영하는 집들이고, 북서쪽 성벽 밖에는 학교 시설이 자리 잡고 있다.

한편 틴카르에는 왕의 별궁, 즉 여름 왕궁이 있다. 1950년에 로만탕의 왕궁이 허물어지자 이 해에 왕은 틴카르에 이 별궁을 지어 옮겨갔다. 로만탕의 왕궁은 그 뒤에 새로 지어졌거나 고쳐 지어졌지만 이 별궁은 꾸준히 함께 사용되고 있는 것 같다. 오쿠야마 교수는 2000년 당시만 해도 왕은 4~6월에는 한 달에 열흘 정도, 7월에는 한 달 내내 틴카르에 머무른다고 했다. 지금 왕 직메 빨바르 비스타Jigme Palbar Bista는 1935년생이니 현재 72세이며, 한 살 아래인

무스탕 왕과 왕비(1990년대 초반). ⓒ토머스 레어드

로만탕 앞의 산꼭대기에 있는 케처종 유적.

왕비는 티베트의 시가체 출신이라고 한다.

그냥 보면 로만탕은 퇴락해 가는 옛 성벽도시일 뿐이다. 그러나 여기에는 600년을 이어온 유구한 역사가 있다. 나는 페셀의 책을 통해 그것을 더 듣어 보려 했지만, 바쁜 트레킹 중에는 자세히 읽지 못했다. 여행을 마치고 돌아와 그의 책을 다시 찬찬히 살피고 다른 자료도 보면서 무스탕의 역사를 새롭게 조망할 수 있었다.

로만탕의 성벽(위)과 성문.

20세기 중반 이후로 서양인들이 더러 이곳을 지나가거나 방문하기는 했지만, 1964년 페셀이 여기 와서 무스탕을 본격적으로 연구하기 전까지 무스탕의 역사는 별로 알려진 것이 없었다. 투치는 아메 팔이 고르첸 꿍가 스님과 함께 15세기에 이 지역에 불교를 전파했다는 정도만 언급했고, 스넬그로브는 로 국이 서부 티베트 가리Ngari 왕국의 속국이었으며 까그베니에서 무스탕(로만탕)까지 여러 성채를 가진 소성주들이 지배했다고 하여 로 국의 정치적 실체를 대수롭지 않게 보았다. David Jackson, 《The Mollas of Mustang》, pp. 13-15.

미셸 페셀이 로만탕에 왔을 때 앙군 텐징 탄둘Angun Tenzing Trandul 왕은 틴카르의 여름 왕궁에 거주하고 있었다. 페셀이 그곳을 찾아가 처음 알현하면서 무스탕의 역사를 알고 싶다고 하자 왕은 역사에 관해 자기가 가지고 있는 책들을 나중에 보여주겠다고 했다. 그러나 두 번째 찾아갔을 때 왕은 앞서와 달리 역사책은 없으며, 있어도 전설에 관한 책들일 뿐이라고 말해서 그를 실망시켰다.

무스탕은 오랜 역사를 지녔음에도 현지인들은 자기 나라 역사에 대해 거의 무지했고, 페셀은 마땅한 역사 자료를 구하지 못해 애를 태우고 있었다. 로만탕에서 계속 머물던 페셀은 어느 날 1주일간의 북쪽 계곡 탐사에 나섰다. 무스탕의 역사가 수록된 책 《몰라Molla》를 구한 것은 그가 가르푸Garphu를 방문했을 때였다. 당시 가르푸는 마을 전체가 닝마파 승려와 그 가족들이 사는, 무스탕에서도 독특한 마을이었다. 가르푸 사원의

미셸 페셀과 앙군 텐징 탄둘 왕(1964년).

로만탕 성내의 초르텐들.

승려가 《몰라》 한 권을 가지고 있었다. 페셀은 그 책을 사기로 하고 가격을 흥정한 뒤에 동행한 로만탕의 친구와 함께 그 책을 펼쳐 보았다. 그것은 18쪽의 볼품없이 작은 책이었다.

이 《몰라》는 먼저 무스탕의 세 성인이라고 하는 안군 잠뽀, 고르첸 꿍가 잠뽀, 룸보 깔룬 잠뽀의 이름을 언급하는 것으로 시작하여, 로에 종교(불교)가 들어온 내력과 왕들이 어떻게 통치했는지를 설명한다고 하면서 "왕들은 한 줄에 꿰어진 진주와 같다"고 선언하고 있었다. 페셀은 마침내 무스탕의 역사를 접하게 된 것이다. 그의 이야기를 직접 들어 보자.

책은 티베트의 성스러운 왕 티순 데친(티송 데첸)이 어떻게 불법을 전파했고, 그의 아들 무트로 셈뽀 Mutro Sempo가 어떻게 그를 본받아 그렇게 했는지 기술하고 있었다. 무트로에게는 아들이 둘이었다. 장남은 티베트에 살면서 "불교의 가르침을 후원했다." 차남은 "형과 사이가 좋지 않아 북쪽[티베트 북부의 대평원]으로 갔고, 부유한 유목민의 딸과 결혼하여 아들을 셋 두었다. 세 아들 중 둘째와 셋째는 부모가 예전에 한 것과 같이 가축을 돌본 반면, 장남인 군데 니마 붐Gunde Nyma Bum은 부모를 떠나 로Lo로 가서 정착했다. 당시 로에는 많은 독립된 성채들이 있었다." 그리고 네 개의 성채 이름이 나왔는데, 그 유적들은 우리가 로만탕 근처에서 본 바 있다. 또 문탕 라진빠Radjinpa라는 이름이 함께 나왔는데, 이는 분명 오늘날 로만탕이 있는 자리에 성채를 갖고 있던 군벌이다.

(…) 군데 니마 붐에게는 아들이 둘이었고 둘 다 승려가 되기를 원했지만 무스탕 요새의 수장인 검은 원숭이 악마Demon Black Monkey(라진빠)가 그들이 불도를 닦는 것을 허락하지 않았다. 두 아들은 기도를 해서 아들 하나를 얻었다……. 《몰라》에서 "이 아들은 진정으로 관세음보살의 화신이었다"라고 했다. 그의 이름은 아메 팔Ame Pal이었다. 어른이 된 아메 팔은 무스탕의 검은 원숭이 악마에게 요새를 짓게 해달라고 청하여, 케처Ketcher에 있는 땅 중 "야크 한 마리의 가죽에 담은 씨앗"을 뿌릴 수 있는 크기의 땅을 받았다. 지금도 그렇지만 당시에도 땅의 넓이는 거기에 파종할 수 있는 곡물의 양으로써 가늠했다. (…)

이와 같이 아메 팔은 자신의 성을 지을 땅을 하사받았는데, 이 땅은 바로 기원의 평원을 굽어보는 그 언덕이다. 여기에 아메 팔은 궁전을 하나 지었고, 그 한 모퉁이가 무스탕의 검은 원숭이 악마의 거주지를 향하고 있었다고 역사는 설명하고 있었다. "검은 원숭이 악마는 몹시 화가 나서 말했다. '이 하찮은 뜨내기야, 내가 너한테 땅을 주었다. 거기다 집을 짓는 것은 좋지만, 네 집 모퉁이가 내 궁전을 향하는 것은 좋지 않다.'" 아메 팔은 자신의 궁전을 헐어야 했고, "그렇게 한 다음 요새화된 둥근 벽을 두른 큰 요새를 지어 동쪽으로 문을 냈다." 이것이 우리가 전에 방문했던 요새 케처 종이다. 그 유적은 동쪽으로만 출입구 하나가 난 거대한 원형 성벽을 보여주고 있다.

"그때 아메 팔에게는 사랑스런 세 보물[세 아들]이 있었으니, 장남 안군 텐징 잠뽀Angun Tenzing Zampo, 막내 체폐 시춘Tsepe Sichun, 그리고 그 사이의 체틴 탄둘

Tsetin Trandul이 그들이다. 체틴 탄둘은 16세가 되었을 때 좋은 일도 많이 하고 나쁜 짓도 많이 했다. 여자를 만나기만 하면 때리거나 아니면 그녀와 동침을 했다. 어느 날 그는 두트레나 라진Dutrena Radjin[검은 원숭이 악마]과 싸움을 벌여 그를 죽였다. 그 자리에 있던 모든 사람들이 두려워하면서, 공손하게 아메 팔의 아들 앞에 절을 하며 말했다. '이제 당신이 저희들의 우두머리입니다. 당신이 우두머리이므로 이제 저희들은 당신을 피난처로 삼겠습니다.'" 3년 후 그는 왕이 되어 많은 군사를 모아 차차감, 카라, 피우, 그리고 티Tri[왕의 여름 왕궁 근처 큰 요새]의 위쪽과 아래쪽, 그리고 길링[우리가 야크꾼들과 함께 올라올 때 머물렀던 길링 요새]을 정복했다. 그는 이 요새들을 모두 정복했고, 그러는 사이 다른 작은 마을들도 모두 그의 휘하에 들어왔다. 그리고 나서 아메 팔과 그의 아들들은 사원, 불상, 도서관 등이 있는 수도의 건설을 의논했다. 이런 종교적 건축물을 짓기 위해 그들은 건물들을 축복해 줄 고승을 초빙하기로 결정했다. 그래서 막내아들이 정복한 요새들 중 하

**로만탕 왕궁 앞의 작은 광장.**

나를 지키도록 남겨두고 두 아들은 수상[세 성인 중 한 명]과 함께 당대 티베트 최고의 고승이자 사꺄파의 개혁자인 고르첸 꿍가Ngorchen Kunga 스님에게 무스탕으로 왕림해 달라고 청하기 위해 티베트로 떠났다. 세 사람은 티베트에서 공부하면서 7년간을 머물렀고, 이 고승은 늙은 아메 팔의 초청장을 수 없이 받고 나서야 마침내 로Lo로 가는 것을 승낙했다. Michel Peissel, 앞의 책, pp.226-7.

페셀은 승려로부터 즉시 이 《몰라》를 구입했다. 이 책은 짜랑의 한 승려가 최근에 편집한 것으로, 당시의 로 왕인 앙군 텐징과 그의 세 아들까지 언급하고 있는 비교적 '업데이트' 된 책이었다. 그 외에도 그가 가지고 있던 다른 자료들과 그 자신의 관찰을 통해, 그는 무스탕의 건국 이후의 역사를 꽤 많이 알게 되었다.

《몰라》는 25명의 무스탕 왕이 있었음을 확인해 주었다. 초대 왕 아메 팔은 1380년부터 1450년까지 살았고, 깔리 간다키 위쪽의 요새들은 대부분 1420년 이전에 건설되었으며, 이 해에 아메 팔은 아들들의 도움을 받아 황량한 언덕 꼭대기에 성을 지어 정착하고 있던 거친 족장들을 복속시켰음을 확인해 준다. 또 아메 팔이 고승 고르첸 꿍가를 로에 초청하기 위해 자기 아들들과 많은 편지를 보낸 것, 그리고 이 라마가 많은 망설임 끝에 '하늘에 나타난 상서로운 징조를 보고 로(Lo)로 간' 경위를 이야기하고 있다. 사실 그는 로를 세 번 방문했는데, 그 여정에서 그는 많은 사원을 창건했다. 그 중 세 곳은 그의 생전에 1천 명 이상의 승려들이 거주했다. 고르첸은 또한 도서관을 짓고 황금 글자로 새긴 깐주르Kanjur(불경) 완질 1부를 안치했는데, 이것은 완성하는 데 10년이 걸린 것이었다. 그의 전기를 지은 산지 핀초Sanji Pintso에 따르면 이 고승은 무스탕에 대해 특별한 애착을 가졌다. 그 결과 무스탕은 대단한 종교 중심지가 되었고, 사실 인근 지역에서는 가장 대단한 중심지였다. 핀초의 말을 빌리자면 무스탕은 "부처님 생전의 인도와 같은 훌륭한" 곳이 되었다.

무
스
탕

148

**로만탕의 동쪽 산줄기.**

무스탕의 성스러움과 신앙의 실천은 또한 라사의 그것과도 비교되었다. 고르첸 꿍가는 "주민들에게 수렵과 어로, 그리고 피와 고기의 공양을 중지시켰다." 그는 또 "승려에게 술과 고기를 제공하는 관행을 중지시켰다." 요컨대 "그는 로에서 법륜法輪을 여러 번 굴렸다." 앞의 책, p.228.

페셀의 이 소개에서 알 수 있듯이, 로 왕국은 처음부터 불교로써 나라의 정신적 근간을 삼았다. 이때 고르첸 꿍가 스님이 기반을 마련해 준 불교는 이후 모든 무스탕 사람들의 삶을 전반적으로 지배했고, 오늘날 우리가 보는 무스탕의 불교문화도 대부분 이 시기에서 유래한다.

페셀은 《몰라》를 토대로 그 이후 현대에 이르기까지의 로의 역사도 서술하고 있는데, 간략히 요약하면 다음과 같다.

아메 팔과 그 아들들이 요새들을 정복하고 로 왕국을 건설한 직후부터 그들은 외적의 침략에 시달렸다. 다울라기리 남서쪽의 강국 줌라Jumla가 최대의 위협이었다. 줌라는 나중에 고르카 왕국에 의해 멸망할 때까지 400년 이상 서부 네팔의 최강국이었다. 줌라의 침공 위협 때문에 아메 팔의 생전에 새로운 수도 로만탕이 건설되었다. 줌라의 침략을 막아내지 못했을 때는 줌라에 세금을 바쳐야 했고, 그로 인해 백성들은 궁핍해지곤 했다. 그러나 평화로운 시기에는 짜랑, 게미 같은 곳에 성을 지었고, 왕들마다 새로운 사원, 새 초르텐 등을 건립했다.

줌라와 로는 300년 이상 간헐적으로 전쟁을 벌였는데, 그 바람에 특히 남쪽의 요새들은 주인이 자주 바뀌었다. 1740년부터 20년간 양국은 오랜 전쟁을 벌였고 결국 1760년 로는 줌라에 항복했다. 그러나 얼마 후 등장한 신생 고르카Gorkha 왕국이 동부 네팔과 시킴을 휩쓴 뒤 서부 네팔까지 공략하여 1795년에 줌라를 멸망시켜 버렸다. 고르카 왕국은 로 왕국을 침공해 오지 않았지만, 로 국은 줌라에 바치던 조공을 고르카에 바치기로 했다. 1802년에는 무스탕 왕이 카트만두로 가서 고르카 왕을 만났고, 그곳에서 융숭한 대접을 받았다. 이때부터 무스탕은 고르카 왕국 내의 한 자치국으로 존립할 수 있었다.

1855년 티베트와 네팔 사이에 전쟁이 일어나자 무스탕은 네팔 편을 들었다. 이 전쟁 기간 중에 티베트 창Tsang 지역의 승원들에서 빼앗은 많은 불상과 경전이 로만탕의 승원들로 옮겨져 보관되었다. 1860년 왕이 후사를 남기지 않고 죽었는데, 백성들은 짜랑의 승원장인 왕의 동생에게 왕비와 동침할 것을 탄원했고 그가 받아들여 아들이 태어났다. 이 아들이 잠비안 빨바르였다. 그의 아들 텐징 탄둘Tenjing Trandul은 아직 어린 나이이던 1905년에 왕위를 물려받았는데, 그가 곧 무스탕의 제23대 왕이다. 그는 나중에 세 아들 중 장남에게 왕위를 물려주었다. 장남인 왕두녠뽀 왕은 1950년경 즉위하여 1961년경에 죽었고, 페셀이 갔을 때는 텐징 탄둘이 다시 왕위에 복귀하여 정무를 보고 있었다. 그의 3남이던 현재의 제25대 왕은 부왕이 1964년에 세상을 떠난 뒤 왕위를 이어받았다.

한편 페셀은 《몰라》를 입수한 뒤에 북쪽의 요새들을 더 돌아보고 나서 로만탕으로 돌아갔다. 어쨌든 그의 설명 덕분에 우리는 로 왕국의 역사를 대략적으로나마 파악할 수 있게 되었다.

그러나 원래 《몰라》는 일반적인 의미의 역사책이 아니라 특별한 종교적 집회에서 고위 승려가 낭독하던 일종의 연설 대본으로, 그 가운데 무스탕의 역사를 설명하는 부분이 포함되어 있는 것이라고 한다. 《몰라》를 전문적으로 연구한 데이비드 잭슨은, 페셀이 구한 '가르푸《몰라》' 외에도 '남걀《몰라》', '짜랑《몰라》', '만탕《몰라》' 등의 몇 가지 판본이 있고, 내용이나 분량에 있어 서로 상당한 차이가 난다고 말한다. 그는 또한 가르푸《몰라》보다는 '남걀《몰라》'와 '짜랑《몰라》'에 더 주목하여 그 구조와 내용을 분석한다. David P. Jackson, 앞의 책, pp. 36–41

이들 《몰라》는 왕가의 역사뿐 아니라 불교의 위대함, 세계의 질서 등에 관해서도 이야기하고 있어, 기본적으로 이것이 종교 집회에 모인 사람들을 상대로 한 불교 및 역사 교육의 기능을 가지고 있었던 것으로 생각된다. 특히 왕가의 역사를 《몰라》의 주요 내용으로 삼은 것은, 왕가의 정통성을 거듭 강조하고 건국 신화 및 역사와 현재를 연결지음으로써 왕의 현실적 지위를 재확인하려는 의도였을 것이다. 위의 책, p. 85 참조.

한편 데이비드 잭슨은 그의 책에서, 로 왕들의 공식 역사 기록이 있었고 로 왕들이 대대로 이것을 소유하고 있었으나 전왕이 죽은 뒤인 1960년대 중반에 그 책이 사라졌다고 말한다. 그 경위는 분명치 않지만, 당시 일단의 캄파 게릴라들이 왕의 도서관에서 책을 더러 빌려갈 즈음에 없어졌다는 것이다. 위의 책, p. xii, 각주 1.

오전 8시, 로만탕 시내 구경에 나섰다. 캠프장 골목을 나서자 바로 입구로 가는 길이 나온다. 600년 세월의 무게를 힘겨워하는 성벽 한쪽을 나무로 받쳐놓았다. 길가로 성벽 안의 물이 흘러나오는 작은 도랑이 있고, 그 주변에는 중국산 비닐 과자봉지가 뒹굴고 있다. 이곳 사람들은 비닐이 환경오염원이라는 인식이 부족한 것 같다. 그러나 아직은 이들이 버리는 쓰레기의 양이 많지 않다.

무스탕에는 폐 가전제품도 없고 1회용 제품도 없다. 사람들이 가난하기 때문에 중국에서 과자와 캔 음료가 들어와도 마음대로 사 먹을 형편이 못된다. 실은 가공된 음료보다는 버터차를 즐겨 마신다. 집집마다 차를 젓는 통이 늘 대기하고 있다. 술은 집에서 담근 '락시'나 '창'을 마신다. 비싼 맥주를 마시는 일은 드물다. 무스탕의 가장 큰 오염원은 외부인의 방문으로 생기는 쓰레기다. 캠핑 트레킹에 필요한 식량은 대부분 깡통과 비닐포장에 담겨 온다. 그 쓰레기를 여행자들이 다 싸가지고 가지 않으니 쓰레기가 남게 된다.

로만탕의 출입문은 600년 전과 별로 다르지 않을 것같이 보인다. 성벽 자체가 처음 지은 후 특별히 변한 것이 없다. 옛날과 다른 점이 있다면 성문을 24시간 열어둔다는 점이다. 세월이 흐르니 침략자들도 캄파 게릴라들도 모두 사라졌다.

터널식 문을 통과하여 왼쪽으로 난 골목길을 돌아가자 공동 수도가 있고, 왕궁과 그 앞의 광장이 나왔다. 왕궁 맞은편에는 게스트하우스가 있다. 광장 끝 남쪽의 대형 스크린 같은 벽에는 장막이 쳐져 있다. 지금이 바로 무스탕 최대의 축제인 띠지 축제Tiji Festival 기간이다. 어젯밤에도 노래자랑이라도 하는지 성 안에서 사람들의 함성이 들렸다. 우리가 도착한 어제(5월 24일)는 3일간의 축제기간 중 둘째 날이었다. 우리도 로만탕에 도착할 때쯤 띠지 축제가 열리겠다고 예상하기는 했지만 일부러 날짜를 맞추어 오지는 않았다.

로만탕에서 제일 높은 건물은 잠파 곰빠로 6층 높이이다. 그 다음으로 왕궁은 4층, 귀족들의 집은 3층, 평민들의 집은 2층이다. 성벽이 4층 가까운 높이라 밖에서는 잠파 곰빠와 왕궁만 보이고 다른 건물들은 잘 보이지 않는다. 왕궁이라고는 해도 이 왕궁은 다른 집보다 좀 더 높고 클 뿐 모양이나 색깔에서 특별한 점이 없다. 어떻게 보면 왕궁이라기보다는 하나의 성채같이 보인다. 다만 지붕에 장작더미가 없다는 것은 다른 집들과 다르다.

무스탕에서 곰빠는 예외 없이 붉은색(적갈색)이고 집은 흰색이다. 예전에는 일 년에 한 번씩 칠을 했다고 하는데 요즘은 꼭 그런 것 같지는 않다. 색이 바랜 곰빠나 집들을 더러 볼 수 있다. 웬만한 곰빠는 벽이 10미터가 넘는데 칠을 어떻게 할까? 방법은 의외로 간단하다. 물감을 지붕 위에서 붓는다. 그리고 필요한 부분에만 손질을 가한다. 물감 재료는 무스탕에서 나는 색깔 있는 흙이나 돌이다. 그것을 곱게 빻아 걸쭉하게 만들어 위에서 천천히 부으면 끝이다. 완전 친환경 페인트인 셈이다.

성내의 가옥들은 서로 붙어 있어 지붕으로 다녀도 한 바퀴 돌 수 있을 것 같다. 2미터 정도의 좁은 골목길이 높은 성벽과 집 사이에 미로처럼 나 있다. 주요 골목길은 판석으로 포장되어 있고, 골목길 한쪽으로 30센티 정도 너비의 수로가 있어 물이 흐르고 있다. 북쪽 계곡에서 물을 끌어와 성 안을 흐르게 한 하수도 겸 개울이다. 폐수가 별로 나올 일이 없어 물이 깨끗하다. 좁은 골목길 중간 중간에 있는 작은 광장은 주변 마을 사람들이 모이는 장소로 쓰인다고 한다.

로만탕은 4개의 구역으로 나누어진다고 한다. 출입구에서 왕궁 앞 광장까지는 가장 '우아한' 지역이다. 귀족들이 사는 12채의 3층짜리 집들은 성 안에 골고루 퍼져 있다. 가난한 사람들은 'ㄴ' 자의 위쪽 좁은 부분, 잠파 곰빠와 초에디 곰빠 사이에서 살고 있다. 또 툽첸 곰빠 주위에는 12기의 초르텐이 있는데, 곰빠 뒤쪽 성벽을 따라 4기, 곰빠의 왼쪽에 8기가 있다. 이 8기는 석가모니의 생애를 8단계로 상징하는 것이라고 한다.

축제 기간이라 왕궁을 방문하는 것은 여의치 않았다. 로만탕에 들어오는 외국인은 왕이 접견하는 것이 관례지만, 왕도 행사에 바빠 축제기간에는 접견을 하지 않는다고 한다. 우리는 먼저 무스탕에서 제일 큰 법당이 있는 툽첸 곰빠부터 참배하기로 했다.

## 10. 툽첸 곰빠와 잠파 곰빠

로만탕에는 잠파Jampa, 툽첸Thubchen 그리고 초에디Choedi 곰빠의 세 곰빠가 있다. 앞의 두 곰빠는 왕궁에서 가까운 곳에 서로 근접해 있고, 초에디 곰빠는 성벽 북쪽의 확장된 구역 끝 쪽에 자리 잡고 있다. 잠파와 툽첸 곰빠는 15세기 로 왕국의 초기 역사와 궤를 같이 하는데, 정면이 왕궁과 같이 동쪽을 향하고 있다. 초에디 곰빠는 후대에 지어졌기 때문에 '새 곰빠'로 불린다. 현재 승려가 상주하는 곳은 초에디 곰빠뿐이며, 다른 두 곳은 평소에 문을 잠가두고 있다가 관광객들이 오거나 초에디 곰빠의 승려들이 와서 의식을 진행할 때만 문을 연다.

1952년 투치가 왔을 때 잠파와 툽첸 곰빠는 노후하고 황폐한 상태로 방치되어 있었다. 그는 두 곰빠를 둘러본 후 "무스탕의 전성기 때 만들어진 주목할 만한 이 기념물들이 사라질 운명에 처해 있다. 그러기 전에 와서 이 것들을 내 기억 속에 간직하게 된 것은 행운이다."라고 말했다. 다행히 그의 예상은 빗나갔고, 이 건축물과 벽화들은 살아남았다.

한국에서 인터넷으로 미국 브라운대학교 시각미술과의 마르샤 리버먼Marcia Lieberman 교수와 그녀의 남편 필립 리버먼Philip Lieberman 교수가 쓴 무

---

*http://dl.lib.brown.edu/BuddhistTempleArt를 보라.

스탕의 불교벽화에 관한 글*를 읽어 보았다. 이들은 1996년 미국 게티재단 Getty Foundation의 지원으로 무스탕에 들어와 툽첸 곰빠와 잠파 곰빠, 그리고 야라에 있는 루리 곰빠의 벽화를 조사한 후 상세한 사진 자료를 첨부한 조사 보고서를 1996년에 발표했고, 2003년에는 웹사이트를 개설해 텍스트와 사진들을 공개했다.

이들의 연구조사를 계기로, 사라질 위기에 처한 이곳의 문화유산을 보존하기 위한 곰빠의 수리와 벽화 복원 사업이 1998년부터 시작되었다. 〈미국

툽첸 곰빠의 법당

히말라야재단American Himalayan Foundation(AHF)〉*이 자금 지원과 함께 전문 인력을 파견하고, 네팔의 〈킹 마헨드라 자연보전기금King Mahendra Trust for Nature Conservation〉이 ACAP와 함께 이 불사에 참여했다. 그리고 6년간의 작업 끝에 툽첸 곰빠의 지붕과 들보의 수리와 벽화 복원이 이루어졌다. 그 작업의 세부 내용은 〈미국 히말라야재단〉의 현장 감독관 브라우턴 코번Broughton Coburn이 인터넷에 올린 두 개의 보고서**에 잘 나와 있다.

## 툽첸 곰빠

곰빠 관리인을 따라 툽첸 곰빠로 들어갔다. '툽첸'은 '위대한 무니,' 즉 석가모니를 뜻한다. 따라서 이 곰빠는 석가모니불을 본존으로 모시고 있다. 이 곰빠는 1472~7년에 무스탕을 방문했던 티베트의 사꺄 촉덴 스님과 당시의 타시 군 왕이 건립하였고, 1815년에 중수된 것으로 알려져 있다. 티베트 곰빠로는 특이하게 단층 구조이다. 입구에서 내려서면 손상된 벽화와 사천왕상이 있는 공간이다. 티베트에서 사천왕상은 그림으로 표현하는 것이 일반적인데 이곳은 한쪽 무릎을 세우고 앉은 소상塑像이다. 이 소상들은 17세기 후반 삼둡 뺄바르 왕 때 조성된 것으로 여겨진다. 바닥이 낮아 반지하실 같았는데 안으로 들어가니 법당이 무척 넓고 크다.

무스탕에 올 때 마르샤 교수의 보고서를 번역하여 가지고 왔다. 전문가의 글이니 깊이가 있을 듯했다. 이미 몇 번 읽었지만 현지에서 직접 대조하며 보니 이해가 쉽다. 툽첸 곰빠의 구조 및 불상과 벽화들에 대해서는 마르샤 교수가 다음과 같이 잘 설명하고 있다.

---

*히말라야 지역의 자연과 문화 보전, 현지 주민들에 대한 의료, 교육 등 다양한 사업을 목적으로 1982년에 설립된 비영리 기구. 본부는 샌프란시스코에 있다.
**www.asianart.com/ahf/index.html에 올라 있는 A New Ceiling for the Roof of the World와 www.pbs.org/wgbh/nova/tibet/painting.html에 있는 Creating a Wall Painting: Preserving History Inch by Inch가 그것이다.

**툽첸 곰빠 입구의 사천왕상.**

대성당의 개방된 공간 같은 넓은 법당은 모든 점에서 인상적이다. 법당의 내부 크기는 대략 28×18미터(외부는 30×19미터) 넓이에 높이는 7.6미터이다. 이 거대한 공간은 중앙의 큰 채광창에서 빛이 들어온다. 이 공간에 천장을 받치고 있는 것은 35개의 나무기둥으로, 동서로 일곱 줄, 남북으로 다섯 줄이 균일한 간격으로 서 있다. 기둥들의 높이는 9미터이다. 기둥 위의 들보들은 티베트 전통양식으로 조각하고 색칠했다. 채광창 아래 있는 나무들에는 일련의 멋진 사자상이 조각되어 있는데, 이빨을 드러내고 발톱을 뻗친 채 머리와 어깨와 앞발이 나무틀로부터 밖으로 기어 나오는 것 같이 보인다.

또 7미터 높이의 큰 초르텐 하나가 법당의 남서쪽 구석에 서 있다. 서쪽 벽 대부분을 따라서 9위의 불보살을 모신 대좌들이 있다. 가장 높은 단에는 석가모니, 관세음보살, 문수보살, 빠드마삼바바(구루 린포체)의 상이 모셔져 있고, 그보다 좀 낮은 단에는 지금강持金剛Vajradhara, 백색 따라보살white Tara, 아미타불 그리고 마두존馬頭尊Hayagriva(관세음보살의 화신 중 하나) 상이 있다. 법당의 북동쪽 구석은 작은 방으로 연결되는데, 지금은 비어 있지만 예전에는 아마 마하깔라Mahakala(대흑천) 같은 호법신들을 모시던 곤캉이었을 것이다. 이 방을 구획하는 벽은 위치가 옮겨진 듯, 안쪽의 벽화들은 거의 전부 사라졌다.

너른 법당 내부에 남아 있는 벽화들은 12세트의 삼존불로 각 세트에는 커다란 본존불과 금강수Vajrasattva 기타의 보살들이 그려져 있다. 본존불은 각기 두 명의 보살이나 제자들이 협시하고 있는데, 기법이 섬세하고 우아하다. 이 중 가장 잘 보존된 것은 오른쪽에 관세음보살과 왼쪽에 문수보살을 거느리고 있는 석가모니불상이다. 동쪽 벽, 곧 출입구 벽에는 이런 삼존불이 일곱, 남쪽 벽에는 여덟이 있으며, 북쪽 벽에도 아직 하나가 보인다. 이들 삼존불들 사이에는 대략 200여 좌의 작은 불상들이 있다. 동쪽 벽을 따라서는 원형 안에 앉은 더 작은 불보살상들이 겹쳐 있고, 주불 아래쪽에는 작은 원형 안에 들어 있는 호법신들이 띠 모양을 이루고 있다. 북쪽 벽의 벽화는 후대에 그린 것으로 양식이 다르다. 잠파 곰빠가 강한 신비주의 색채로 마법적 분위기를 풍기는 데 반해, 툽첸 곰빠는 사색적인 평온함으로 대승불교의 정신을 구현하고 있다. http://dl.lib.brown.edu/BuddhistTempleArt/contents.html, ASCII Text Files, Jampa, Thubchen, and Luri Gompas.


곰빠 법당에 처음 들어섰을 때 높고 넓은 공간에 놀랐다. 예전에 쿰부 지역의 텡보체 곰빠Tengboche Gompa 법당이 크다고 생각했는데 툽첸 곰빠에는 비할 수 없다. 법당 안은 전체적으로 어두웠지만 천장의 채광창에서 내려오는 빛이 중앙을 비추고 있다. 마치 거대한 동굴에 들어온 느낌이다. 9미터 높이로 줄지어 선 기둥들이 그런 느낌을 더욱 배가시킨다. 우리는 불단 앞으로 가서 로만탕에 무사히 도착한 것을 감사드리는 절을 올렸다. 불단 앞에는 스님들이 예공을 하기 위한 책상이 여러 줄 있고 그 위에 불구佛具와 경전 등이 비치되어 있다.

가장 감동을 준 것은 벽화였다. 처음에는 어두워서 잘 보이지 않았으나 눈이 어둠에 차차 익숙해지자 우리를 응시하는 거대한 불상 벽화들이 드러났다. 벽화 복원 작업을 마쳤다는 것은 알고 왔지만 이렇게 거대하고 아름다울 줄은 상상하지 못했다. 벽을 빙 둘러 여러 삼존불이 그려져 있는데 각 삼존불의 가운데 있는 불상과 보살상은 크기가 6미터에 이르러 밑에서 한참 올려다보아야 했다. 우리의 키는 좌대에 겨우 미칠 정도였다. 단지 크기만 한 것은 아니었다. 섬세하고 우아한 불보살들의 모습은 우리를 완전히 매혹시켰다. 모두 넋을 잃고 바라보았다. 툽첸 곰빠의 벽화를 보니 비로소 고려 불화의 원류가 13세기 티베트 불교의 벽화임을 알겠다. 복원을 한 뒤라 사진으로 본 것보다 훨씬 선명하다.

그러나 복원 팀은 이 벽화들의 망가진 부분을 결코 새로 그리지 않았다. 그들은 이탈리아 성당의 프레스코화를 복원했던 세계 최고의 전문가들로, 조심스럽게 벽화의 먼지와 때를 제거하고 벽화 조성 당시와 같은 천연 광물 재료를 사용한 물감으로 보필補筆함으로써 원래의 색을 살려냈다. 이미 훼손된 부분은 그대로 두고 원화의 윤곽이 필요한 부분은 선으로만 그려두었다. 무스탕 왕이나 현지 주민들은 훼손된 부분까지 다 그려 주기를 바랐지만 그들은 그렇게 하지 않았다. 이 벽화들은 거의 같은 시기인 초기 르네상스 시대(1420-1550)의 성당 벽화들과 흡사한 프레스코 기법으로 그려졌는데, 유럽과 문화적 교류가 없었던 이 지역이 같은 시대에 같은 기법을 구사했다는 것이 놀랍다.

미국 공영 텔레비전 방송국 연합체 PBS의 '탐사 시리즈' 〈노바Nova〉의 영상물 중 하나로서, 2003년에 방영된 〈티베트의 잃어버린 보물Lost Treasures of Tibet〉이라는 비디오가 있다. 이것은 바로 툽첸 곰빠 수리와 그 벽화 복원 작업의 주요 과정을 보여주는 것이다. 여기에 나오는 벽화 보존 책임자 로돌포 루잔Rodolfo Lujan 씨는, 이 툽첸의 불화들이 기법 면에서 완벽하며, 작품의 질에서 미켈란젤로, 라파엘로 등 르네상스 거장들의 것보다 더 낫다고 말하고 있다.

　넓은 법당을 돌아다니며 참배했다. 어두운 벽이라 헤드랜턴을 켜도 가까운 곳만 보일 뿐 불보살들의 상호相好(얼굴 모습)는 거리가 멀어 빛이 미치지 못했다. 그래도 벽화로 집결한 불보살들의 장엄한 그 모습은 환희심을 일으키기에 충분한 것이었다. 무스탕에서 여러 곰빠를 참배했지만 여기만큼 감동을 준 곳은 없었다 해도 과언이 아니다. 불단 뒤로 통로가 있어 우리는 합장하고 꼬라를 한 바퀴 돌았다.
　얼마 후 스님들이 하나 둘 들어와 자리를 잡더니 곧 독경이 이어진다. 스님들은 중간 중간 악기를 연주하고 수인手印mudra을 짓기도 한다. 공간이 넓어 독경의 울림이 크다. 천장에서 내려온 빛으로 중앙은 밝지만 주위는 어둡다. 굵고 높다란 기둥 사이에서 우렁차게 들려오는 악기 소리는 몽환적인 분위기를 자아낸다. 우리는 서서 의식을 지켜보았다. 히말라야에서 곰빠가 없는 마을은 어쩐지 쓸쓸하다. 곰빠가 있어도 상주승이 없어 문이 잠긴 곳을 지날 때는 더 그렇다. 그러다가 이렇게 활기찬 예불의식을 행하는 곰빠를 만나면 마음이 환히 밝아진다.
　이 곰빠는 상주승常住僧은 없지만 마을 주민들이 매월 돌아가며 당번이 되어 날마다 불단에 청수淸水를 올리고 버터 불을 켜고 있다. 아직도 일부 건물의 보수 작업이 진행 중이지만, 이제는 투치나 페셀이 왔을 때 보았던 먼지투성이의 을씨년스런 분위기는 모두 사라졌다. 아니 오히려, 수백 년의 때를 벗고 새롭게 빛을 발하는 다채로운 벽화들은 이곳이 진정 중세 티베트 불교의 한 터전이었음을 웅변하고 있다.

## 잠파 곰빠

　한참 동안 의식을 지켜보다가 밖으로 나와 다음 참배지인 잠파 곰빠로 향했다. '잠파'는 티베트어로 미륵Maitreya이라는 뜻이다. '잠파 라캉Jampa Lhakang'으로도 불리는 이 곰빠는 1448년 고르첸 꿍가 스님이 세 번째로 무스탕에 체재하고 있을 때, 그의 지도 하에 당시의 안군 잠뽀 왕이 건립한 것으로 알려져 있다. 당시 이 곰빠의 건립에는 티베트의 기술자들뿐만 아니라 네팔 카트만두 분지에 거주하는 네와르족Newars의 목수, 화공 등의 장인들이 다수 참여했다. 이 절은 1663년에 삼둡 빨바르 왕 때 중창되었고 이후에도 여러 차례 중수되었다. 외벽을 붉게 칠한 3층 구조의 건물인데 실제 높이는 6층에 해당하며, 로만탕에서 가장 높은 건물이다. 곰빠에 당도해 보니 아래층에서는 수리 작업을 위해 목수들이 목재를 다듬고 있다. 이런 불사佛事는 모두 서구 비정부기구들의 후원으로 이루어진다.

**잠파 곰빠.**

법당 입구가 있는 중간 옥상에 오르니 로만탕 전체가 한 눈에 들어온다. 바로 앞에는 왕궁, 오른쪽에는 툽첸 곰빠가 있고, 왼편으로는 성벽 끝부분에 초에디 곰빠가 보인다. 북쪽으로는 티베트와 국경을 이루는 완만한 산들이 지평선을 이루고 있다. 법당은 2층에서 다시 나무계단으로 올라 들어가게 되어 있다. 주 법당은 2층에 있다.

소년승의 안내로 먼저 1층을 들여다보았다. 이곳에는 안쪽에 미륵불의 좌대가 높이 솟은 것 외에 이렇다 할 것이 없었다. 벽화도 보이지 않았다. 그래서 우리는 바로 2층으로 올라갔다. 그러나 1층의 문간 회랑에는 벽화가 있었다는 것을 나중에 알았다. 벽에 금이 가고 벽화들이 많이 손상되기는 했으나, 좌우로 두 보살이 협시하는 약사여래의 큰 좌상과 그 아래 19위의 작은 불상 등이 벽화로 그려져 있다고 한다.

2층 법당의 크기는 가로 13미터, 세로 10미터, 높이 5미터 정도라고 한

**잠파 곰빠의 본존인 미륵불상.**

다. 티베트의 다른 곰빠와는 달리 천장에 채광창이 없으므로 빛은 우리가 들어온 출입문을 통해서만 들어온다. 문을 닫으면 칠흑 같은 어둠이다. 안쪽에는 출입문을 향해 서쪽 벽을 등지고 큰 미륵불이 대좌에 앉아 있다. 높은 대좌는 아래 1층에서부터 올라와 있는데, 불상 자체의 높이는 3미터를 넘지 않아 보인다. 그러나 대좌를 포함하면 10~12미터쯤 될 듯하다. 미륵불의 상호相好는 티베트 불상이 대개 그렇듯 엄격한 편이다.

이 불상은 결가부좌를 한 채 상체와 머리를 약간 왼쪽으로(마주보아 오른쪽으로) 기울인 모습이며, 가슴 앞에 두 손을 모아 특이한 수인을 짓고 있다. 머리에는 아름다운 보관을 썼고 목에는 보배 목걸이를 걸쳤으며, 허리띠에도 장식이 있다. 불상의 몸체 주위에는 광배光背 대신 화려하게 채색된 당초문과 동물 모습, 그리고 보살들의 모습이 무게감 있게 조각되어 있다. 미륵불상 앞에는 크고 작은 불탑들도 놓여 있다.

2층의 사방 벽에는 과연 크고 작은 만달라 수십 개가 그려져 있는데, 지름이 1.5미터쯤 되는 큰 만달라만도 40개가 있다. 만달라와 만달라 사이에는 작은 만달라들이 들어 있고 그 만달라들 사이의 공간에는 불보살, 성취자siddhas 등의 각종 존상尊像들이 하나씩 원 안에 그려져 있으며, 그 사이사이의 여백에는 꽃들과 당초문唐草紋이 섬세하고 화려하게 그려져 있다. 법당 전체가 가히 《화엄경》에서 말하는 하나의 연화장蓮華藏 세계를 표현하고 있는 듯하다.

전문가들의 설명에 따르면 이 만달라들은 요가탄트라Yogatantra의 진수를 표현하고 있다. 요가탄트라의 대가인 고르첸 꿍가 스님의 면밀한 계획에 따라 조성되었으며, 특별한 가르침을 담고 있는 배열이라는 것이다. 만달라들의 양식은 고르첸 스님이 창건한 14세기 티베트의 고르Ngor 곰빠 양식을 그대로 가져온 것이라고 한다. 만달라는 주 법당뿐만 아니라 지금은 폐쇄되어 들어갈 수 없는 3층 벽에도 가득 차 있다고 하니 이 곰빠는 말 그대로 만달라 곰빠이다.

  이런 독특한 만달라 곰빠는 이제 티베트 본토에서도 찾아보기 어렵다고 한다. 티베트의 보물로 여겨졌던 고르 곰빠는 수천 개의 다른 티베트 사원들과 함께 모택동의 문화혁명 때 홍위병들에 의해 철저히 파괴되었다. 그래서 잠빠 곰빠의 이 만달라들이 더욱 소중하게 여겨진다. 이 만달라들도 사진으로 본 것보다 훨씬 깨끗하고 생동감이 넘친다(단, 툽첸 곰빠의 벽화들만큼 선명하지는 않다.). 툽첸 곰빠의 벽화를 복원한 팀이 현지의 젊은이들을 작업 요원으로 훈련시켜 이 만달라 벽화들에 대해서도 복원 작업을 했기 때문이다. 그러나 벽면이 어둡기 때문에 이곳을 방문할 사람은 강력한 플래시를 가지고 가는 것이 좋을 것이다.

**잠파 곰빠의 내부 만달라 벽화.**

잠파 곰빠의 3층은 들어가 볼 수 없었지만 사방 벽이 탄트라 벽화들로 장식되어 있다고 한다. 오쿠야마 교수는 《무스탕, 만달라 여행》에서 3층의 벽화들에 대해 다음과 같이 말하고 있다.

> 방의 넓이는 2층과 거의 같다. 서벽 중앙에 지금강불持金剛佛의 벽화가 있고, 그 앞에 작은 대臺가 있으며 타르초가 장식되어 있다. 이곳이 이 방의 중심이다. 이것을 둘러싸고 사방 벽에 확인할 수 있는 것만도 42개의 만달라가 그려져 있다. 그 크기는 직경 165센티미터에서부터 직경 50센티미터에 미치지 못하는 것까지 가지가지이다. (…) 만달라와 만달라 사이의 공간은 갖가지 존상尊像에 의해 메워져 있다. 그 중에는 인도 밀교의 저명한 84명 성취자도 포함되어 있다.
> 2층과 마찬가지로 이 방도 북벽의 손상이 심하고, 벽화가 완전히 지워지고 만 부분이 있다. 크고 작은 만달라가 6개 정도 들어가는 공간이다. 그러나 손상된 것이 북벽만은 아니다. 이 층 전체가 비가 새거나 햇빛이 바로 비쳐 철저하게 망가져 버렸다. 벽화는 변색되고 갈색으로 되었으며, 떨어져 나가고 빗물에 오염되어 균열이 가 있다. 松井亮, 奥山直司, 앞의 책, p.182.

우리는 2층 법당에 한동안 머물렀다. 법당은 만달라들의 신비한 에너지가 강하게 소용돌이친다. 이 기운을 느끼려면 눈을 지그시 감은 채 생각을 멈추고 조용히 벽을 응시해야 한다. 앉아서 집중하면 더욱 좋다. 신비주의적으로 들릴지 모르지만, 이 만달라 벽화들은 단순한 불교 회화가 아니라 사람의 영혼을 정화하기 위한 고도의 영적 장치이다. 이런 곳을 순례하는 실질적 이익은 이러한 영적인 에너지를 받는 데 있다. 다만 아쉽게도 이곳은 늘 개방하지 않고 필요할 때만 문을 열어주기 때문에, 보통은 그 기운을 미처 흡수하기도 전에 나와야 한다.

잠파 곰빠에서 본 왕궁의 뒷벽.

티베트 곰빠의 법당은 누구나 와서 절하고 기도하거나 명상할 수 있는 장소가 아니라 승려들이 의식을 행하는 장소이다. 일반 신도들은 특별한 날만 참배할 수 있다. 티베트 불교에서 승려들의 깊은 경전 공부나 수행은 일반인들에게 공개되지 않는다. 일반 신도들은 진언, 오체투지, 성지순례 혹은 승가에 대한 공양과 선행의 공덕을 쌓는 것 외에는 달리 할 수 있는 수행이 없다. 이에 비하면 재가자들이 법당을 자유롭게 드나들 수 있고 스님들과 똑같이 참선, 염불 등의 여러 가지 수행을 할 수 있는 동아시아의 불교는 훨씬 열려 있다고 하겠다.

잠파 곰빠를 나와 오늘의 마지막 방문지 초에디 곰빠로 향했다. 우선 오래된 초르텐이 성벽을 따라 줄지어 서 있는 좁은 골목길을 지나 다시 왕궁 앞 광장으로 왔다. 도중에 보명화 보살은 한국의 집으로 전화를 하러 왕궁 입구에 있는 전화국 사무실로 갔다. 우리는 길에서 삼툭이 아는 사람인 니마를 만나 함께 찻집으로 가서 차를 마시며 보명화 보살을 기다렸다.

니마는 한국에서 살다가 온 터라 우리를 반갑게 대했다. 동두천에서 5년 일하고 얼마 전에 돌아왔다는 그는 지금 카트만두에 살고 있다. 큰 마을답게 로만탕에는 찻집이 여러 개 있다. 상주인구도 많고 외지인들도 많이 다닌다. 다른 작은 마을들과 달리 한낮에도 활기차다. 축제 기간이니 더욱 그럴 것이다. 주변 마을에서 축제를 보러 온 사람들도 차를 마시고 있다. 후덕하게 보이는 주인아주머니가 쾌활하게 사람들을 맞는다.

보살이 전화를 걸고 돌아왔다. 통화료는 1분에 250루피, 우리 돈으로 약 3,500원이다. 통화료를 미리 물어보지 않고 5분을 통화했는데, 그렇게 비쌀 줄은 몰랐다고 혀를 내두른다. 하지만 이런 오지에서 국제전화를 할 수 있다는 게 어딘가.

니마가 우리를 근처의 자기 본가로 초대했다. 롯지나 찻집이 아닌 일반 가정집 방문은 이것이 처음이다. 소박한 2층집이다. 주거 공간인 2층으로 오르니 그의 어머니와 여동생들이 예고 없이 방문한 우리를 환영해 준다. 이들은 한국인들에 대해 호감을 가지고 있을 수 있다. 그렇지 않다 해도 티베트 사람들은 천성적으로 손님을 환영한다. 거실에는 커다란 포탈라궁 브로마이드 사진이 붙어 있다. 나중에 보니 모든 집과 롯지의 거실에는 큼지막한 라사 사진이나 포탈라궁 사진이 벽을 장식하고 있었다.

"타시델레!"

우리가 먼저 인사를 건넸다. 여기서는 인사말이 "나마스떼"가 아니다. 전형적인 티베트 전통옷을 입은 니마의 모친도 합장을 하며 "타시델레" 한다. 우리가 앉으니 여동생 한 명이 바로 차통을 젓는다. 차통은 버터 차를 만드는 긴 원통으로, 그 속에 뜨거운 물과 버터를 넣어 계속 저으면서 차를

낸다. 곧 밀가루를 튀겨 만든 과자와 버터 차, 밀크 티가 나왔다. 티베트 사람들은 손님에게 차와 음식 또는 술을 끊임없이 권하는 것을 예의로 여긴다. 입맛에 맞지 않으니 맛만 보는 정도에서 정중히 사양하고 가족사진을 찍어 주었다. 사진은 나중에 삼툭이 배달할 것이다. 니마에게 점심을 같이 먹자고 초대한 뒤 초에디 곰빠로 향했다.

잠파 곰빠에서 본 초에디 곰빠.

## 11. 띠지 축제

　초에디 곰빠는 앞의 두 곰빠보다 훨씬 뒤인 1710년에 창건되었다. 그러나 최초의 가람은 지진으로 큰 피해를 입었고, 현재의 곰빠는 1822년에 이곳에 중창한 것이라고 한다. 창건된 지 300년 가까이 되었지만 잠파와 툽첸 곰빠에 비해 새 절이라는 뜻에서 아직도 '새 곰빠'라고 불린다. 로만탕의 세 곰빠 중 유일하게 승려 대중이 상주하고 있으며, 소년승들을 교육하는 사원학교를 운영하고 있다. 이 학교에서는 불교 외에도 네팔어와 영어를 가르친다고 한다.

　이곳은 앞마당이 넓어 큰 도량道場에 들어온 같다. 하지만 공사가 진행 중이라 마당에 건자재가 흩어져 있어 조금 산만하다. 한쪽에서는 외부의 재정 지원으로 제법 어엿한 사원학교 교실과 숙소를 짓고 있다. 동자승부터 20 전후까지의 젊은 스님들이 많이 보인다. 승려 수는 일정치 않으나 2007년 봄 현재 대략 8~90명가량 된다고 한다.

　법당은 잠파와 툽첸에 비해 그리 볼 만한 것은 없지만, 불단에는 지금강, 삼세불三世佛 및 따라 보살이 모셔져 있고 그 외에도 작은 금동상과 불탑들이 있다. 오래된 경전들도 전면에 잘 간수되어 있다. 법당 참배를 마치고 나와 도량을 구경하다가 이 절의 주지 겸 사원학교 교장인 웡디 상뽀Wongdi

초에디 곰빠의 법당과 웡디 샹포 스님.

Sangpo 스님을 만났다. 우리가 인사하니 반갑게 마주 인사한다. 우리는 스님의 안내로 사원학교에 들어가 보았다. 무스탕의 수도에 있는 학교인데도 내부는 여느 곳과 마찬가지로 낡고 허술하다. 새 교실이 지어지면 공부 환경이 좀 나아지겠지만 공사가 언제 끝날지 모른다. 이 오지까지 건축 자재를 실어 오는 일이 어려운 탓이다. 후원금이 다 들어오지 않아 더욱 늦어지고 있다고 한다.

점심을 먹으러 성 밖으로 나오려다 보니 출입문 앞 광장에 축제를 구경하려는 사람들이 여기저기 모여 있다. 이 광장은 동네 사랑방 같은 구실을 한다. 점심 준비가 될 동안 '기원의 평원'으로 나가 경치를 다시 한 번 완상했다. 바람은 오늘도 어김없이 거칠게 불고 햇빛은 강렬하다.

캠프로 찾아온 니마와 함께 점심을 먹고 나서 축제를 보러 왕궁 앞으로 갔다. 골목길부터 사람들이 바글거린다. 왕궁 앞의 작은 광장 주변에는 미리 자리를 잡은 사람들이 땡볕에도 아랑곳하지 않고 앉아 있다. 왕궁 맞은편 3층 건물은 게스트하우스다. 독일 팀은 게스트하우스에서 묵는 모양이다. 건물 창가와 지붕 위에서 보는 사람도 있다. 구경하기에는 그곳이 명당이다.

띠지제祭는 무스탕에서 가장 큰 축제인데, 매년 티베트력 4월 7일부터 3일간 열리며 양력으로는 대략 5월 하순에서 6월 초이다. '띠지Tiji'라는 말은 '텐체ten che'에서 나온 말로 '불법이 세상에 널리 퍼지기를 희망하는'이란 뜻이지만, 이 축제는 실질적으로 봄의 시작을 알리는 행사다. 이때는 건조한 겨울이 끝나고 습기가 많은 봄이 시작되면서, 황량한 무스탕에서도 초록빛이 살아나기 시작한다. 축제 기간 중에는 원근 각 마을에서 사람들이 왕궁 앞의 작은 광장에 모여드는데, 특히 여성들은 멋진 전통 복장을 하고 온다.

축제의 주 내용은 악마를 쫓는 의식이며, 무스탕을 파괴하려는 악마를 주인공 도르제 조노<sup>Dorje Jono</sup>가 싸워 물리쳤다는 전설에 기원을 두고 있다. 그 악마는 무스탕에서 생명과도 같은 물을 마르게 했다. 기근이 일어나고 가축들이 죽는 재앙이 닥쳐 무스탕은 황폐해졌다. 이때 도르제 조노가 나서 이 악마와 싸워, 마침내 악마를 물리치고 무스탕에서 영원히 추방했다. 띠지 축제는 이 전설을 춤과 퍼포먼스의 형식으로 표현한다.

이 축제가 시작되면 알펜호른같이 긴 나팔인 둔첸<sup>dunchen</sup>이 울려 퍼지고, 북과 심벌즈도 뒤를 따른다. 이어서 빠드마삼바바의 큰 초상이 그려진 거대한 탕카가 왕궁 옆 건물의 벽에 내걸린다. 그리고 빨간 모자를 쓰고 적갈색과 금색 승복을 입은 승려들이 왕궁에서 나와 탕카 아래에 좌정한다. 축제가 진행되면서 승려들은 독경을 하기도 하고, 공작 깃털이 꽂힌 심벌즈 모양의 모자를 쓰고 나와 춤을 추기도 한다. 춤이 끝나면 도르제 조노로 분장한 춤꾼이 악마를 죽이는 퍼포먼스를 벌인다.

이 축제의 절정은 마지막 날 아직까지 남아 있는 악마를 쳐부수는 의식을 거행할 때이다. 1964년 페셀의 묘사에 따르면, 이때는 승려들과 주민들이 성문 밖까지 나가서 활과 투석기, 구식 보병총 등을 발사하여 악마들을 완전히 퇴치하는 의식을 갖는다.

### 띠지 축제 관람

띠지 축제가 열리는 광장 주변에 마땅한 자리가 없어 우리는 탕카가 걸린 벽 맞은편의 공동수도 시멘트 구조물 위에 올라서서 행사를 기다렸다. 띠지 축제 때 내거는 탕카는 지금 걸린 것 말고도 비슷한 크기의 탕카가 하나 더 있다. 모두 빠드마삼바바가 중앙에 앉아 있는 모습이며, 색깔 있는 천들을 오려 붙여 만든 아플리케 탕카이다.

무스탕에 와서 처음으로 경찰관들을 보았다. 티베트 국경이 가깝고 트레

띠지 축제. 한 승려가 티베트 전통 나팔을 불고 있다.

킹 허가 체크포스트가 있기 때문에 이곳에 상주하는 네팔 정부의 경찰이다. 이들은 질서를 정리하기보다는 그냥 형식적으로 서 있을 뿐이다. 사람들은 자율적으로 알아서 구경하고 있고, 또 축제이니만큼 웬만큼 소란스럽게 돌아다녀도 제지하지 않는다. 띠지 축제에는 보통 1천 명 정도의 군중이 모인다고 했는데, 이 광장 자체는 천 명을 수용하기에는 좁아 보인다.

독일 팀, 노르웨이 팀, 이태리 팀, 가나 팀 등 우리가 만났던 모든 외국인들이 여기 와 있다. 특별히 띠지 축제 기간에 맞추어 트레커들을 모집하는 여행사가 많다. 그러나 이번 축제 기간에 로만탕을 방문하는 외국인은 30

명을 넘지 않아 보인다. 2005년도 통계를 보면 무스탕 방문자 665명 중 5월이 145명으로 가장 많았고, 그 다음은 8월로 133명이었다.

사람들이 점점 많이 모여들고 있다. 동자승 20여 명이 먼저 탕카 아래와 좌우에 앉고 그 뒤로 악기를 든 붉은 모자의 노승들이 입장하자 분위기가 무르익기 시작했다. 동네 꼬마들도 모두 나와 정신없이 돌아다니고, 막대기에 연결된 풍선을 불면 풍선이 꺼지면서 소리가 나는 장난감을 가지고 계속 불어댄다. 여러 명이 울리는 소리가 시끄러워도 누구도 신경 쓰지 않는다. 아이들은 축제 공연이 벌어지는 마당을 가로질러 달려가기도 한다. 일견 무질서해 보이지만 이들에게는 자연스러운 모양이다.

남자들과 달리 여자들은 티베트 전통 복장을 하고 있다. 모두 예외 없이 울긋불긋한 스카프를 머리에 쓰고 있는 것도 특이하다. 남녀의 복장과 전통문화의 상관관계가 흥미롭다. 인도, 중국과 동남아시아의 소수 민족, 그리고 아프리카 초원에 사는 종족을 보면 일반적으로 남자들은 서양식 복장을 하고 있어도 여자들은 항상 전통 복장이다. 전통 복식은 여자들에 의해 지켜지고 있는 셈이다. 여자들의 일상복이 서양식인 나라는 대체로 서구화된 사회라고 보면 그리 틀리지 않을 것이다.

행사가 시작되었다. 나팔 소리가 들리고 왕궁에서 두 명의 나팔수를 앞세운 화려한 복장의 춤꾼들이 손에 북을 들고 입장한다. 동시에 연단의 노승들이 부는 나팔 소리가 울려 퍼진다. 히말라야 산자락 곰빠에서 늘 듣던 가락이다. 해 질 녘 먼 곰빠에서 들려오는 이 나팔 소리를 들으면 늘 애잔한 마음이 든다. 북과 심벌즈와 나팔 소리가 불협화음처럼 들리지만, 가만히 듣고 있으면 묘하게 어우러져 마음을 차분하게 해 준다.

군무를 추는 10여 명의 춤꾼들은 대부분 30세 전후의 건장한 승려들이다. 가운데의 50대로 보이는 한 스님이 모든 것을 지휘하고 있다. 화려한 수

띠지 축제에서 춤을 추는 승려들. 왕궁 오른쪽 3층 건물 벽에 큰 탕카가 걸려 있다.

가 놓인 번쩍거리는 복장을 입고 있는 그의 느릿느릿하면서도 절제된 동작이 경건하다. 뜨거운 햇볕 아래 두꺼운 옷과 무거운 모자를 쓰고 원무를 추는 춤꾼들의 몸은 금방 땀으로 범벅이 되고 만다. 춤의 한 동작 한 동작마다 특별한 의미가 담겨 있을 것이 분명하다. 이들은 40분 정도 공연하고 나서 계속 춤을 추며 마당을 벗어나 왕궁으로 돌아간다.

첫 춤이 끝나고 왕궁 입구 탈의실에서 10여 분 쉰 다음 다시 다섯 명의 춤꾼이 나와 다른 의식을 행하며 춤을 춘다. 이번에는 탁자 위에 일곱 개의 잔이 놓여 있고 각 잔마다 소년승이 서서 의식을 돕고 있다. 춤꾼들은 중간 중간 무거운 중저음의 목소리로 독송을 한다. 그것이 어떤 내용인지는 삼툭도 모르고 있다. 이것은 승가僧伽에서 독점하여 행하는 의식이고, 티베트 불교에서 승가의 의식 내용은 일반 대중이 잘 알지 못한다.

**로만탕 성문 밖에 있는 초르텐들.**

춤꾼들은 위엄을 갖춘 복장으로 마치 무슨 진을 펼치듯이 춤을 추고 있다. 이런 광경을 보기는 처음이다. 동작이 쉬워 보여도 이 정도의 공력을 지니려면 오랜 기간 연마해야 한다. 이 춤꾼들은 동자승을 갓 벗어날 때부터 춤을 전수받기 시작해 30세 전후에야 무대에 설 수 있다고 한다. 적어도 15년 이상 수련을 쌓는 셈이다.

다음은 탈춤이다. 동물 머리 모양의 탈을 쓴 사람 둘이 나와서 마당을 돌며 춤을 춘다. 내가 이제까지 TV로 본 티베트 춤은 대부분 탈춤이었다. 지금 여기에 등장한 탈이 무엇을 상징하는지는 알 수 없으나, 티베트 탈춤인 참Cham은 모두 악마를 쫓아내는 의식이라고 보면 틀림없다. 쿰부의 텡보체 곰빠에서 하는 마니 림두Mani Rimdu 축제 때의 티베트 탈춤도 악마를 쫓는 내용이다. 이곳의 탈춤도 같은 의미일 것이다.

두 시간 동안 구경한 뒤에 우리는 밖으로 나왔다. 날은 덥고 바람이 부는데다 계속 서서 보자니 그것도 힘들었다. 특별히 이 축제를 보러 온 것도 아니어서 두 시간 참관으로 만족했다. 오늘도 로만탕에서 묵는다면 달리 할 일이 없으니 계속 관람하겠지만, 오늘 밤은 남걀에서 묵기로 했으므로 그곳으로 가야 한다. 주방 팀과 포터는 텐트를 거두어 먼저 출발했고, 우리는 삼툭과 함께 길을 나섰다.

로만탕 출입문을 나오니, 왼쪽으로 오래되어 칠이 벗겨진 초르텐 세 기가 성벽과 나란히 서 있다. 성문 밖 오른쪽에는 체크포스트, 마을발전위원회(VDC) 건물이 있다. 가장 인상 깊은 것은 로만탕 성벽의 동북쪽 끝에 수문장처럼 우뚝 서 있는 두 기의 초르텐이다. 무스탕의 다른 초르텐들과 마찬가지로 대좌 위에 둥근 복발覆鉢(탑 윗부분에 발우를 엎은 것처럼 생긴 부분)을 얹은 모양인데, 규모도 크거니와 황량한 산들과 파란 하늘을 배경으로 서 있는 모습이 장중하고 위엄 있다.

로만탕 성문 밖에 있는 초르텐.

## 남걀

로만탕 성벽 북쪽에는 틴카르 쪽에서 남걀을 거쳐 내려오는 지류 계곡이 있다. 이 계곡은 티베트 국경 쪽에서 내려오는 초사르 계곡과 로만탕 동쪽에서 만난다. 이 지류 계곡은 물은 적지만 강폭이 넓은데, 남걀로 가는 길은 이 계곡 아래로 비스듬히 나 있다.

계곡 아래로 내려가니 제법 큰 나무들이 듬성듬성 있고, 20여 채의 집들이 흩어져 있다. 이곳은 무스탕에서 가장 하층계급이 사는 곳이다. 주로 대장장이와 방앗간 일을 하는 사람들로 티베트족과 뿌리가 같은 민족인데도 별도로 취급되어 가라족Garas으로 불린다. 무스탕에는 또 백정 계급이 있는데 이들은 솀바족shembas으로 불린다. 계급제도에서 비교적 자유로운 무스탕이지만, 이들은 로만탕 성내에서 살 수 없다고 한다.

계곡을 건너 뒤를 돌아보니 구름 사이로 비친 햇살에 로만탕의 윤곽이 뚜렷하다. 잠파 곰빠, 툽첸 곰빠, 왕궁이 성벽 위로 보이고 아까 지나온 성벽 끝의 큰 초르텐들과 옛날 감시탑으로 쓰였던 성벽 모서리의 돌출부가 잘 보인다. 이제 다시 성내로 들어갈 일은 없다. 단 하루를 머물렀지만 로만탕은 강렬한 인상으로 우리를 사로잡았다. 마치 중세의 역사 속으로, 찬란했던 당시의 불교문화 속으로 잠시 들어갔다 나온 기분이다. 이것은 설산 지역 트레킹을 할 때와는 또 다른 경험이다. 잠시 로만탕을 바라본 뒤 발길을 재촉한다. 아직도 성내의 축제 현장에서 들려오는 아련한 나팔 소리와 북소리가 기원의 평원에 울려 퍼진다.

넓은 고원을 걷는다. 먼 앞쪽으로 티베트와 국경을 이루는 산들이 햇빛을 받아 빛나고 있다. 거센 바람이 고원의 허허로운 분위기를 한껏 고조시킨다. 남걀까지는 40분이 걸렸다.

남걀은 무스탕에서도 아주 독특한 마을이다. 물이 흐르는 계곡 주변이 아니라 풀 한 포기 없는 메마른 고원 위의 마을이다. 로만탕도 그런 면에서는 비슷하지만, 그곳은 처음부터 계획도시였고 바로 아래가 계곡이어서 물을 길어 나르기가 그리 어렵지 않다. 지금은 틴카르 위쪽 계곡에 수도관을 연결해 성 안으로 물을 끌어들여 쓴다.

20여 가구로 이루어진 남걀도 지금은 물을 끌어다 쓰고 있다. 그러나 자연부락이 처음부터 바람이 거센 고원에 들어선 것은 보기 드문 일이다. 아래 계곡이 한참 먼데, 그곳에서 물을 길어 먹을 때는 얼마나 고생스러웠겠는가. 계곡까지는 맨몸으로 오르내리기도 힘든 가파르고 긴 비탈길이다. 처음에 도착했을 때는 이곳이 남걀 마을인 줄 몰랐다. 그저 가축을 방목할 때 쓰는 오두막들이 모여 있는 줄 알았다.

마을 전체의 건조한 분위기는 군더더기 없는 선화禪畵를 보는 것 같다. 초록빛 물체라고는 어디에도 보이지 않는 메마른 땅이다. 가까이 있는 왼편 작은 언덕 위에 남걀 곰빠가 있고 오른쪽으로 요새 두 개가 나란히 보인다. 앞의 것은 낮은 언덕 꼭대기에 있고 뒤의 것은 로만탕 근처에서 제일 높은 언덕 꼭대기에 있는데 바로 케처종이다. 삼툭은 어릴 때 그곳에 자주 올라갔다고 한다. 이곳에는 아이들이 딱히 놀 만한 곳이 없다. 당연히 저런 요새가 좋은 놀이터였을 것이다.

야영지는 마을 끝 절벽 바로 못미처에 있다. 사유지임을 알리는 돌담이 빙 둘러 있는 땅이다. 스태프들이 텐트를 치느라 분주하다. 이들도 오늘은 여유가 있어 로만탕에서 축제를 구경했다. 남걀에서 캠핑하는 팀으로는 우리가 처음이다. 대개는 로만탕에 머물면서 북쪽 계곡으로 조랑말 투어를 하고 다시 로만탕으로 돌아간다. 삼툭이 안내한 팀들 중 몇 팀이 남걀에 머물기는 했지만 모두 삼툭의 형님 댁에서 잤다고 한다.

무스탕의 오후 바람은 언제나 거침이 없다. 고지대인 남걀(3,885m)에서는 말할 것도 없다. 텐트가 세워질 때까지 라주의 집, 그러니까 삼툭의 형님 댁으로 가서 차를 마시기로 했다. 사나운 개가 맹렬히 짖어대는 바람에 잠시 머뭇거리고 있자니 라주가 와서 개를 잡아준다. 티베트 맹견Tibetan mastiff은 사납기로 유명하다.

　이층 거실에는 라주의 어머니와 삼툭의 여동생이 기다리고 있다. 여동생은 남걀 위쪽으로 1시간 거리에 있는 틴카르에 살고 있다고 한다. 삼툭이 온다는 소식을 듣고 내려온 것이다. 삼툭의 형님은 로만탕에 축제 구경 가서 아직 돌아오지 않았다. 거실 가운데 무쇠 난로가 있다. 몇 년 전 삼툭이 포카라에서 가져온 이 집의 보물이다. 여러 가지 차를 내왔으나 직접 기르는 소에서 짠 우유를 끓인 것이 맛있어 여러 잔 마셨다. 무스탕이 고향인 삼툭을 가이드로 둔 덕분에 이런 현지인들의 집을 방문하여 생생한 현지 문화를 체험하는 호사를 누린다.

　야영지로 돌아오니 모처럼의 구경거리를 만난 먼지투성이 동네 꼬마들이 우르르 몰려와 있다. 오랜만에 샤워를 하고 밖으로 나왔다. 마을 북쪽 벌판으로 나가 멀리 로만탕 성벽과 그 뒤의 잿빛 산들, 그리고 오른쪽으로 멀리 안나푸르나 연봉을 바라본다. 로만탕보다 100미터 정도 더 높고 벌판이라 전망이 좋다. 날이 저물기 시작하자 사람들이 양과 염소를 몰고 집으로 돌아온다. 사람도 짐승도 햇볕과 바람과 먼지 속에서 고단한 하루를 보냈을 것이다. 그래도 해 질 녘의 이런 풍경은 목가적이고 평화롭다.

　처음으로 식당 텐트를 설치했다. 로만탕까지는 캠프장의 찻집 식당을 이용했지만 이 마을에는 찻집이 따로 없다. 어두워지려 할 때 저녁 식사가 나왔다. 텐트가 바람에 너무 심하게 펄럭여 날아갈 것 같은데도 스태프들은 아무 일도 아니라는 듯 태연하다. 무스탕 순례 일정도 이제 절반이 지나고 있다.

　남걀의 하늘은 넓다. 주변 산들이 높지 않아 시야가 360도로 트였다. 혹시나 해서 밤을 기대했는데 기대한 대로였다. 온 하늘에 찬란한 별들의 잔치가 벌어졌다. 이렇게 넓은 하늘은 사막이나 대초원이 아니면 만나기 어렵다. 이곳은 고도가 높아 사막보다 별들이 훨씬 선명하게 보인다. 4천 고지에 가까운 곳이라 대기의 밀도가 평지의 60퍼센트에 불과하다. 대기가 엷은 데다 대기 오염물질이 없어 더욱 밝은 별들을 볼 수 있다.

　북쪽 하늘의 북두칠성을 살핀다. 국자 모양의 자루 부분 끝에서 두 번째인 미자르Mizar 옆의 작은 별 알코르Alcor까지 잘 보인다. 로마시대에 군인 선발을 위한 시력검사 때 알코르가 보이면 합격이었다고 한다. 대기가 맑았던 당시에는 보통의 건강한 시력이면 충분히 볼 수 있었을 거라고 하지만, 지금은 이런 곳이 아니면 맨눈으로 보기 어렵다.

　알코르 별을 맨눈으로 본 것은 이번이 두 번째다. 2002년 봄, 안나푸르나 베이스캠프(4,130m)에서 처음 보았다. 그리고 지금 이곳 무스탕, 티베트 고원의 황량한 벌판에서 보고 있다. 출발하기 전 도상연습에서는 12일째 묵을 장소인 빠Pa에서 별들의 잔치를 기대했다. 남갸라의 하늘이 이렇게 열려 있는 줄은 몰랐다.

　아쉽게도 몬순의 영향으로 서쪽 하늘에서 구름이 몰려오더니 빠르게 하늘을 덮기 시작한다. 그래도 30분 동안이나 별들과 어울렸으니 불만은 없다. 텐트로 들어와 잠을 청한다. 남갸라 곰빠의 나팔 소리가 밤하늘에 울려 퍼진다. 바람은 좀 잦아들었다. 멀리서 개 짓는 소리와 소 방울 소리가 아련히 들려온다.

## 12. 남걀 곰빠의 동자승들

　어제는 별로 걷지 않고 푹 쉬었는데도 자고 일어나니 몸이 개운하지 않다. 피로가 누적된 탓인가 보다. 마을 사람들은 이른 아침부터 염소와 양을 몰고 들판으로 나가고 있다. 가축의 먹이는 야생에서 얻는데, 겨울에는 밭농사에서 나오는 건초더미를 보관했다가 먹인다.
　무스탕 남자들은 전통적으로 세 가지 직업을 가진다고 한다. 봄에는 농사를 짓는 농부가 되고 여름이면 가축을 몰고 목초지에서 생활하는 유목민이 된다. 그리고 겨울이면 티베트와 인도를 오가는 무역상이 된다. 예전에는 네팔이나 인도보다는 티베트 쪽으로 많이 다녔다고 한다. 그쪽이 무스탕과 비슷한 환경이어서 적응하기 쉽기 때문이다. 네팔이나 인도 쪽으로 내려가면 이른바 '저산병'을 겪기도 한다. 설사와 이질이 그것이다. 무스탕은 건조한 기후여서 박테리아 감염이 적은 지역이다. 저지대는 습해서 박테리아 번식이 왕성하므로 고지대에서 내려온 사람들은 면역력이 약해 질병에 쉽게 감염된다. 그래서 티베트어로 '설사'라는 말은 '인도로 가다'는 말과 같은 뜻이다. 티베트의 순례자들 중 많은 사람들이 인도의 성지에서 이 '거룩한' 병에 걸려 죽었다고 한다.
　무스탕 사람들은 먼 옛날부터 국제 무역에 종사하여 외국 출입이 잦았

남갈 곰빠.

다. 물론 남자들에게만 해당되는 말이다. 여자와 아이들, 노인들은 겨울에도 집을 떠나지 않는다. 요즘은 그렇지 않겠지만 옛날 무스탕 여자들은 대부분 무스탕을 벗어나는 일이 없었다고 한다. 그래도 남편이나 아들로부터 늘 생생한 외국 소식을 들었다. 페셀은 《무스탕》 책에서, 이런 생활방식으로 인해 무스탕 사람들은 아시아의 다른 오지 사람들과는 달리 늘 열린 마음을 가지고 있다고 말했다.

 오늘은 로만탕 북쪽 계곡을 돌아보는 날이다. 이곳은 무스탕과 티베트의 국경지대이다. 그리고 깔리 간다키 강의 발원지이기도 하다. 먼저 마을 서쪽 언덕에 있는 남갈 곰빠부터 방문한다.
 남갈 곰빠는 '승리의 사원'이란 뜻이다. 곰빠는 마을에서 가까운 서쪽 언덕 위에 위치하고 있다. 로만탕의 초에디 곰빠처럼 사원 본래의 기능이 활발한 곰빠이며, 승려수는 계절에 따라 변동이 심하지만 대략 7~80명 정도

**남갈 곰빠 안마당의 동자승들.**

된다고 한다. 이 절 역시 하나의 성채처럼 보인다. 주지 스님이 절 앞에 나와 있어 삼툭의 소개로 인사를 나누었다. 마당 가운데 2층 법당으로 오르는 계단이 있고 좌우로 승방이 붙어 있는 전형적인 티베트 곰빠 형태이다.

이 절은 18세기 중반에 창건되었다. 사꺄파의 지파인 고르파의 창시자 고르첸 꿍가 스님은 15세기 전반에 로에 와서 6개의 곰빠를 창건했다. 로만탕의 잠파와 툽첸 곰빠, 짜랑과 길링의 곰빠 그리고 케처종 아래의 곰빠와 남돌 곰빠였다. 앞의 넷은 지금도 남아 있지만 뒤의 둘은 없어졌다. 케처종 아래 곰빠는 불이 나 없어졌고, 남돌 곰빠는 지진으로 물길이 바뀌는 바람에 물에 잠겨버렸다. 모두 18세기 초반에 일어난 일이다. 초에디 곰빠와 남갤 곰빠는 그 두 곰빠를 대신해서 새로 지은 곰빠다.

이 곰빠는 한쪽이 수직 절벽인 불안정한 언덕 꼭대기에 있어 늘 풍화작용의 영향을 받는다. 원래는 지금의 자리보다 더 뒤에 있었는데 뒤쪽 절벽이 조금씩 무너져 내려 지금의 자리로 옮겨 지었다고 한다. 그러고도 100년

이 넘었으나 무스탕에서 100년 된 건물은 그리 오래된 축에 들지도 않는다. 흙벽돌과 나무로 지은 로만탕의 건축물들은, 간간이 보수는 했겠지만 600년의 세월이 흐르도록 아직도 옛 모습을 지니고 있다.

　법당에 들어가 불전에 참배했다. 좌우의 벽화는 수많은 성취자들과 신들이 다섯 선정불禪定佛을 에워싸고 있는 장엄한 불국토의 세계를 보여주고 있다. 법당에서 나와 곰빠 지붕으로 올라갔다. 지붕에서 바라보는 풍광도 시원하다. 안내를 해 준 주지 스님과 함께 기념사진을 찍고 마당으로 내려오니 동자승들이 아침 조회를 하고 있다. 우리가 왔을 때부터 관심을 가지고 졸졸 따라다니던 녀석들이다.
　이럴 줄 알았으면 학용품이라도 좀 가져올 걸 그랬다. 이곳에 동자승들을 가르치는 사원학교가 있다는 사실은 알고 있었으나 무스탕 여행 전체에 신경 쓰느라 짐을 줄이려고 하다 보니 그것은 미처 준비하지 못했다. 하다못해 큼지막한 사탕 한 봉지라도 가져왔어야 했다.
　여기 동자승들은 말이 '승'이지 절에서 키우는 아이들이나 마찬가지다. 정식으로 계戒를 받으려면 15세는 넘어야 한다. 그때까지는 승복도 없이 그저 승복색에 가까운 운동복을 입고 있다. 초에디 곰빠와 달리 5~10세 정도의 아이들이 대부분이다. 반장이 앞에 서고 나머지 아이들은 세 줄로 서서 합장을 한 채 노래를 부른다. 아직 어린아이들이라 방문객들에 대한 호기심을 누르지 못하고 자꾸 고개를 돌린다.

### 강제 출가와 일처 다부제

　티베트의 가정에서는 장남에게 가업을 잇게 하고 차남은 무조건 출가시키는 전통이 있다. 일종의 '강제 출가'이다. 우리의 가이드 삼툭 라마도 차남이었기 때문에 어려서 이 남걀 곰빠에 출가했다. 그러나 어느 정도 시간이 지난 뒤에는 절에서 나와 재가자로 사는 삶을 선택할 자유가 주어진다. 삼툭도 그래서 절을 나와 결혼한 것이다.

이런 제도는 티베트의 혹독한 자연환경에서 생겨난 생존 차원의 풍습이라고 할 수 있다. 티베트는 땅은 넓지만 불모지가 많고 경작지는 적다. 이런 상황에서 자식들의 분가는 재산의 분할을 의미한다. 얼마 되지 않는 경작지를 나누게 되면 생존 자체가 어려워진다. 그래서 둘째는 무조건 출가시키고 나머지 형제들은 큰형과 아내를 공유하는 제도가 생겨났다. 형제가 넷인 집이라면 둘째를 제외한 세 형제는 한 아내를 두는 셈이다. 재산 분할을 할 필요가 없으니 집안의 재산이 줄어들지 않는다. 세 남자에 한 여자의 결합이니 세 남자와 세 여자의 결합보다 아이들의 수가 훨씬 적을 것이므로 인구 억제에도 효과적이다. 아이들은 모두 장남의 자식으로 간주된다. 그래서 아이들은 그 장남만 아버지라고 부르고 나머지 형제들을 삼촌으로 부른다.

또 분가를 하지 않더라도 일부일처의 형태로 형제들이 한 집에 산다면 가족간 분란이 일어날 수 있다. 그러므로 티베트의 일처다부제一妻多夫制는 그들로서는 합리적인 생존 방식이었다고 할 수 있다. 일처다부제의 원시 모계사회가 그랬듯이 티베트도 옛날부터 여성의 지위가 높은 편이었다. 그러나 근대화의 물결이 밀려들어온 지금은 사정이 달라져, 일처다부제는 티베트에서도 아주 시골이 아니면 찾아보기 힘들다고 한다. 무스탕도 마찬가지다. 젊은층에서는 이미 일부일처제가 보편화되어 있다.

그런데 티베트의 일처다부 풍습에서 한 가지 의문이 생긴다. 남녀의 성비가 비슷하다면 결혼 못한 여성들이 남아돌지 않겠는가 하는 점이다. 여성 출가자가 있기는 해도 남성 출가자보다는 훨씬 적다. 결국 성비에서 남자의 비율이 항상 많다는, 자연법칙에 반하는 현상 외에는 설명이 어렵다. 티베트학자인 R. A. 슈타인은 왕족과 귀족은 예외적으로 일부다처제를 허용하여 여성들이 남아도는 현상을 희석시키는 효과가 있었다고 하지만, 그 효과는 그리 크지 않았을 것으로 보인다.

곰빠 앞마당에는 태양열 조리기가 하나 있다. 남걀 마을 집집마다 지붕에 이것이 하나씩 설치되어 있다. 독일 사람들이 설치해 주었다는 이 장치는 설치비가 우리 돈 30만원 정도라고 한다. 그러나 이것으로 할 수 있는 일이란 고작 물을 끓이는 정도여서 큰 도움은 되지 못한다. 무스탕은 나무가 귀한 곳이라 조리용 연료는 가축의 마른 배설물을 이용한다.

주지 스님의 초대로 주지실로 가서 환영의 카타를 받고 차를 대접받았다. 그는 48세로 남걀 마을 출신인데 인도에서 공부하고 싱가포르에도 머문 적이 있었다고 한다. 그는 나름대로 낡은 곰빠 건물을 보수하기 위한 공사를 벌이고 있었다. 우리는 스님에게 적으나마 시주금을 내놓았.

무스탕을 여행하면서 낡고 퇴락해가는 곰빠나 초르텐이 그대로 방치되어 있는 것을 많이 보았다. 주민들의 살림이 넉넉하다면 신심 있는 사람들이라 벌써 수리를 했겠지만 그럴 형편이 안 되니 어쩔 수 없다. 백여 년 전까지만 해도 티베트와 인도와 교역이 왕성했기 때문에 살림이 넉넉해 지속적인 보수가 가능했다.

법당 옆에 있는 곤캉까지 들렀다 내려오니 2층에서 수업을 하고 있었다. 가장 어린 유치부 아이 네 명은 교실도 없이 복도에 설치된 흑판에 알파벳 차트를 붙여놓고 A, B, C를 공부하고 있다. 한 아이가 나와 막대기로 차트의 알파벳을 짚으면서 선창하면 다른 아이들이 복창하는 방식이다. 그것을 교대로 하고 있다. 책걸상도 없이 바닥에 방석을 깔고 앉았지만 목소리와 표정만큼은 밝다. 우리가 지나가자 우리를 쳐다보랴, ABC 따라하랴 고개가 좌우로 바쁘게 움직인다. 안쪽에는 초등학교 또래의 아이들 열댓 명이 옹기종기 모여 선생 스님의 가르침을 받고 있다. 그곳은 법당이 교실을 겸

**유치부 동자승들의 영어 수업.**

하고 있다. 역시 책걸상은 없고 맨바닥이며, 천장에서 내려오는 햇빛이 유일한 조명이다. 흑판에 티베트어와 영어가 나란히 쓰여 있는 것으로 보아 영어 시간이다. 교재는 선생님만 가지고 있을 뿐 학생들은 맨손이다. 받아쓸 노트도 없다.

이런 주먹구구식 수업으로 교육이 제대로 될지 의심스럽다. 다음에 네팔에 오면 남걀 아이들을 위한 학용품을 사서 삼툭 편에 보내야겠다는 생각을 했다. 법당 교실 오른쪽 구석에는 큰 의자가 하나 있는데, 그 위에는 남걀 곰빠의 보물인 신성한 무쇠솥이 모셔져 있다. 전설에 의하면 이 솥은 겔룩파의 창시자인 쫑까빠 스님이 가지고 왔다고 한다.

### 삼둘링

마을에 내려오니 라주가 말과 함께 기다리고 있다. 길링에서 로만탕까지 타고 왔던 말들을 이번에는 한 마리당 500루피에 정식으로 임대했다. 남걀에서 시작하여 시계 방향으로 한 바퀴 돌아 다시 남걀로 돌아오는 하루 일정이다. 이틀간 힘을 쓴 늙은 '로시난테'는 삼툭이 타기로 하고 나는 새로 데려온 제법 건장한 백마를 탔다. 라주가 견마잡이로 동행했지만 이제는 우리도 말 타기에 익숙해졌기 때문에 고삐는 잡지 않고 따라다니기만 했다.

말을 타고 급경사 계곡으로 내려가니 라주의 여동생이 빨래를 하고 있다. 아침에 그동안 빨지 못한 우리들 옷가지를 빨아달라고 부탁했다. 계곡 물이 좋으니 빨아서 바위에 널면 뜨거운 햇볕에 금방 마를 것이다. 수량은 그저 개울물 수준이다. 나중에 투어를 마치고 돌아와 라주에게 품삯으로 300루피를 주었다. 받지 않겠다고 극구 사양했지만, "라주, 자네한테 주는 게 아니라 자네 누이에게 주는 거야."라는 말로 달래어 겨우 주었다. 그런데 깨끗이 세탁한 바지가 하루도 지나기 전에 다시 먼지를 잔뜩 덮어쓰고 말았다.

북쪽 빙하에서 바로 내려오는 이곳 로만탕 계류는 해뜨기 전에는 맑고 적은 양의 물이 흐르다가 해가 뜨고 기온이 올라가기 시작하면 수량이 많아지고 점점 탁해진다. 그리고 해가 지면 다시 수량이 줄고 맑아지는 과정이 반복된다. 깔리 간다키 강바람이 언제나 같은 시간에 변함없이 불듯 이곳 계류도 매일 같은 현상을 반복한다.

말을 타고 가면 물길도 자갈길도 문제가 없다. 거침없이 오프로드를 달리는 서스펜션(현가장치) 높은 지프차를 탄 기분이다. 아침부터 햇살이 뜨겁다. 제일 먼저 나타난 것은 두 개의 폐요새지. 삼툭은 뵌교 사원으로 쓰던 건물터라고 했는데 나중에 페셀의 책을 보니 이곳 역시 요새터라고 했다. 실제로 지도에도 라리종Lhari Dzong으로 나와 있다. 아마 요새터를 후대에 뵌교 사원으로 쓴 것 같다.

페셀은 또 이 부근의 순례지로 동굴 수행처가 있는 삼둘링Samduling에 대해 이야기하고 있다. 삼둘링은 냠갈 서쪽 6킬로미터 지점에 있다. 페셀의 책을 미리 보았으면 삼둘링도 일정에 넣었겠지만 네팔에 도착한 뒤에 읽기 시작했기 때문에 차분히 살필 겨를이 없었다. 매일 고단한 운행을 마치고 헤드랜턴 불빛으로 깨알 같은 글씨를 읽기란 쉽지 않다.

사실 삼툭이 우리가 관심 가질 만한 장소들을 잘 헤아려 미리 일러주면 좋은데, 그것까지 기대하는 것은 무리인지도 모른다. 그는 영어를 잘 모르니 외국인들이 무스탕에 관해 쓴 정보를 읽을 수 없다. 무스탕 사람들 중에

**냠갈 마을과 곰빠. 마을 오른쪽 공터가 우리의 야영지이다. 마을 앞쪽에는 염소떼, 뒤쪽에는 초르텐과 마니월이 보인다.**

남갈의 아이들.

서 영어 원서를 볼 정도의 실력이 있는 사람은 많지 않을 듯하다. 영어를 읽어 내려면 카트만두나 포카라에서 대학 교육을 받아야 하는데, 왕족이나 귀족이 아닌 한 그럴 경제력이 없다. 또 딱히 그럴 필요성도 없다. 무역 일이나 사업을 하는 데는 간단한 회화 정도만 익히면 충분하다.

 삼둘링은 일반 여행자들에게는 큰 의미가 없겠지만 순례자들에게는 빼놓을 수 없는 곳 중의 하나라고 할 수 있다. 삼툭의 말로는 그 주변은 초지가 많아 사람들이 염소 떼를 몰고 자주 가는 곳이며, 자신도 도시로 나오기 전에는 거기로 곧잘 염소를 몰고 갔다고 한다. 그는 삼둘링 곰빠와 계곡 건너 동굴 사원도 잘 알고 있었다. 어쨌든 삼둘링은 형세가 그리 험하지 않은 곳이다. 남갈에서 도시락을 준비해 말을 타고 간다면 소풍 가는 기분으로 방문할 수 있을 것이다.

 1964년 5월, 로만탕에 머물고 있던 페셀은 일행 두 명과 함께 삼둘링의 곰빠와 한 비구니 스님이 수행했던 동굴을 찾아갔다. 삼둘링의 곰빠는 무스탕에서 유일한 까규파 사원이다. 이 곰빠는 근처 계곡 절벽의 동굴에서 수행했던 아니 뻬모 Ani Pemo 비구니 스님이 입적한 뒤에 세워졌다고 한다. 전해오는 이야기로 아니 뻬모 스님은 수행하면서 음식 대용으로 돌만 먹었고 11일에 한 번씩 보리 한 알을 먹었다고 하는데, 대단한 도인이었음이 분명하다. 페셀은 삼둘링 곰빠를 나와서 깊은 골짜기를 내려간 다음 건너편으로 올라가 그 동굴을 찾아갔다. 그의 기록은 이렇다.

헐벗은 절벽 아래에는 나무를 통째로 깎아 만든 사다리가 놓여 있었다. 우리는 계단을 올라 작고 낮은 동굴로 들어갔다. 그곳에는 다른 사다리가 있어 좁은 통로를

**남갈 곰빠 스님들과 동자승들. 앞줄 왼쪽은 백산 스님, 뒷줄 오른쪽은 삼툭이다.**

통해 작고 어두운 원형 동굴로 이어졌고, 그 동굴에서부터 세 개의 회랑이 어디론가 뻗어 있었다. 이제 우리는 한 방 위에 다른 방이 있고 그 위에 또 다른 방이 있는, 서로 통하는 방들로 이루어진 하나의 인공적 지하 수도원에 들어왔음을 알았다. 주실主室은 넓었고, 장방형 복도는 절벽을 파내서 만들었는데 그 끝은 깊은 절벽 아래로 떨어지고 있었다. 주실 뒤쪽에는 나무살 장지문이 컴컴한 뒷방을 따로 구획하고 있었다. 뒷방에는 오래된 목제 제단과 침상 하나, 낮은 탁자들, 그리고 책들이 든 큰 나무 궤짝이 하나 있었다. 여기에서 아니 뻬모 스님은 명상과 함께 단식을 하며(돌을 먹은 것을 빼면) 살았던 것이다. 훗날 큰 비구니 공동체가 이 동굴에서 살았다. Michel Peissel, 앞의 책, p.190.

## 틴카르

남걀을 출발하여 넓은 강바닥을 40분쯤 지나 여름 왕궁이 있는 틴카르에 도착했다. 마을 입구에는 우리나라 시골 동네 어귀의 느티나무 같은 아름드리나무가 서 있다. 이렇게 높은 고도에 수백 년은 됨직한 나무가 있다는 것이 신기하다.

이곳 사람들은 나무를 자를 때 밑동을 자르지 않는다. 무스탕에는 자작나무같이 추운 지방에서 자라는 나무가 많다. 자작나무는 키가 아주 크게 자라는데 어느 정도 크면 2, 3미터 정도 높이에서 자른다. 그러면 그곳에서 다시 여러 개의 가지가 올라오고 그 가지들이 자라면 그것을 잘라 목재로 쓴다. 그래서 시간이 걸리기는 해도 한 나무에서 많은 목재를 얻을 수 있다. 그렇게 하는 광경을 길링에서 보았다.

어제 만난 삼툭의 여동생 집을 방문했다. 남편은 지금 한국에서 일하고 있어 시어머니와 둘이 살고 있다. 우리가 올 줄 알고 밀가루로 모양을 만들어 기름에 튀긴 티베트 과자와 차, 그리고 창을 준비해 놓았다. 티베트 사람들의 특이한 풍습 중 하나는 찾아온 손님에게 끊임없이 차나 창을 권하는

**틴카르 마을의 아름드리 나무.**

일이다. 늘 옆에서 대기하고 있다가 한 모금만 마셔도 잔을 채워준다. 그리고 계속 어서 마시라고 권한다. 익숙하지 않은 외국인들에게는 그것이 고역일 때도 있다. 그때는 정중히 사양하면 된다.

  티베트 막걸리인 창을 줄 때는 '행운이 깃들고 악귀는 물러가라'는 표시로 잔 끝에 야크 버터를 한 조각 붙여준다. 자크 페렝Jacques Perren 감독의 영화 〈히말라야〉를 보면, 둘째 아들 노르부가 죽은 형을 대신하여 아버지를 따라 야크 캐러밴을 떠나기 전에 어머니가 노르부의 머리에 야크 버터를 발라주는 장면이 나오는데, 그것도 같은 의미이다. 그리고 티베트 사람들은 창을 마시기 전에 오른손 약지에 술을 적셔 공중으로 세 번 튕긴다. 토지신에게 바치는 공양으로 우리의 고수레와 같다.

  삼툭의 동생에게 가지고 간 감기약을 한 통 주었다. 네팔의 어디나 다 그렇지만 이곳에서도 가장 귀한 것이 약품이다. 이런 오지를 여행할 때는 감기약, 진통제, 설사약, 소독약, 상처에 바르는 연고, 1회용 밴드 등을 반드시 가져가야 한다. 그리고 돌아올 때는 남겨오지 말고 현지인들에게 모두 주고 오는 것이 좋다. 우리야 언제든지 약국에서 구할 수 있지만 이곳 사람들은 돈도 없고, 있다 해도 약국까지 가려면 며칠을 걸어야 한다. 그래서 약품은 좋은 선물이 된다.

틴카르에는 또 삼툭의 처가가 있다. 이곳까지 와서 그냥 지나칠 수는 없는 일이다. 장인과 처남 가족들이 우리를 반갑게 맞이한다. 딸이 많은 집이다. 여기서도 부담스러울 정도로 많은 차 대접을 받았다. 남걀 곰빠에서 환속한 청년 삼툭과 틴카르의 처녀는 서로 마음이 맞아 결혼했다. 연애결혼이었다. 무스탕에는 중매결혼이 없다.

옛날부터 무스탕은 남녀 교제가 자유로운 곳이었다. 그리고 결혼 상대자의 선택권은 처녀에게 있다. 총각이 구혼을 하면 승낙과 거절은 전적으로 처녀가 결정한다. 처녀의 부모는 그 결정을 따른다. 부모의 반대로 남녀가 결혼을 못하는 일은 없다. 이 점에서 무스탕 사람들은 세계 어느 나라도 따라올 수 없는 진보적인 결혼 관념을 가지고 있다고 할 수 있다.

다시 말을 타고 북쪽으로 황량한 고원 길을 간다. 한 무리의 아이들과 아주머니들이 앞서 가고 있다. 우리가 천천히 추월하며 "타시델레!" 라고 하니 밝은 목소리로 "타시델레!" 하고 화답한다. 뭐가 그리 즐거운지 신나게 웃는다. 웃음은 이들의 천성 같다. 무스탕에 와서 화난 얼굴을 한 사람을 보지 못했다. 페셀도 42년 전에 그것을 알았다. 어느 날 그는 무스탕에서 화를 내는 사람이 자기밖에 없다는 사실을 발견하고 당황했다. 오히려 상대방이 그에게 왜 대수롭지 않은 일로 화를 내느냐고 묻자, 그는 스스로 반성했다고 한다. 화를 내지 않고 늘 밝게 웃는 이들의 성품은 실로 존경할 만하다. 이들은 어제 축제를 구경하고 아침에 돌아오는 길이라고 한다. 우리가 막 능선으로 오르는데 그들은 왼쪽 길로 빠져 나간다. 마을이 그쪽이다. 잠깐 동안이지만 같이 가다가 헤어지니 왠지 섭섭하다. 선량하고 순박한 사람들을 만나면 그냥 즐겁기 때문일까. 슬슬 뒷바람이 불기 시작했다.

# 13. 바람 부는 광야

　네팔 트레킹을 위해서는 모자를 두 개 준비해야 한다. 하나는 햇볕이 뜨거운 낮 운행 때 쓰는 챙이 넓은 것이고, 또 하나는 운행이 끝난 후 보온을 위해 쓰는 고소모자다. 고소용 모자는 빵모자든 챙이 달린 것이든 상관없지만, 운행용 모자는 챙이 넓어야 하고 끈이 달려 있어야 한다. 특히 바람이 강한 깔리 간다키 계곡을 지나는 안나푸르나 일주나 좀솜 트레킹, 무스탕 트레킹에서는 모자에 끈이 없으면 곤란하다. 또 트레킹 때는 반드시 선글라스를 끼고 선크림을 부지런히 발라야 한다. 강렬한 히말라야의 햇빛은 강한 자외선을 방출하기 때문이다.
　능선을 오를 줄 알았더니 언덕 앞에서 완만한 구릉 사이로 넓은 길이 이어지고 이어서 툭 터진 강바닥이 나온다. 제법 수량이 많은 계류를 건너자 넓은 경작지가 펼쳐져 있다. 그곳에 언덕을 등지고 작은 마을이 있다. 북쪽 계곡 투어의 반환점 남돌Namdrol이다. 언덕 동쪽에서도 계류가 내려와 마을 앞에서 합류한다. 이 두 계류가 깔리 간다키 강의 원류이다.
　언덕 아래 초르텐이 하나 있고 그 옆에 곰빠가 있다. 이 마을은 집집마다 앞쪽에 엄청난 양의 바윗돌을 쌓아두었다. 아마 집 아래 흙이 무너지지 못하도록 축대용으로 쌓은 것 같다. 마을 주민 두어 명이 말발굽 소리를 듣고 우리에게 호기심 어린 시선을 보낸다.

언덕 위로 초르텐이 여러 기 보인다. 방치되어 있는 듯한 집도 여러 채인데, 빈집이라도 지붕 위에는 룽다가 펄럭인다. 밝은 노란색 돌이 많다. 황량한 벌판, 거센 바람, 앞에 펼쳐진 티베트 고원……. 절대 고독의 분위기가 물씬 풍기는 풍경이다. 페셀은 이곳의 느낌을 이렇게 쓰고 있다.

내게 남돌 마을은 무스탕에서 가장 시적인 장소로 느껴졌다. 중국이 점령한 티베트 땅 바로 앞의 마지막 보루인 이 작은 마을은 정녕 세계의 지붕에 위치하고 있다. 이 마을은 가파른 언덕 위에 형성되어 있는데, 언덕 꼭대기는 국경을 표시하는 큰 초르텐인 초르텐 마르코와 같은 높이이다.
나는 경계선으로 올라가 위대한 티베트 브라마푸트라 강을 내려다보고 중국인들을 바라보고 싶은 유혹을 느꼈지만, 그럴 만한 이유가 있어 마지막 900미터는 걸어가는 것을 자제했다. 나중에 나는 이 광경을 보기 위해 무스탕 안쪽으로 훨씬 들어간 한 봉우리에 올랐다. 마을보다 조금 더 위인 지점에서도 벌써 동서로 티베트가 멀리 내다보였고, 남쪽으로는 무스탕 전체가 내 발아래 놓여 있었다. 그 모습은 마치 어떤 화석화된 바다가 내가 서 있는 곳에서부터 좌우의 산맥들 사이로 쏟아져 내려가, 멀리 솟은 안나푸르나와 다울라기리 산군의 눈 덮인 흰 섬들에서 끝나는 것 같았다. 그 산들은 나와는 120킬로미터 이상 떨어져 있었지만 마치 내 아래에 있는 것처럼 보였다. 나는 일찍이 이렇게 전 세계의 위에 서서, 그 절반이 내 등 뒤로 경사를 이루며 티베트와 몽골로 이어지고 다른 절반은 내 앞으로 경사를 이루며 인도와 열대지방으로 이어지는 것을 본 적이 없다는 그런 느낌을 가졌다. Michel Peissel, 앞의 책, pp.215–6.

남돌에 삼툭의 고종사촌 여동생 집이 있어 그 집에 들어가 점심을 먹었다. 도시락은 아침에 주방에서 싸준 빵과 삶은 계란, 비스킷이다. 여동생이 버터 차와 밀크 차, 끓인 우유를 내왔다. 삼툭은 동생과 이야기하느라고 바쁘다. 삼툭은 이번에 우리 덕분에 친척들을 두루 만나고 다닌다. 일 년에 한두 번 고향을 찾을지 모르지만 외지에 사는 그가 일부러 이 먼 곳까지 올 일은 별로 없을 것이다.

로만탕 북쪽 계곡은 계곡이라기보다 넓은 벌판이라고 하는 것이 더 어울린다. 마을들도 벌판에 위치한다. 남쪽을 제외하면 모든 방향의 산들이 티베트와 국경을 이루고 있다. 남돌에서 국경까지는 12킬로미터 정도. 벌판은 경작지가 아니라 대부분 초지이며, 말과 염소 등을 방목하고 있다.

무스탕에서는 아직 야크를 보지 못했다. 쿰부와 랑탕에서는 흔한 것이 야크인데 말이다. 삼툭의 말로는, 야크는 마을 근처에 없고 멀리 산속으로

틴카르의 삼툭 여동생집. 시어머니와 여동생이 삼툭과 함께 있다.

몰고 가 방목한다고 한다. 여기도 원래는 야크가 많았으나 키우기가 더 쉽고 수요도 많은 양과 염소가 들어오자 같은 풀을 먹는 야크는 더 멀리, 더 높이 올라가게 되었다. 쿰부나 랑탕의 4천 고지는 눈바람이 매서워 추위에 강한 야크에게 유리하지만, 상대적으로 덜 추운 무스탕의 기후는 양과 염소에게 유리하다. 염소는 밤이 되면 우리로 들어온다. 야크는 들판에서 밤을 보내며, 눈이 와도 그대로 서서 눈을 맞는다.

### 가르푸와 니푸

다시 말에 올랐다. 이제부터는 동쪽으로 돌아 내려가는 길을 따라간다. 이 길로 로만탕까지는 8킬로미터 정도이다. 맞바람을 안고 간다. 넓은 자갈밭 계곡을 건너 길 어귀에 이르자 티베트로 넘어가는 완만한 산길이 보인다. 티베트로 가는 관문인 네충Nechung 마을로 가는 길이다. 저 길로 계속 오르면 예전 스벤 헤딘이 넘어온 꼬레 라Kore La가 나올 것이다. 산길은 길이 그런대로 닦여 있으나 이곳 계곡 바닥부터는 큰 돌과 자갈로 뒤덮여 있어 길이 험하다. 1998년 〈미국 히말라야재단〉이 툽첸 곰빠를 보수할 때 트럭 한 대가 티베트에서 목재를 싣고 이 길로 넘어왔는데, 이 트럭은 지금 로만탕 성벽 옆에 고장 난 채 방치되어 있다. 당시 로만탕 주민들이 임시로 닦은 길은 이 구간에서 차가 다닐 수 없을 정도로 무너져 버렸다. 차가 다니려면 도로를 새로 내야 한다. 지금도 티베트에서 트럭이 생필품을 싣고 이따금 산을 넘어온다고 하는데, 그런 차들은 아마 이 근처에서 짐을 내려놓고 돌아가야 할 것이다.

절벽에 동굴 거주지가 있는 니푸Nyphu 쪽으로 향했다. 제법 큰 마을인 가르푸Garphu가 먼저 나왔다. 페셀이 《몰라》를 얻은 곳이다. 당시에는 닝마파 스님들의 주거지였는데 지금은 일반 주민들이 살고 있다. 이곳의 곰빠는 닝마파에 속하는데 우리는 들어가지 않았다. 여기는 로게까르의 곰빠처럼

니푸의 동굴 곰빠.

빠드마삼바바를 본존으로 모시고 있다고 한다. 마을 앞 강바닥에 돌담이 있고 그 위에 독수리들이 많이 앉아 있다. 무스탕은 티베트와 마찬가지로 조장鳥葬을 하지만 산 위로 올라가서 하는 법인데 독수리들이 왜 나와 있는지 궁금하다.

  가르푸를 지나 왼쪽 작은 계곡을 따라 조금 오르니 니푸 마을이 나타났다. 또 다시 붉은 절벽들이 넘실댄다. 마치 닥마르의 붉은 절벽을 다시 보는 듯하다. 무채색의 주변 풍경과는 확연히 구별되는 붉은 사암 절벽이 계곡 양쪽에 높이 도열해 있다. 마을 뒤쪽 절벽에 곰빠가 있다. 절벽 안에 동굴을 파 법당을 만들고 바깥으로 건물을 세웠다. 그러나 현재 상주하는 스님은 없고 마을 사람들이 관리하고 있다.

  니푸 마을에서 건조한 계곡을 따라 300미터 정도 더 올라가면 오른편 위

종의 동굴 유적지.

로 평탄한 언덕이 나온다. 그 언덕 북쪽으로 높이 솟아 있는 절벽 중간에 선사지대 혈거 유적지가 있다. 종Jhong 동굴 유적지. 3층 높이에서 6층 높이 사이에 동굴이 많이 뚫려 있다. 마을 사람들이 흙으로 계단을 만들어 올라갈 수 있게 해 놓았다. 이곳은 직접 들어가 볼 수 있는 유일한 동굴 유적으로, 경관이 빼어나기 때문에 북쪽 계곡 투어를 하는 사람은 반드시 들르는 곳이다.

마을 아주머니 한 사람이 따라와 문을 열어주었다. 안으로 들어가니 서로 연결된 여러 개의 작은 돔형 방들이 있다. 첫 번째 큰 방에는 가재도구가 먼지를 뒤집어쓰고 있다. 내부는 5층이며 층간에는 작은 사다리들이 걸쳐 있다. 통로는 좁아 몸을 숙이고 지나가야 한다. 이곳의 방은 40개나 된다고 한다. 아주 오래 전 일이겠지만 한때 이 동쪽 초사르 계곡 사람들은 이 동굴

**니푸의 종 동굴 안에서 내려다본 풍경.**

종의 절벽 동굴 안에 방치된 옛날 거주민들의 생활 도구들.

에 모여 살았다고 한다. 절벽의 겉은 붉은데 속은 검다. 취사와 난방용 모닥불에서 나온 그을음 때문이다. 창으로 밖을 내다보니 멋진 계곡이 한 눈에 내려다보인다.

니푸에서 내려와 다시 로만탕으로 가는 큰길로 접어들었다. 광야라는 말이 실감 나는 곳이다. 연이어 작은 마을들이 나타난다. 멀리 앞쪽 스카이라인 위로 안나푸르나 산군 북면이 파노라마로 펼쳐져 있어 이곳이 히말라야 산맥의 일부임을 실감한다. 티베트의 남쪽 가장자리는 티베트 고원으로도 분류되지만 지리적으로는 히말라야에 속한다.

히말라야 산군은 파키스탄의 낭가파르밧 Nanga Parbat(8,125m)에서부터 동쪽의 티베트 동남쪽 남체바르와 Namche Barwa(7,782m)까지 2,400킬로미터에 이르며 폭은 250~300킬로미터 정도다. 히말라야는 지구상에서 가장 젊은 산맥 중의 하나로, 인도-호주판과 유라시아판이라는 두 지각판의 충돌로 인한 조산운동으로 형성되었다. 7천만 년 전부터 인도-호주판은 유라시아판 밑으로 파고들면서 히말라야를 밀어 올렸고, 지금도 매년 5센티미터씩 상승시키고 있다고 한다.

 길은 대체로 강을 따라 간다. 이 근처에서는 깔리 간다키를 캉 체라고 부르는 모양이다. 《무스탕, 만달라 여행》에 따르면, 여기서 강을 따라 로만탕 아래쪽으로 더 내려가다가 왼쪽으로 지류 계곡을 타고 올라가 사오 독뽀(사오 체)라는 또 다른 계곡을 올라가면 동굴 사원에 건물을 덧붙인 추종 곰빠 Chudzong Gompa가 있다. 이곳에는 원래 13~4세기에 창건된 까규파의 승원

**로만탕 북쪽 계곡 투어.**

로만탕의 근경. 성벽 안 왼쪽의 붉은 건물은 초에디 곰빠. 가운데 흰 건물은 왕궁, 오른쪽 붉은 건물들은 잠파 곰빠와 툽첸 곰빠이다.

이 있었으나 멸실되었고, 현재의 곰빠는 후대에 재건된 것이라고 한다. 그곳을 최초로 방문한 서양인은 오스트리아의 등반가 페터 아우프슈나이터이다. 그는 1963년에 로만탕 주변의 산들을 탐사하면서 이곳과 나중에 우리가 갈 루리 곰빠를 방문했다. 1992년에는 톰 레어드와 피터 매티슨도 이곳을 찾았는데, 매티슨은 이 곰빠를 '사오 곰빠' 라는 가칭으로 불렀다. 또한 그는 그 근처에서 '메티mehti', 곧 서양에서 예티yeti라고 부르는 설인의 발자국들을 발견했다고 이야기한다.

　추종 곰빠는 루리 곰빠와 마찬가지로 까규파의 지파인 둑파drukpa에 속한다. 이 곰빠에는 본당과 곤캉이 있는데, 주목할 만한 곳은 곤캉이다. 그곳에는 무서운 얼굴의 대흑천大黑天Mahakala을 비롯한 기괴한 형상의 수호존 소상들이 있고, 벽에는 각종 수호존들이 암융상으로 화려하게 그려져 있다고 한다. '얍윰yab-yum'은 남녀가 서로 포옹하고 있는 형상인데, 티베트 곰빠들의 벽화에서는 흔한 도상圖像이다.

우리는 이 추종 곰빠에 대해 알지 못했고, 설사 알았다 해도 방문할 시간적 여유는 없었다. 건기에 하상을 따라 간다고 해도 로만탕에서 왕복하는 데만 9시간은 족히 걸린다고 하니 말이다.

계류에 걸쳐진 나무다리를 건너 오른쪽의 완만한 비탈로 접어들었다. 산 꼭대기에 케처종 요새가 무스탕 전체를 굽어보고 있다. 터벅터벅 가고 있는데 멀리 뒤에서 말을 탄 한 사나이가 먼지를 일으키며 달려오더니 바람처럼 지나간다. 마치 영화의 한 장면 같다. 경사가 가파른 마지막 고개를 넘자 로만탕이 훤히 내려다보였다. 여기서 로만탕과 남걀로 가는 길이 갈린다. 로만탕은 바로 아래 계곡을 건너면 된다. 우리는 능선을 타고 가는 오른쪽 길로 방향을 틀었다.

### 다시 남걀에서

오후 3시 30분, 다시 남걀에 돌아왔다. 바람이 거세다. 텐트 속에 먼지가 많이 들어와 있다. 무스탕에서는 늘 먼지 속에서 지낼 각오를 해야 한다. 이곳의 먼지는 오염된 도시 먼지보다 덜 부담스럽다. 그러나 피부가 민감한 보명화 보살은 먼지를 힘들어한다.

나도 며칠 전부터 입술이 트기 시작했다. 건조한 날씨에 피로가 쌓인 탓이다. 그래서 히말라야 트레킹에서는 입술 연고도 필수품이다. 3일 동안 익숙하지 않은 말을 탔더니 엉덩이도 아프다. 말이 움직일 때마다 엉덩이가 안장에 쓸렸다. 그러나 이제는 그것도 행복한 추억이 될 것이다. 내일부터 우리가 갈 동쪽 사면은 말을 타고 가기 어려운 험한 곳이 많다.

잠시 쉬었다가 마을 뒤쪽 벌판으로 나섰다. 거센 바람을 맞으며 광야에서 있는 기분이 좋다. 설산 연봉이 잘 보이는 곳이니 더욱 좋다. 오늘은 케처종 앞의 낮은 요새지에 올라 보기로 계획하고 있었다. 케처종까지 오르면 좋겠지만 시간이 많이 걸릴 것 같아 그 정도에서 만족하기로 했다.

   요새지가 있는 작은 봉우리까지 강한 옆바람을 받으며 미끄러운 흙길을 기다시피 올라갔다. 생각보다 시간이 많이 걸리지 않아 20분 만에 도착했다. 고도는 3,945미터. 남걀보다 100미터 더 높아 전망이 훨씬 좋다. 이곳의 성벽은 흙벽돌로만 쌓은 것이다. 성벽이 많이 무너지기는 했지만 600년의 세월을 버티고 있는 것이 놀랍다.

   어둡기 전에 언덕을 내려왔다. 해가 지는 무스탕 마을들의 모습은 언제나 평화롭다. 오늘도 어김없이 들에 나가 염소를 먹이고 마을로 돌아오는 사람들이 보인다. 염소는 보통 한 집에서 열 마리 정도 기르는데, 여러 집에서 공동으로 고용한 몰이꾼이 한데 몰고 다닌다고 한다. 염소 100마리 정도를 단독으로 키우면 부잣집으로 통하지만 그런 집은 무스탕 전체에서도 그리 많지 않다고 한다.

   무스탕 사람들은 평균적으로 가난하지만 밥을 굶을 정도는 아니다. 농사와 목축으로 자급자족은 된다. 쌀이 나지 않아 쌀값이 비싼 것이 흠이다. 그래서 쌀밥을 자주 먹지 못하지만 구운 보릿가루를 버터 차에 버무려 먹는 참파가 주식이니 크게 문제되지는 않는다.

   무스탕에는 외지에서 전기가 들어오지 않는다. 그래서 전자제품도 없다. 다만 왕국의 수도인 로만탕은 작은 수력발전소를 가지고 있고, 위성 수신 안테나가 있는 것으로 보아 TV가 있는 것이 확실하다. 위성 TV 같은 사치품은 왕족이나 귀족 또는 부호가 아니면 소유하기 어렵다. 대부분의 집들은 지붕에 작은 집열판을 설치하여 거실에 절전형 형광등을 하나 쓰는 정도이다.

대체로 로바들Lobas(로족)은 큰 욕심 없이 작은 행복에 만족하는 사람들이다. 삼툭이 어렸을 때 자기 아버지는 가을 추수가 끝난 후 수확한 곡식 통에 들어간 곡식의 양이 가족들의 1년치 양식보다 30센티미터만 더 높아도 행복한 미소를 지었다고 한다. 그러나 이제는 시대가 바뀌어 편리한 공산품들이 들어오고 외국에 가서 돈을 벌어오는 사람도 생기다 보니, 여기도 행복의 척도가 서서히 돈으로 바뀌고 있을 듯하다. 느리게나마 자본주의의 물결은 이 산간오지에도 밀려오고 있다.

무스탕에서 새삼 발견하는 것은, 우리가 문명사회에서 매일 보고 듣는 광고가 전혀 없다는 사실이다. 자동차도 없고 기계를 돌리는 공장도 없으니 매연도 소음도 없다. 보이는 것은 산과 들이요, 들리는 것은 바람 소리이다. 또 깃발들이 바람에 펄럭이는 소리, 가축들의 방울 소리도 듣기 좋다. 오관이 매일 단순한 것만 보고 들으니 사람들의 마음도 단순하다.

### 창을 마시다

저녁은 각종 채소튀김이 나온 진수성찬이다. 오늘 하루 푹 쉰 주방장이 특식을 만들었다. 토마토 소스를 곁들인 칼국수가 맛이 좋아 두 그릇을 먹었다. 오늘도 어김없이 강풍이 천막을 뒤흔들었지만 나도 어느새 여기에 익숙해졌다. 맛있는 저녁을 먹고 있는데 라주가 자기 집에서 만든 막걸리 '창'을 한 병 들고 왔다. 우리는 식사가 끝난 뒤에 식당 텐트 안에 그대로 앉아서 모처럼 토속주를 마셨다. 도수 약한 부드러운 백포도주 같은, 지금까지 먹어 본 창 중 가장 맛있는 것이었다.

라주는 우리가 투어를 떠난 사이에 여동생이 손질해 두었던 마른 옷들을 건네주려고 아까 캠프로 왔는데, 보명화 보살의 텐트 앞에 가서는 "누님" 하고 불렀다. 백산 스님과 나는 그 소리에 웃음을 터뜨렸다. 만리타향에서 20대의 동생을 두게 된 53세의 누님도 싱글벙글했다. 네팔에서 연상의 여성을 부를 때 흔히 "디디"라고 한다. '언니' 또는 '누나' 라는 뜻이다. 라주가 한국에서 일할 때 아마 주변의 아주머니들이 "라주, 앞으로 나를 누님이라고 불러. 알았지?" 했으리라. 아줌마보다 누님이 더 듣고 싶은 호칭 아니겠는가! 라주 이 친구, 애교가 있다.

창을 맛보며 담소하고 있는데 삼툭이 들어왔다. 지금 동네회의가 열렸는데 우리를 초대한다고 했다. 회의 장소인 촌장집으로 갔더니, 거실에 20여 명의 마을 사람들이 모여 이야기를 나누고 있었다. 마을의 부잣집답게 거실이 크고 벽에는 8길상吉祥 무늬*까지 그려져 있다. 남걀 곰빠 주지 스님도 와 있다. 다들 일터에서 바로 왔는지 작업복 그대로다. 탁자가 놓여 있는 곳에는 창과 버터 차와 티베트 과자를 촌장 내외가 줄기차게 권하고 있지만, 탁자가 없는 곳에 있는 사람들에게는 아무것도 제공되지 않는다. 우리로서는 이해하기 어려운 모습이다.

남걀 마을에서는 계곡에 작은 수력발전소를 지으려 하고 있다. 총 예산이 우리 돈으로 3,500만원이었는데 네팔 정부에서 반을 보조해 준다고 해서 마을 부담은 1,750만원 정도였다. 20여 가구가 사는 이 가난한 동네에서 그 많은 돈이 나올 수 없다. 그 비용을 모금하기 위해 지난 2월 삼툭이 한국에 왔다. 그리고 그 금액을 초과하는 돈을 모금하는 데 성공했다. 서울의 모 사찰 주지 스님이 1천만 원을 희사했고, 〈야크존〉의 소식란을 본 나와 인연 있는 불자들도 500만 원가량을 모아 주었다. 삼툭과 함께 트레킹을 했던 사람들도 십시일반으로 성금을 보냈다.**

그래서 나는 이들이 우리에게 건설비를 모아준 데 대한 감사의 말을 하

---

*티베트 곰빠에서 흔히 사용되는 8가지 무늬. 보배 일산, 금빛 물고기, 보배 병, 백련화, 소라고둥, 만자(卍字) 결합 무늬, 승리의 당(幢) 그리고 금륜(金輪)이다.

**이 프로젝트는 이후 남걀 주변 마을에도 함께 전력을 공급하는 방향으로 규모가 커졌으며, 2007년 상반기부터는 〈한국독립PD협회(INDIEPD)〉가 맡아 적극 추진하고 있다. 공사는 2008년 초쯤 시작될 예정이며 공사 전 과정은 다큐멘터리로 제작된다.

남갈 마을회의에 모인 동네 사람들과 함께 찍었다.

려는 줄로 생각했다. 그러나 우리가 자리에 앉은 뒤에도 마을 사람들은 서로 이야기하느라 정신이 없다. 조용한 회의가 아니라 중구난방으로 떠든다. 우리는 완전히 꾸어다 놓은 보릿자루 신세였다. 계속 있어 봐야 의미가 없을 것 같아서 백산 스님과 보명화 보살을 먼저 가게 하고, 나는 마지못해 30분쯤 더 있다가 자리에서 일어났다.

내가 일어나자 앞서 두 사람이 일어났을 때와 마찬가지로 사람들이 토론을 멈추고 우르르 일어난다. 어떤 사람은 합장을 하고 어떤 사람은 존경의 표시로 내 손을 잡고 자기 머리에 댄다. 이들의 모습은 코미디 같기도 하고 동화 속의 풍경 같기도 하다. 나는 이들을 모두 모이게 하여 같이 기념사진을 찍었다. 이때는 모두 조용해졌다.

헤드랜턴으로 골목길을 비추며 돌아왔다. 넓고 넓은 무스탕의 밤하늘에서는 무수한 별들의 합창이 쏟아지는 듯했다. 윤동주의 시 〈별 헤는 밤〉을 떠올렸다.

13일의 허가 기간 중 오늘까지 7일이 지났고 이제 6일이 남았다. 내일부터는 돌아가는 길이다. 우리는 온 길로 돌아가지 않고 무스탕 계곡 동쪽 사면을 따라 테탕으로 내려간 뒤 계속 규 라를 넘어 묵티나트로 갈 것이다. 무스탕 방문자 열 명 중 세 명 정도만 택하는 외진 길이다. 6일이면 충분히 소화할 수 있는 구간이지만 우리가 체력이 떨어져 있어 조금 걱정이 된다. 지금까지보다 앞으로가 더 힘들 것이다. 그래도 로만탕과 북쪽 계곡까지 돌아보았으므로 뿌듯한 마음이 들었다.

## 14. 산 넘고 물 건너 동쪽 사면으로

    마을이 자주 나오는 서쪽과는 달리 동쪽 사면은 마을이 드물다. 동쪽에는 모두 일곱 마을이 있는데, 오늘 점심을 먹게 될 디가온 주변에 네 마을이 가까이 몰려 있다. 그러니 하향 길에서 우리가 머물 수 있는 곳은 선택의 여지가 별로 없다. 캠핑을 하려면 식수가 있어야 하므로 아무리 멀어도 마을이 있는 곳까지 가야 한다.

    오늘은 디가온을 지나 야라 마을까지 간다. 냠걀에서 디가온으로 가는 길은 로만탕을 지나 남북으로 길게 뻗은 거대한 산줄기를 넘는다. 이것은 폭 3.5킬로미터, 길이 11킬로미터에 이르는 거대한 산 덩어리인데, 건조한 계곡과 구릉들을 포함하고 있다. 가장 높은 봉우리는 5,000미터 가까이 되지만 3,800 고지의 냠걀에서는 그리 높지 않게 보인다. 산의 남쪽 끝은 짜랑콜라로 떨어지고 그곳에 짜랑이 있다. 일단 야라에 도착하면 내일 루리 곰빠를 방문하고 돌아와 하루 더 묵을 예정이므로 오늘 조금 힘들더라도 쉴 시간은 충분히 있다.

    트레킹에서 아침 식사는 중요하다. 아침부터 운동량이 많으므로 충분히 먹어 두어야 한다. 캠핑 트레킹 코스가 대개 그렇듯이 무스탕은 끼니 중간에 음식을 사 먹을 수 있는 롯지가 없다. 배낭에 넣어 둔 간식을 먹을 수 있을 뿐이다. 든든히 먹으려면 주방장에게 아침에 밥을 지어 달라고 하면 된다. 네팔 사람들은 오전 10시경에 아침과 점심을 겸해 밥을 먹기 때문에, 롯지 트레킹에서는 아침에 밥을 주지 않는다. 그 점에서 전속 주방장이 있는 캠핑 트레킹이 좋다. 우리는 갈수록 피로가 쌓인 탓에 입맛이 없어 무슬리를 섞은 뽀리지와 삶은 계란 정도만 먹곤 했다. 입맛이 없어도 많이 먹어 두는 것이 좋다. 백산 스님과 보명화 보살은 입맛에 맞추어 먹고는 나중에 기운이 달리자 힘들어했다. 아침에 많이 먹으라고 한두 번 권해 보지만, 나중에는 스스로 체득하도록 내버려둔다.

맑은 아침이다. 남쪽 안나푸르나 쪽은 몬순의 영향으로 구름이 잔뜩 끼어 있다. 북쪽 티베트 쪽은 설산들이 선명하다. 로만탕에 와서 처음 보는 티베트 설산이다. 이렇게 가까이에서 티베트 고원을 바라보는 것도 오늘 아침이 마지막이다. 고국 티베트를 떠나 네팔과 인도로 망명한 사람들은 저 산만 보아도 눈물이 날 것이다.

라주가 아버지와 함께 배웅하러 왔다. 어제 오후 로만탕에서 돌아온 라주 아버지와는 이제 구면이다. 라주가 앞으로의 여행이 무사하기를 기원하며 카타를 목에 걸어준다. 티베트인들은 여행을 떠나는 사람에게 행운의 카타를 걸어주는 풍습이 있다. 카트만두 공항 출국장에서는 카타를 목에 걸고 있는 현지인들을 많이 볼 수 있다. 환영하는 자리에서도 카타를 걸어준다. 국왕이나 고승을 친견할 때는 카타를 미리 준비해 가서 바치면 그것을 도로 걸어준다. 어제 남걀 곰빠에서도 하나 받았고 소란했던 마을회의에서도 하나 받아 세 장이나 된다. 끈 없는 모자로 불편했던 백산 스님은 그중 한 장으로 모자를 감싸 먼지바람을 막을 태세다. 어제까지는 수건으로 감싸고 다녔다. 마침 동네 꼬마들이 구경 왔기에 팀원들과 함께 기념사진을 찍어주었다.

라주는 장남이니 아마 가업을 잇게 될 것이다. 티베트의 특이한 관습 중 하나는 모든 제도가 젊은 사람들에게 초점이 맞추어져 있다는 것이다. 장남이 결혼하면 집안의 모든 권한을 장남에게 넘기고 아버지는 뒷방으로 물러앉는다. 왕이나 귀족도 예외가 아니다. 현 무스탕 왕의 아버지 텐징 탄둘은 장남이 결혼하자 바로 왕위를 물려주었다. 지금 왕의 경우 양자가 48세인데도 왕위를 물려주지 않고 있는 것은 왜일까?

무스탕의 왕위 계승이 과연 이루어질지가 확실치 않다. 무스탕 왕을 네팔 정부에서는 '무스탕 라자'라고 부르는데, 오쿠야마 교수에 따르면 현재 왕에 한해서 정부로부터 '라자' 호칭과 자치권을 인정받는다고 한다. 만약 그것이 사실이라면 현 왕은 평생 자신이 왕위를 가지고 있을 수밖에 없다.

**남갈에서 야라 가는 길.**

그가 타계하면 네팔 정부는 무스탕의 자치권을 소멸시키고 이곳에도 중앙 정부의 통제력을 전면적으로 행사할지 모른다. 그럴 경우 무스탕 사회는 많은 변화에 직면할 것이고, 그들의 티베트 문화는 네팔의 주류 힌두 문화에 의해 침식될 가능성이 있다. 그렇게 되지 않고 무스탕이 지금과 같은 자치 왕국으로 오래 존속하기를 바라는 마음이다.

### 사막 같은 구릉

출발할 때의 기분은 언제나 상쾌하다. 남걀 곰빠 뒤 계곡을 건너 로만탕 성벽을 멀리 왼편으로 보며 산을 향해 간다. 빤히 보이는 넓은 길이라 걷기는 쉽지만 사흘간 말을 타다가 다시 걸으려니 진도가 잘 나가지 않는다. 넓은 초원에서 1차 휴식. 잔디 같은 풀이 무성하고 담장이 넓게 둘러쳐져 있다. 맑은 물이 수로를 통해 흐르고 있는 이곳은 왕의 말목장이다. 말 여러 마리가 여기저기에서 풀을 뜯고 있다.

저만치 앞에 트레커 셋이 말을 타고 가고 있다. 그 뒤를 세 사람이 따라가고 있다. 따라가는 사람은 당연히 마부와 가이드와 셰르파일 것이다. 그들은 우리가 왔던 로게까르로 가고 있다. 우리는 그들이 지나간 길을 가로질러 산길로 올라간다. 완만한 비탈길에 노란 야생화가 지천으로 피어 있다. 앙증맞게 귀여운 다른 꽃들도 보인다. 로만탕은 이제 왼편 산등성이에 가려지기 시작했고, 뒤로는 멀리 케처종과 남걀 마을이 마지막 작별의 인사를 하고 있다. 막상 로만탕을 뒤로 하니 서운한 느낌이 들었다.

산마루를 하나 넘자 끝없이 펼쳐진 사막 같은 구릉이 나온다. 완만하지만 오르내림이 계속 반복되는 길이다. 남걀에서 보았던 거대한 산 덩어리 한복판으로 들어와 있다. 이곳을 통과하여 반대편으로 내려가야 한다. 10시경에 두 번째 휴식. 벌써부터 바람이 세차게 불어오기 시작한다. 조금 전 우리를 앞지른 빠상과 주방 팀이 저만치 앞에서 쉬고 있다.

고원의 고개를 넘어오는 일행들.

빠상은 무스탕에 6번째 왔다고 한다. 우리야 평생에 한 번 오기 힘든 곳이니 잔뜩 기대를 품고 오지만, 생업을 위해 따라오는 저들은 별로 재미가 없을 것이다. 저들이라고 힘이 들지 않겠는가. 그나마 이런 캠핑 트레킹의 일원이 되면 음식을 잘 먹을 수 있는 이점이 있다.

끼니때마다 우리에게 나오는 맛있는 음식은 늘 여유 있게 만들기 때문에 스태프들에게도 조금씩 돌아간다. 집에서 달밧만 주로 먹다가 트레킹을 따라오면 여러 가지 음식을 맛볼 수 있는 기회를 얻는다. 반면에 롯지 트레킹에 따라오는 가이드나 포터는 자기 돈을 주고 음식을 사먹으므로 무조건 달밧만 먹는다. 그것이 싸고, 양껏 먹을 수 있기 때문이다.

슬슬 피로가 몰려오기 시작한다. 초코바를 먹고 물을 마셨는데도 뜨거운 태양과 세찬 바람에 곧 땀이 차고 목이 탄다. 고도가 4천 미터에 가까워 완만한 비탈길도 조금만 오르면 숨이 찬다. 언덕을 하나 넘으면 다시 또 언덕이어서, 언덕은 끝이 없어 보인다. 그러나 멀리 닐기리와 틸리초가 보이기 시작하자 힘이 난다. 삭막한 길 위에서 순백의 설산을 보는 것은 큰 즐거움이다. 이제 저 언덕만 넘으면 멋진 풍광이 기다리고 있을 것이라는 기대로 다시 다리에 힘을 준다.

### '활주로' 지형

길은 작은 고개를 넘어 산의 동쪽으로 나 있다. 동쪽 길에 들어서자 왼쪽으로 무스탕 동쪽 산군의 멋진 파노라마가 펼쳐진다. 무리 지어 군데군데 자라는 관목 외에는 생명체의 흔적이 전혀 없는 태고의 적막함과 신비가 그곳에 있다. 그러나 45도 가까운 비탈길을 횡단하는 중이라 한가하게 풍경을 바라볼 여유가 없다. 흙은 미세 먼지에 가깝다. 알고 보니 동쪽 사면으로 완전히 넘어온 게 아니라 잠시 둘러가는 길이었다.

다시 고개가 나타나 잠시 쉬어가기로 했다. 바람이 너무 세차 추위를 느낄 정도다. 배낭에서 고소모자를 꺼내 귀까지 덮으니 한결 낫다. 고도계는 4,000미터를 가리키고 있다. 멀리 초사르 계곡과 틴카르가 보인다. 우리가 지나온 길 저 아래에서 짐을 실은 말들을 몰고 오는 까르충과 빠상이 보였다. 현지인 남녀 두 명도 같이 오고 있다. 그들도 말에 무언가 싣고 디가온으로 향하는 중이다.

급경사 길에도 이력이 났는지 뎅그렁뎅그렁 방울 소리를 내며 말들이 잘도 걸어오더니 곧 쉬고 있는 우리를 지나간다. 우리도 일어나 그 뒤를 따른다. 능선 꼭대기의 평탄한 길이 잠시 이어진 후 다시 오른쪽 비탈로 접어든다. 이제 우리가 말들을 부지런히 따라가야 하는 형편이 되었다. 주방 팀은 이미 시야에서 사라져 보이지 않는다.

시간은 어느덧 12시. 저 멀리 보이는 녹색지대가 야라(Yara)라고 삼툭이 말

한다. 아이쿠, 언제 저기까지 내려가지! 보명화 보살이 땅바닥에 털썩 주저앉아 넋을 잃고 내려다본다. 그 오른쪽으로 특이한 지형이 보인다. 주위는 절벽이고 꼭대기는 매끈한 평지여서 비행장 활주로를 연상시킨다. 이틀 뒤 실제로 그런 지형 위를 걸어보니 돌멩이만 좀 추려내면 활주로로도 쓸 수 있을 것 같았다. 이 근처에만 있는 독특한 지형인데, 페셀은 짜랑에서 땅게를 거쳐 야라로 가는 도중 이런 지형 위를 지나면서 이것을 '빙하평원glacial plain'이라고 표현했다.

위성사진을 보면 이 근처에 규모가 큰 것만도 5개의 활주로형 평원이 있는 것을 확인할 수 있다. 작은 것까지 합치면 10개는 된다. 야라 앞의 '활주로' 길이는 2킬로미터나 되고 땅게 위쪽의 것은 무려 3.5킬로미터에 이른

**무스탕 동쪽 사면의 독특한 '활주로'형 평원. 멀리 왼쪽에 야라, 오른쪽 아래에 수르캉 마을이 보인다.**

다(제주국제공항 활주로 길이가 3킬로미터이다). 그렇지만 바로 앞뒤로 높은 산이 가리고 있어 실제로 비행기가 앉을 수는 없을 것이다.

이제 조금만 더 가면 디가온으로 가는 내리막길이다. 사진을 찍다 보니 제일 뒤에 처졌다. 저만치 앞에 가는 사람들이 가물가물하다. 내리막길이라 앞 사람들은 뒤도 돌아보지 않고 달리고 있다.

앞에 가는 사람은 고독하지 않다. 따라오는 사람이 있기 때문이다. 중간에 가는 사람도 마음이 편하다. 일행이 앞에도 있고 뒤에도 있으니까. 그러나 맨 뒤에 처진 사람은 앞사람이 보이지 않으면 불안하다. 혹 미끄러져 추락이라도 하게 되면 앞에 간 사람들이 알기까지 시간이 걸린다. 인적도 없고 황량한 이런 곳에서는 불안과 고독이 더해진다. 나는 불안하지는 않았지만 혼자 처지니 좀 쓸쓸했다. 그동안 충분히 고독을 즐겼으므로 이제는 다른 사람에게 고독을 넘겨주기 위해 자갈 모랫길에 먼지를 일으키며 달려가 20분 뒤 일행을 추월하는 데 성공했다.

### 급한 내리막길

능선에서 급경사 길을 내려간 후 잠시 오른쪽 사면을 지나니 디가온으로 내려가는 길과 짜랑으로 내려가는 길로 갈라지는 고갯길이 나타났다. 4,000미터 고개 아래는 급한 내리막길이다. '활주로'가 점점 가까이 보이고 야라와 함께 디가온 맞은편에 있는 마을 수르캉도 보였다. 아래로 주방팀과 말들이 조그맣게 보인다. 급하고 미끄러운 길이라 거의 자동적으로 달려가는 형국이다.

잠시 후 협곡으로 들어섰다. 굽이굽이 휘도는 좁은 골목길 같은 이 협곡은 바람이 지나가는 자리여서 흙먼지가 몰아치면 피할 방도가 없다. 쩰레의 미세한 흙먼지는 황토색이어서 거부감이 덜했는데(황토가 몸에 좋다 하므로) 이곳의 회색 먼지는 마음에 들지 않는다. 석회 성분이 많을 것 같다. 어쨌거나 깔리 간다키의 거친 바람은 계속 먼지를 날려 보낸다.

　협곡을 다 지나자 다시 툭 터진 공간이 나온다. 디가온 바로 위 언덕이다. 미끄러운 모랫길 언덕을 한참 내려가다 뒤돌아보니 삼툭과 보명화 보살도 막 협곡을 빠져 나오고 있다. 바로 아래 디가온이 보인다. 네팔어로 이곳은 단다danda에 해당하는 곳이다. '단다' 란 내리막길이나 오르막길 중간에 있는 평탄한 지대이다. 대표적인 예로는 안나푸르나 ABC 트레킹 코스 도중에 지누단다Jhinu danda가 있다.

　여기서 다시 급경사로 내려가는 길이 이어진다. 모래와 잔돌이 섞여 있는 길이라 미끄럽다. 기울기도 50도 가까이 되니 진땀이 난다. 이런 길은 차라리 오르막이 낫다. 내리막길은 몸이 계속 아래로 쏠려 쉴 새 없이 무릎에

**기이한 절벽 아래 자리잡은 수르캉 마을.**

거인들이 도열한 듯한 절벽. 절벽 앞 마을은 디가온이다.

힘을 주고 신경을 곤두세우며 내려가야 한다. 이런 내리막에서는 특히 무릎에 무리가 가지 않도록 조심해야 한다.

무스탕 전체로 보면 동쪽 사면은 급경사 지대고 서쪽 사면은 완경사 지대다. 서쪽 사면에 마을들이 몰려 있는 것도 그런 이유에서다. 깔리 간다키 계곡에 유입되는 큰 지류는 대부분 가파른 동쪽 사면에 있고 서쪽 사면에는 이렇다 할 큰 지류가 없다.

오후 1시, 마침내 내리막길을 다 내려왔다. 꼭대기에서 해발 3,400미터의 디가온까지 내려오는 데 걸린 시간은 45분이었지만 훨씬 더 길게 느껴졌다. 이곳의 밭에는 보리가 한창이다. 로만탕과 그 북쪽 계곡에서는 전혀 보리를 보지 못했다. 건조한 바람과 뜨거운 햇볕 아래 노출된 디가온의 집들은 마치 탈색된 백골처럼 보인다. 회색의 주변 풍경과 녹색 보리밭이 놀라운 조화를 이루고 있다. 사막의 오아시스가 따로 없다.

이런 마을마저 없다면 가뜩이나 황량한 무스탕 고원은 얼마나 삭막할 것인가. 척박한 환경에도 굴하지 않고 수천 년 동안 끈질긴 삶을 이어 온 사람들이 여기에 살고 있다. 거칠고 메마른 무스탕이 우리에게 살갑게 다가오는 것은 이런 연면連綿한 삶의 터전과 주인공들을 만날 수 있기 때문이다. 저 푸른 보리가 그 생명력의 한 상징이다.

생각해 보면 또 그들의 곁에는 삶의 궁극에 도달하기 위해 생사를 초월하여 정진한 수행자들이 있었다. 생존조차 힘든 척박한 곳에서 오히려 우주와 생명의 비밀에 도전하는 진리 추구자들이 나온다는 것은 인류의 위대

**야라 마을 가는 도중 나오는 '활주로' 평원 밑의 절벽.**

야라 마을 가는 도중 나오는 절벽 동굴 혈거지.

한 역설 중 하나일 것이다. 진리에 대한 학습과 치열한 수행의 공간이었음으로 해서 이 무스탕 골짜기는 세계의 여느 오지와 다르다. 아프리카나 아마존의 오지처럼 단순한 자연탐사나 인류학자들의 연구 대상이 아닌, 차원 높은 형이상학적, 종교적 실천의 현장이었던 것이다.

롯지 식당에 들어간 우리 세 사람은 각자 자리를 잡고 배낭을 풀고 등산화를 벗었다. 그런 다음, 나무토막처럼 쓰러졌다. 말 그대로 기진맥진이다. 한참을 그대로 누워 있었다. 여기가 오늘의 목적지라면 얼마나 좋을까. 그러나 야라까지는 1시간 조금 더 걸리는 거리다. 조금 쉬면서 기력을 회복하면 야라까지 가는 것이 어렵지 않을 것이다.

미리 와서 점심을 준비한 주방 팀이 얼마 후 점심을 가져왔다. 너무 피곤

하니 입맛도 없어 대충 허기만 채웠다. 오후 3시에 출발하기로 하고 모두 다시 그 자리에 쓰러져 달콤한 잠에 빠졌다.

### 야라

한결 기운을 회복하여 다시 길을 나섰다. 조금 가다가 뒤를 돌아보니 디 가온 쪽 절벽의 거대한 기둥들이 장관이다. 마치 키가 80미터(계곡 바닥에서는 200미터)쯤 되는 병사들이 부동자세로 도열한 듯한 모습이다. 우리가 내려온 가파른 모랫길도 잘 보인다.

깔리 간다키 계곡을 따라 강바닥 길을 잠시 내려가다가 왼편으로 나 있는 작은 지류인 푸욘Puyon 콜라를 거슬러 오른다. 야라로 가는 길이다. 조금 올라가다 뒤를 돌아보니 수르캉 마을이 보였다. 장구한 세월이 빚은 그 뒤쪽의 바위 절벽은 영원한 침묵을 서약한 듯 묵묵히 서 있다.

도중에 노새 열두어 마리를 몰고 가는 영감님을 만났다. 노새 등에는 작은 짐이 실려 있다. 말로만 듣던 노새를 여기서 처음 보았다. 작은 망아지 크기여서 처음에는 새끼인 줄 알았다. 영감님과 삼툭은 오랜만에 만난 친구처럼 계속 이야기를 나누며 간다. 강바닥 길은 점점 좁아지고 그에 비례해서 양쪽 절벽은 높아지고 있다.

삼툭도 야라가 처음이라고 한다. 무스탕이 고향이지만 그 역시 이 외진 곳을 일부러 올 이유가 없다. 그도 이쪽에 루리 곰빠가 있다는 것은 알고 있었지만 더 이상 자세히 아는 것은 없었다. 지금까지 대여섯 번 한국인들을 무스탕으로 안내했으나 루리 곰빠에 간 팀은 없었다. 동쪽 사면으로도 두 팀을 안내했지만 모두 디가온에서 땅게로 갔다고 한다.

우리가 동쪽 사면 코스를 선택한 가장 큰 이유는 루리 곰빠를 방문하기 위해서였다. 나는 지난 4월 초에 무스탕에 눈이 많이 내렸다는 이야기를 듣고 혹시 해가 늦게 뜨는 동쪽 사면에 눈이 녹지 않았을지도 모른다는 생각을 했다. 그럴 경우에는 루리 곰빠에 들른 후 다시 뒷산을 넘어 짜랑으로 가는 예비 일정까지 생각해 두었다. 그러나 여기 와서 보니 그것은 기우였다. 무스탕은 그늘이 없어, 추운 겨울이 아닌 한 눈이 내려도 한낮의 햇볕과 바람에 다 녹아 버리는 곳이었다.

계곡 오른쪽으로 파이프 오르간을 연상케 하는 절벽이 나타났다. '활주로'의 측면 절벽이다. 절벽 중간에 동굴 거주지가 여러 개 보인다. 역시 사람이 접근하기 어려운 높이에 있다. 도대체 그동안 어떤 일이 있었기에 동굴이 저렇게 높은 곳으로 올라가 버렸을까. 세월은 또 얼마나 흐른 것일까.

'파이프 오르간' 옆을 따라 한참 걸었다. 수르캉에서 시작되는 이 '활주로' 길이는 2킬로미터에 달한다. 수르캉에서 야라까지 직선거리로 2.5킬로미터이니 일단 절벽을 다 지나야 야라가 나올 것이다. 절벽이 끝나갈 즈음 길은 왼쪽 언덕 위로 방향을 틀었다. 계곡 바닥 평지 길을 걷다가 오르막을 오르니 힘이 든다. 그래도 이제는 이런 길에 이력이 생겼다.

언덕 위에 오르자 멀리 야라가 보인다. 잠시 숨을 고르며 주위를 돌아보았다. 지나온 계곡과 주변 절벽이 절경을 이루고 있다. 작은 그랜드 캐년이라고 해도 손색이 없겠다. 디가온 위쪽 산 능선의 우리가 내려온 길은 물론 정상까지 다 보인다. 저 급경사 길을 내려왔다는 것이 믿어지지 않는다.

야라(3,500m)로 접근하는 길 주변 언덕은 마치 거인국 아이들이 진흙을 마음대로 주물러 놓은 모습이다. 언덕에서 야라가 바로 보이긴 해도 굽은 길을 따라 30분은 더 가야 한다. 큰 나무가 제법 보이는 마을이다. 그러나 가까이 갈수록 오전에 산 위에서 보았던 풍경과는 다르다. 마을은 계곡 위 언덕의 삭막한 곳에 자리 잡고 있다. 루리 곰빠는 그 뒤로 보이는 골짜기로 가면 나온다. 야라에 도착하지도 않았는데 마음은 벌써 루리로 향하고 있다.

마을 앞 보리밭 사잇길을 지나 캠프를 칠 집에 도착했다. 이 집은 아랫마

야라 마을 전경.

을의 가정집이다. 윗마을에 넓은 캠프장이 있지만 먼저 온 독일 팀이 자리를 잡는 바람에 이번에도 밀렸다. 그들은 우리보다 늘 속도가 빠르다. 닥마르에서도 초원을 먼저 차지하는 바람에 유목민 생활을 놓쳤는데 여기서도 선수를 뺏기고 말았다.

  이 집은 마당이 없어 지붕에 텐트를 쳤다. 화장실 가기는 좀 불편해도 전망은 지붕이 좋다. 바람이 세차게 분다. 시원한 바람이다. 주변에 공간이 부족해 샤워 텐트는 치지 못하고 수건에 물을 적셔 땀을 닦는 정도로 만족했다. 마른 옷으로 갈아입고 젖은 옷과 양말은 지붕 위 땔감에 널었다. 녹색의 보리밭이 집 주위에서 바람에 물결치고 있다. 디가온이 있는 서쪽 하늘로 해가 뉘엿뉘엿 기울고 있다.

## 15. 무스탕의 작은 보물 루리 곰빠

아침에 텐트 밖으로 나오니 날이 흐리다. 빗방울도 잠깐 비쳤다. 아침을 먹고 나서 7시 30분에 루리 곰빠Luri Gompa를 향해 출발했다. 루리는 '용의 산' 이란 뜻으로 여기서 계곡 상류 쪽으로 5킬로미터쯤 오르면 나온다. 이 작은 계곡은 정면에 있는 리품소봉Ripumso Peak(5,730m)의 빙하에서 내려오는 물이 만들었다. 날씨가 좋으면 멋진 산이 보인다는데 오늘은 구름이 산을 감싸고 있다.

마을 옆 산길에 있는 큰 정방형 초르텐을 지나 언덕을 넘어 곧 계곡 아래로 내려섰다. 언덕 위쪽에서 우리 말들이 풀을 뜯고 있다. 마부 까르충이 손을 흔든다. 말이 전 재산인지라 늘 애지중지한다. 구름이 앞 쪽을 가리고 있는 길 양쪽의 절벽이 마치 금단의 지성소 입구라도 되는 듯 엄숙하게 버티고 있다.

야라에서 루리로 가는 방법은 두 가지이다. 왼쪽 산 능선을 타고 가라(Ghara) 마을을 경유해서 가는 방법과 계곡 바닥 길로 가는 방법이다. 우리는 지름길인 계곡 길을 택했다. 돌길이지만 완만한 길이고 일정에 여유가 있으므로 쉬엄쉬엄 가면 된다. 점심을 루리 곰빠에서 먹기로 했으므로 주방 팀의 까말이 미리 지은 밥을 짊어지고 따라왔다.

계곡을 따라 올라가 절벽 쪽으로 접근하니 왼쪽 절벽에 동굴이 여러 개 보인다. 무너져 내린 흙 부스러기가 동굴 아래까지 차 있어 동굴로 올라가기도 별로 어렵지 않을 것 같다. 윗부분이 허물어진 초르텐 하나가 동굴 조금 아래 서 있다. 붉게 칠한 흔적의 벽도 보인다. 예전에 곰빠로 이용되던 동굴인 듯하다. 우리는 이 허름한 동굴을 그냥 지나쳤는데, 나중에 알고 보니 그것이 바로 타시 카붐Tashi Kabum 동굴 곰빠였다.

인터넷에서 루리 곰빠에 관한 자료를 검색하던 중 근처에 다른 동굴 곰빠가 하나 있다는 것을 알았다. 무스탕이 다시 개방된 1992년에 트레커들을 이끌고 온 미국 출신의 프리랜서 가이드 게리 맥큐Gary McCue가 쓴 글과 사진이 있었다. 루리 곰빠와 흡사해 보였다. 그러나 당시에는 루리 곰빠에 관심이 집중되어 있어, 찾아가는 길이 복잡해 보인 이 곰빠를 일정에 넣지 않았다.

한국에 돌아와 타시 카붐에 관한 글을 읽다가 아차 싶었다. 우리가 지나친 그 동굴이었던 것이다. 내가 가져간 12만 5천 분의 1 지도에 타시 카붐이 나와 있지 않은 탓도 있다. 트레킹을 마치고 카트만두에서 새로 산 6만 분의 1 지도에는 분명히 표시되어 있었다.

이 곰빠에 대하여 맥큐는 이렇게 쓰고 있다.

타시 카붐은 접근하기 아주 어렵다. 손발을 둘 곳이 위태로운 곳을 가파르게 기어 올라가야 한다. 우리 그룹의 누구도, 몇 겹의 다져진 흙이 허물어져 내리고 헐렁한 역암 덩어리들이 있는 그곳을 오르려 하지 않았다. 이것은 수백만 년 전 바다 밑에 있을 때의 퇴적층이다. 우리 셰르파 스태프 중 한 사람이 선두에 섰고 내가 뒤를 따랐다. 가파른 오르막을 오르자 평평한 턱이 나오고 바로 오른쪽에 작은 동굴이 보였다. 동굴 천장은 그을음으로 시커멓고 안쪽 바닥에는 싱싱한 염소똥이 흩어져 있었다. 나는 여러 점의 옷과 목동의 침구가 있는 것을 보고 놀랐다. 오르기 어려운

야라 마을에서 본 파이프오르간의 파이프를 연상시키는 웅장한 절벽.

곳인데도 최근에 이곳을 사용한 것이 분명했다.

타시 카붐 동굴 사원의 입구는 바위 턱과 더 작은 동굴의 왼쪽으로 난 낮고 좁은 터널이다. 내 어깨가 겨우 들어갈 정도의 좁은 통로를 기어들어가, 동굴 사원으로 이어지는 원래의 입구 방으로 보이는 작은 공간에 섰다. 예전에는 절벽 면에 정면 구조물이나 계단이 있어 이 입구 방으로 접근하기가 쉬웠을 것으로 짐작된다. 이 입구 동굴의 벽으로 뚫고 들어온 낮은 터널은 최근에 만든 듯하며 현재 유일한 통로이다. www.asianart.com/articles/tashikabum

맥큐는 타시 카붐 곰빠가 루리 곰빠와 크기나 모양이 비슷하다고 했다. 타시 카붐 동굴의 돔형 천정 꼭대기에는 8길상吉祥 무늬와 그것을 둘러싼 동심원 무늬가 그려져 있고, 그 주변에는 다른 벽화도 그려져 있다. 또 벽에는 '옴 마니 밧메 훔' 진언이 반복되어 쓰여 있다고 한다.

우리는 타시 카붐을 바라보기만 했지만, 2007년 5월 무스탕에 들어가 이

**타시 카붐 동굴 곰빠.**

곳을 지나간 김옥희 씨에 따르면, 동굴 입구가 많이 무너져 있어 오르기 힘들고 동굴에는 더 이상 접근할 수 없었다고 한다.

### 암모나이트

절벽을 지나자 곧 다모다르 꾼드Damodar kund로 가는 갈림길이 나왔다. 다모다르 꾼드는 비슈누Vishnu 신이 어린 시절 놀던 곳이라고 하여 힌두교에서 성지로 여기는 호수이다. 해발 4,890미터의 춥고 바람이 많은 곳이다. 이곳에서는 랑탕 지역의 고사인 꾼드와 마찬가지로 해마다 음력 8월 보름에 큰 축제가 열리며, 많은 순례자들이 모여든다. 그곳으로 가려면 무스탕 동쪽 사면으로 넘어와 지금 이곳을 거치는데, 무스탕의 주된 트레킹 루트를 벗어나 3일을 더 올라가야 한다. 이틀이면 가는 거리지만 보통 4,500미터 고도에서 고소적응일을 하루 두기 때문이다. 다모다르 꾼드만 순례하는 힌두교도들은 처음부터 축상에서 동쪽 사면을 타고 올라온다. 이것은 힘든

**루리 곰빠 가는 길.**

여정이기 때문에, 인도의 부유층은 포카라에서 헬기를 타고 바로 호수로 날아가 목욕재계와 뿌자puja(힌두식 예공)를 하고 고산병이 오기 전에 빨리 돌아간다고 한다.

　루리로 가는 계곡에 암모나이트 화석이 많다. 처음에 까말이 하나 주워 보명화 보살에게 건네주자 모두 너도나도 줍기 시작했다. 나도 자갈밭을 뒤져 몇 개 주웠다. 네팔 상점에서 파는 것은 많이 보았으나 내 손으로 주울 수 있다는 것이 신기하다. 그러나 상점에 진열된 그런 완벽한 모양을 갖춘 것은 거의 없었다. 결국 우리는 보살의 둘째 오빠가 수석水石 수집가여서 갖다 주면 좋아할 거라는 보살의 말에, 주운 것을 모두 그 쪽으로 몰아주었다. 이 강바닥에는 특이하게 생긴 돌도 많다. 독특한 무늬의 자갈 몇 개를 주웠다가 짐이 무거울 것을 생각해 도로 내려놓았다.

　암모나이트 화석은 이곳 무스탕 동쪽 사면 계곡에서 특히 많이 나온다고 한다. 암모나이트는 중생대 백악기인 약 1억 5천만 년 전에 번성한 조개류의 일종이다. 힌두교도들은 이 화석을 살리그램saligram이라고 부르며, 요기들이 명상할 때 깔고 앉는 향기로운 풀인 쿠샤kusa, 인도보리수나무인 피팔pipal 그리고 약초인 툴시tulsi와 함께 비슈누의 네 가지 화신 중 하나로 여겨 신성시한다.

### 루리의 새 곰빠

야라에서 1시간 45분 걸려 루리 곰빠 밑에 있는 새 곰빠에 도착했다. 새 곰빠는 계곡 왼편 언덕 위에 서 있다. 계곡 오른쪽으로는 기묘한 바위 절벽이 있고 계곡 왼쪽으로 따로 떨어져 있는 절벽 위에 루리 곰빠가 있다. 이 절벽들은 높은 자연 첨탑이 여러 개 솟아 있는 모양의 지형이다.

멀리 보이는 루리 곰빠와 풍경을 열심히 사진에 담았다. 백산 스님이 천

**루리 새 곰빠에서 바라본 루리 곰빠.**

천히 뒤따라 왔고, 곧 마지막 주자인 보명화 보살도 가쁜 숨을 몰아쉬며 도착했다. 지친 표정들이 역력하다. 3,500미터 이상의 고도에서 10일째 험준한 산을 오르내리고 있으니 지칠 때도 되었다. 이곳의 고도는 3,820미터를 가리키고 있다.

루리 곰빠에 대해서 마르샤 교수는 이렇게 기술하고 있다.

로만탕의 동쪽 불모지대에는 바람과 눈비에 팬 사암 절벽들이, 끝이 가늘어지는 밀집된 기둥, 혹은 오르간 파이프들 같은 환상적인 지형을 이루고 있다. 이 지역의 사암 절벽에는 동굴들이 많이 뚫려 있는데, 그런 동굴 하나가 불교 미술의 작은 보물인 루리 곰빠의 안쪽 성소聖所를 이룬다. 100미터 높이 절벽 위의 턱에 자리 잡은 붉게 칠한 이 곰빠는 모래와 뼈 색깔의 사암 기둥들 사이에서 뚜렷이 돋보인다. (새 곰빠 하나가 계곡 바닥에 있는데, 쉽게 접근할 수 있지만 예술사적인 중요성은 없다.) http://dl.lib.brown.edu/BuddhistTempleArt/ contents.html. ASCII Text Files, Jampa, Thubchen, and Luri Gompas.

우리가 새 곰빠 옆 언덕의 마당에서 잠시 골짜기의 특이한 풍광을 감상하며 쉬고 있을 때, 삼툭이 루리 곰빠의 열쇠를 가진 스님과 함께 곰빠에서 나왔다. 새 곰빠 역시 루리 곰빠에 비해 새 것이라는 의미일 뿐, 건립 연대는 300년 이전으로 거슬러 올라간다. 이 곰빠는 까규파의 지파인 둑파 Drukpa에 속한다. 둑파는 현재 부탄의 국교이다. '둑druk' 은 '용' 이라는 뜻이고 '파pa' 는 '사람' 이라는 뜻인데, 부탄을 흔히 '용의 나라' 라고 부르는 것도 이와 무관하지 않다.

11세기 중반 인도에서 건너온 고승 틸로빠Tilopa(988~1069)에서 시작된 까규파의 계보는 나로빠Naropa–마르빠Marpa–밀라레빠Milarepa–감뽀빠Gampopa로 이어졌으며 이들은 까규파의 '다섯 조사祖師' 로 불린다. 감뽀빠 밑으로 팍모 두빠Phagmo Drupa-링첸 레빠Lingchen Repa에 이은 법손 쨩빠 갸레Tsangpa Gyare(1161-1211)는 서부 티베트에 최초의 둑파 사원을 건립하고 둑파의 시조가 되었다. 이어서 쨩빠의 제자 중 한 사람인 파조 두곰 직뽀Phazo Drugom Zhigpo(1184-1251)가 1222년 서부 부탄에 둑파 불교를 전파했고, 17세기에는 부탄 왕국의 초대 왕이 부탄 불교를 둑파로 통일시켰다. 부탄에서는 둑파 종정을 걀왕 둑파Gyalwang Drukpa라 부르는데, 쨩빠 갸레를 초대 걀왕 둑파로 추대하고 있다.

루리 곰빠를 최초로 방문한 서양인은 1963년에 온 페터 아우프슈나이터이다. 미셸 페셀도 이듬해 루리 곰빠를 찾았다. 페셀은 짜랑에서 깔리 간다키를 따라 땅게로 갔다가 다시 야라 쪽으로 올라와서 루리로 갔다.

페셀은 루리 곰빠 밑의 새 곰빠를 루리 곰빠라고 하면서 동굴 곰빠는 여기에 딸린 암자로 기술했다. 그는 새 곰빠가 부탄불교의 둑파 종파에 속한 곰빠인 것으로 보아 로의 왕이 부탄 여성과 결혼한 후 아내를 기쁘게 해주려고 루리에 곰빠를 세운 것이라고 추정하고 있다. 그러나 루리 동굴 곰빠는 그림의 기법에서 알 수 있듯이 건립 연대가 로 왕국의 건설보다 1세기 이상 앞선다는 것이 학자들의 일치된 견해다. 따라서 이 곰빠는 대략 13세기 중반에서 14세기 초반 사이에 지어진 것이다. 둑파는 앞에서 이야기한 대로 17세기 이후에야 무스탕에 들어왔다.

### 루리 곰빠

루리 곰빠로 가기 위해 초르텐이 몇 기 서 있는 언덕으로 올라갔다. 그곳부터는 경사가 비교적 완만한 곳으로 우회하는 절벽 길이 지그재그로 나 있다. 길은 돌로 쌓아 만들었는데, 군데군데 나무와 돌을 이용해 끊어진 길을 이어 놓았다. 처음은 그리 어렵지 않았으나 차츰 올라갈수록 경사가 가파르고 모래와 잔돌이 많은 탓에 미끄러웠다. 스틱이 없었다면 중심 잡기가 힘들었을 것이다. 하지만 그렇게 위험한 구간이라고는 할 수 없다. 루리 곰빠는 새 곰빠보다 정확히 100미터 높은 곳에 있었다.

  모래와 돌이 섞여 있는 절벽은 금방이라도 무너져 버릴 것 같다. 그러나 보기보다는 토질이 단단해, 벽돌로 쌓은 루리의 본채는 오랜 세월을 잘 견뎌 오고 있다. 입구의 끊어진 절벽에는 통나무를 걸쳐 놓고 그 위에 흙과 돌을 덮어 이어 놓았다.

  본채 옆에 이어 돌로 쌓아 만든 작은 방으로 들어갔다. 왼편 절벽 쪽으로 벽돌로 쌓은 벽에 작은 채광창이 하나 있어 방안이 그리 어둡지는 않다. 이곳은 먼지가 자욱하다. 해발 4천 미터 가까운 절벽에 거센 바람이 늘 먼지를 몰고 불어 닥치니 오죽할 것인가. 중앙에는 빠드마삼바바와 둑파의 고

**루리 곰빠.**

승들 조형상이 모셔져 있다. 그러나 루리 곰빠의 진수는 여기서 더 안쪽으로 좁은 통로를 지나 들어가는 법당 안에 있다.

다시 마르샤 교수의 설명을 들어보자.

루리의 보물은 이 안쪽 방이다. 벽 쪽을 파내거나 확장하고 나서 동굴 내부를 매끈하게 한 둥근 공간으로, 작은 창이 하나 있어 자연 채광이 되고 있다. 이 방 한 가운데 높이 6미터의 초르텐이 있는데, 사각 기단부의 각 면과 돔(복발), 그리고 돔 위의 의식용 산개傘蓋 아래에는 인물상들이 있다. 돔을 이룬 천장에는 8명의 마하싯다 그림이 초르텐 위에 빙 둘러 그려져 있다. 한쪽 벽을 따라 일련의 인물상들이 그려져 있고, 그 위쪽에는 9명의 작은 라마상이 일렬로 앉아 있다.
이 곰빠와 관련된 기록은 발견된 것이 없지만, 이 그림들은 잠파와 툽첸의 그림들보다 모르긴 해도 100년은 앞선 시기의 것으로 보인다. 즉, 14세기 또는 어쩌면 그 이전까지 거슬러 올라간다. 나중에 그려진 잠파와 툽첸의 그림들은 후대의 더 한껏 발전된 티베트 양식으로, 중국의 영향을 받은 고전 양식이다. 반면에 루리의 도상들은 인도와 캐시미르의 영향을 반영하고 있다. 작은 라마 초상들은 페르시아나 비잔틴 영향이 반영되었을 수도 있다. 앞과 같은 자료.

안쪽 방에 들어가니 과연 중앙에 커다란 초르텐이 있다. 천정은 돔형으로 되어 있는데 초르텐 바로 위의 천정 한가운데는 큰 만달라가 그려져 있고 그 주위를 마하싯다mahasiddhas들이 호위라도 하듯 빙 둘러 있다. '마하싯다' 란 탄트라를 수행한 요가의 대가들을 말하는데, 이곳의 마하싯다들은 인도 밀교의 저명한 고승 8인을 나타낸다고 한다.

방 한가운데의 초르텐은 대좌臺座 위에 둥글게 한 줄의 연꽃잎, 세 개의 얕은 단, 그리고 두 줄의 연꽃잎을 차례로 두른 뒤에 둥근 복발覆鉢을 얹었다. 그 위에는 4각의 받침돌 위에 긴 연꽃잎이 받치는 원추형의 상륜相輪과

둥근 산개傘蓋(일산 모양으로 차양을 드리운 것), 보병寶甁이 차례로 얹혀 있다. 대좌 아래와 복발의 사방에는 불보살 또는 호법신들의 그림이 그려져 있다. 산개의 밑면에는 8장의 연꽃잎에 불상을 그렸고, 빙 둘러 늘어뜨려진 산개의 연꽃잎 안쪽에도 아름다운 호법신 또는 꽃무늬가 그려져 있다.

한편 한쪽 벽에는 정교한 프레스코 불화가 전개되어 있다. 비록 왼쪽과 아래쪽이 많이 손상되어 있기는 하지만 석가모니, 지금강持金剛 Vajrapani, 금강살타金剛薩埵 Hevajra 등이 나란히 좌정하고 있고, 그 위쪽에는 한 뼘 크기의 작은 라마상 그림들이 아름답게 그려져 있다. 그리고 돔의 천정 전체를 흰색의 꽃과 넝쿨이 휘감고 있는데, 군데군데 붉은 꽃도 있다. 특기할 만한 것은 그림의 표면이 마치 도자기나 타일처럼 광택이 난다는 점이다. 이렇게 빛나는 광택의 벽화나 초르텐은 일찍이 본 적이 없다. 전문가들의 말로는, 회반죽을 바르고 마르기 전에 그림을 그린 다음 아주 부드러운 프레스코화로 마무리했다고 한다. 나는 어떤 코팅 기법이 가미되지 않았을까 하는 생각을 했다.

마르샤 교수의 사진보다 훨씬 깨끗한 것을 보니 툽첸 곰빠 벽화복원 팀이 이곳에도 와서 손질을 하고 간 모양이다. 그러나 방 자체는 생각보다 규모가 작았다. 루리 곰빠의 상세한 사진은 이미 마르샤 교수 팀이 찍어 공개했으므로 나는 굳이 찍지 않았다.

이 외진 곳에 이렇게 훌륭한 동굴 곰빠를 조성한 사람은 누구였을까? 도가 높은 라마였거나 신심이 투철한 수행자였을 것이 분명하다. 마을로부터 떨어진 곳에서 세인들의 방해를 받지 않고 오로지 깊은 명상에 매진하기 위해서였으리라. 머리는 봉두난발에 옷은 오래 빨지 않아 더러웠다 할지라도, 깨달음을 구하는 눈빛만은 형형했으리라.

곰빠란 티베트어로 '황무지의 거처'라는 뜻이다. 루리가 바로 그런 곳이다. 동굴 안에는 옛 수행자들의 향기랄까, 그런 어떤 기운이 가득 배어 있었

**루리 곰빠의 법당 내부.**

다. 적어도 나는 그렇게 느꼈다. 수백 년의 모진 비바람도 그들의 향기를 제거하지 못했다. 우리는 초르텐을 마주하고 앉아서 조용히 눈을 감고 선인들의 은은한 향기를 마음 깊은 곳까지 들이마셨다.

참배를 마치는 의식으로 초르텐을 세 번 돌고 밖으로 나오니 이탈리아 팀이 올라왔다. 60 전후의 남자 두 명이다. 이틀 전 남걀 곰빠 앞에서 만난 사람들이다. 반갑게 인사하며 혹시 지우제페 투치라는 학자를 아느냐고 물었으나 전혀 모르는 표정이다.

루리 동굴에서 나와 바깥 건물 옆에서 새 곰빠 쪽을 내려다보니 일대의 풍광이 참으로 기이하다. 그것은 뭐랄까, 존재에 대한 강렬한 성찰을 요구하는 메시지 같다. 마치 열정을 가지고 타오르던 불꽃이 그대로 바위로 변한 듯이 날카롭게 솟은 절벽들은 게으른 수행자들의 가슴을 겨누는 비수 같기도 하고, 윤회도에 묘사된 칼산지옥(칼날들이 숲을 이루고 있는 지옥)의 모습 같기도 하다. 옛사람들이 이곳을 수행처로 삼은 이유를 알 것 같다.

루리에서 언덕 위 초르텐으로 내려와 쉬고 있으니 독일 팀이 올라오고 있다. 매일 우리보다 앞서 가던 사람들이 늦게 오다니 뜻밖이다. 어제의 운행이 그들에게도 힘들었던 모양이다. 그래서 루리 곰빠 방문만큼은 처음이자 마지막으로 우리 팀이 1등을 했다.

아래 곰빠 옆 공터로 내려와 점심을 기다리는 동안 곰빠를 참배했다. 새 곰빠라고 해도 벽화가 좋다. 조성 연대는 알 수 없지만 그린 솜씨가 뛰어나

**루리 곰빠에서 본 새 곰빠의 뒤쪽 절벽 풍경.**

새 곰빠의 스님과 그의 가족.

다. 수많은 라마상이 그려져 있는데, 얼핏 보아 남걀 곰빠 법당의 벽화와 비슷하다. 이 곰빠에는 이곳을 지키는 스님과 부인, 그리고 세 남매가 살고 있다. 그러나 법당의 탁자를 보니 예전에는 제법 많은 스님들이 살았던 것 같다. 이곳을 지키는 둑파 스님은 1년씩 교대 근무를 한다고 한다. 결혼해서 속복을 입고 사는 양반을 스님으로 부르기는 좀 그렇지만, 티베트 불교의 한 모습이니 시비할 수는 없다.

### 라면과 막걸리 값

곰빠 옆에서 점심을 먹었다. 곰빠 부엌을 빌려 라면을 끓여 미리 지어 온 밥을 말아 먹었다. 야외에서 밥라면을 먹는 기분도 괜찮다. 아이들과 '사모님'까지 모두 나와 구경한다. 이 녀석들 학교는 제대로 다니는지 모르겠다. 평생 이곳에 산다면 굳이 많이 배울 필요는 없겠지만 그래도 국어(티베트어와 네팔어)와 산수는 배워 두어야 할 것이다. 무스탕의 웬만한 마을에는 초등학교가 있다. 여기라면 야라나 디가온에 있을 것이다. 그 이상 배우려면 중등학교가 있는 로만탕으로 가야 한다. 아이들에게 사탕을 다른 종류로 하나씩 주었더니 빨아 먹다가 서로 바꾸어 맛을 본다. 여기서는 사탕 맛보기도 쉽지 않을 것이다.

이른 점심이라 라면을 다 먹지 못할 것 같아, 먹을 만큼 덜고 남은 것을 아이들에게 주었다. 냄비를 받아 든 아이들의 얼굴이 행복감으로 가득 찬다. 연신 냄비에서 나는 새로운 음식 냄새를 코로 맡으며 기대에 부푼다. 생전 처음 먹어볼 음식이니 신기할 것이다. 답례로 우리는 히말라야 차를 대접받았다. 히말라야 야생 풀을 말려 달인 물이다. 보리차처럼 담백하다. 잠시 후 스님은 독일 팀이 입장료를 내지 않고 갔다고 언덕을 넘어 뒤쫓아 갔다. 루리 곰빠 입장료는 냈지만 아래 곰빠 입장료는 내지 않았다는 것이다. 그들은 두 곰빠를 하나로 간주했는지도 모른다.

오후가 되자 날씨가 쾌청해졌다. 이제는 천천히 내려가는 여정이다. 다모다르 꾼드 갈림길에 이르니 아침에는 안 보이던 동네 사람 대여섯 명이 나와서 일을 하고 있다. 다모다르 꾼드로 오르는 길 언덕의 검은 흙을 남자들은 파고 여자들은 바구니로 날라 개울에 붓고 있다. 흙을 붓는 것은 수량이 얼마 되지 않는 개울물이 바닥으로 스며드는 것을 방지하기 위해서다. 개울에 흙을 부으면 흙이 방수제 역할을 해 준다. 이 물은 농사용이다. 계곡이 넓기는 해도 건기에는 물이 적은데, 몬순이 시작되기 직전인 지금이 가장 적을 때다. 몬순이 시작되면 리품소봉에 눈이 자주 내릴 것이고, 그 눈이 녹아 이 계곡의 물이 풍부해질 것이다. 그리고 그 물은 생명들을 길러낼 것이다.

일손을 멈춘 사람들이 뭐라고 소리친다. 일하는 데 막걸리 값이라도 좀 내고 지나가라는 말이라고 삼툭이 설명한다. 그래서 술 한 잔씩 사 마실 정

공동작업 중인 야라 마을 사람들.

도의 돈을 주었다. 이런 보시는 즐겁다. 계곡에서 다시 오른쪽 언덕길로 올랐다. 야라 마을 쪽 풍경이 장엄하다. 마을이 가까워질수록 멀리 보이는 절벽이 점점 거대한 신전의 기둥같이 다가온다. 좌우로 폭이 1킬로미터 가까이 되는 절벽이다. 기둥들의 높이는 평균 100미터 정도. 오랜 세월 동안 어루만진 자연의 손길이 아니고서는 누구도 저 장대한 절벽을 만들지 못한다.

오후 2시가 조금 지나 야라의 캠프로 돌아왔다. 그동안 스태프들이 집 앞의 나무에 포장을 쳐 임시 샤워장을 만들어 놓았다. 따뜻한 물 한 동이를 받아 씻고 나니 개운하다. 주방을 들여다보니 주방장 타파가 오늘은 어떤 요리를 만들어 지친 고객들의 원기를 회복시켜 줄까 고민하고 있다. 매 끼니 음식을 바꾸어 만드는 그도 고충이 많을 것이다.

지붕에서 해바라기를 하며 한가한 오후를 보냈다. 루리 곰빠 참배를 끝으로 무스탕의 주요 순례지 방문은 모두 끝났다. 내일부터는 부지런히 내려가는 일만 남았다. 그렇지만 내리막길만 있는 것은 아니다. 앞으로 4일

동안 3,000에서 4,200미터 사이를 여러 번 오르내려야 한다.

계곡 아래에서 불어오는 바람이 거세다. 어느새 서쪽 산마루에는 구름이 잔뜩 몰려와 있다.

## 16. 초르텐의 마을 땅게

오늘은 조금 일찍 출발했다. 목적지 땅게Tangye까지는 제법 먼 길이다. 마을 앞 계곡을 건너 신전처럼 보이는 절벽을 향해 올라갔다. 30분쯤 지나 도착한 절벽 위는 예상했던 대로 비행장 같은 평원이다. 뒤쪽으로 야라 마을이 한 눈에 내려다보인다.

평원을 잠깐 가로질러 가던 길은 멀리 고개를 향해 뻗어 있다. 밑에서 볼 때는 절벽만 오르면 되겠거니 했는데, 절벽에 가려져 있던 뒷산은 더 높다. 앞에 가는 사람이 가물가물하다. 평지여서 걷는 속도가 빨라, 사진 찍느라고 잠시 멈추면 금방 멀어진다. 그렇게 평원을 30분쯤 걸어 첫 번째 고개에 도착했다. 숨을 고르며 돌아보니 멀리 아래쪽에서 독일 팀과 우리 주방 팀이 무리 지어 따라오고 있다. 먼 산 아래 가라 마을도 보인다. 앞쪽으로는 붉은색, 노란색 그리고 황토색을 띤 특이한 모양의 산들이 여기저기 엎드려 있다.

인터넷상에서 2004년 프랑스인 트레커들이 찍은 땅게 마을의 사진을 본 적이 있었다. 넓은 계곡과 깊은 협곡, 그 사이에 있는 마을의 붉은 초르텐들. 그들이 찍은 여러 사진 중 그 사진이 인상에 남았다. 그들의 코스가 우리가 가는 코스와 거의 같아 그 사진들은 좋은 참고 자료가 되었다.

길은 산을 왼편으로 끼고 굽이굽이 돌아간다. 가끔 나타나는 낮은 구덩이를 오르내리는 것도 보통 일이 아니다. 마지막 모퉁이를 돌자 광활한 두 번째 '활주로'가 나타났다. 이런 평지 길은 얼마든지 환영이다. 오른쪽으로 끝없이 펼쳐진 넓은 평원 끝은 깔리 간다키로 떨어지는 절벽이고, 절벽 맞은편은 짜랑이다. 짜랑 뒤편 서쪽 산봉우리들은 구름에 가려 보이지 않는다.

잠시 후 게창Gechang 콜라가 내려다보이는 절벽 끝에 도착했다. 출발한 지 1시간 반밖에 되지 않았으니 빨리 온 셈이다. 오르막보다는 넓은 평지 고원 길이 많았기 때문이다. 이미 도착한 주방 팀이 쉬고 있다. 독일 팀, 이탈리아 팀도 거의 비슷한 시간에 도착했다.

## 게 창 콜 라

이윽고 모든 팀이 거의 동시에 게창 콜라를 향해 내려가기 시작했다. 지그재그로 난 미끄러운 자갈길이다. 게창 콜라는 다모다르 꾼드에서 내려온 물이 만든 아주 넓은 계곡이다. 수량이 많고 물살이 거칠다.

내려온 사람들은 그 중 비교적 건너기 쉬운 물길을 찾아 신발을 벗기 시작한다. 내가 삼툭을 따라 주방 팀이 건넌 곳에서 막 신발을 벗으려는 찰나, 이미 건너가 있던 키친보이들이 멈추라는 신호를 보낸다. 그리고 우리 쪽으로 건너와 제일 젊은 21세의 담이 나를 업고 다른 사람은 배낭과 스틱을 들어 주었다. 그렇게 우리 세 사람 모두 업혀서 계류를 건넜다.

다른 팀을 보니 노인네들을 부축해 주기는 해도 업어 주지는 않는다. 키가 크고 몸이 무거운 서양인을 덩치 작은 네팔 사람이 업기는 무리다. 6월 초순까지는 여기서 게창 콜라를 건너는 데 어려움이 없지만 그 이후는 몬순으로 계곡물이 불어나 건너기 쉽지 않다고 한다. 말을 이용한다면 몬순 기간에도 건널 수 있을지 모르겠다.

구름이 조금씩 벗겨져 파란 하늘이 보이기 시작한다. 계곡 건너편으로

게창 콜라를 건너는 포터들.

게창 콜라와 깔리 간다키 강의 합수점.

와서 바라본 경치도 훌륭하다. 우리가 내려온 절벽의 돌기둥과 파란 하늘이 조화를 이루고 있다. 아래쪽 깔리 간다키와 합수되는 곳의 풍광도 빼어나다. 구름 사이로 햇빛에 드러난 계곡이 매혹적이다. 왼편은 늘어선 기둥 모양의 거대한 절벽인 걸로 보아 그 위도 역시 평지일 것이다.

그쪽 넓은 계곡 바닥은 야영하기 좋아 보인다. 다만 여기는 식수가 없다. 계곡물은 흙탕물이라 먹지 못한다. 물이 많이 필요치 않은 간편한 식사만 한다면 야영이 가능하겠다. 만약 어제 야라에서 점심 먹고 출발하여 여기서 잤다면 아주 멋진 밤을 보낼 수 있었을 것이다. 그러나 사전 정보가 없었다. 이 구간에서는 트레커들이 길을 재촉하여 가기 바빠 게창 콜라에서 야영할 생각은 하지 못할 것이다. 어쨌든 아쉬움이 남았다.

게창 콜라에서 점심을 먹기로 했다. 시간이 이르긴 해도 앞으로 남은 길은 계속 오르막이라 마땅히 먹을 장소가 없다. 물을 지고 가는 스태프들을 생각해서라도 빨리 먹는 것이 좋다. 주방 팀이 점심을 준비하는 동안 그늘에서 쉬고 싶은데 뜨거운 햇볕을 피할 곳이 없다. 아직은 바람도 불지 않는다. 모자를 푹 눌러 쓰고 그냥 비탈에 기대어 휴식을 취한다. 이탈리아 팀은 그대로 통과했다. 독일 팀은 계곡 물가에 모여 있는 걸 보아 거기서 점심을 먹는 모양이다.

점심으로 라면과 짜파티가 나왔다. 어제처럼 아침에 밥을 미리 지어오지 않아 라면에 밥을 말아 먹을 수 없다. 짜파티는 얇고 넓적한 부침개 같은 것인데 재료로 밀가루 한 가지만 사용하기 때문에 어지간히 배고프지 않는 한 입이 잘 받아주지 않는 음식이다. 아침을 가볍게 먹었으니 점심은 밥으로 먹고 싶은 우리 마음을 가이드와 주방장이 헤아리지 못했다. 그러나 밥이 없는데 어쩔 것인가. 주는 대로 먹는 수밖에.

### 고개 넘어 고개

점심 먹고 잠시 쉰 후 다시 출발했다. 이제부터는 끝없는 오르막이다. 스카이라인은 잘 보이지만 그게 끝이 아니다. 우리가 넘어야 할 고개는 그 뒤에 있을 것이다. 오르막은 늘 그렇다. 30분쯤 오르니 조금 전 지나갔던 독일 팀이 쉬고 있다. 여기서도 이들은 같이 쉬고 같이 출발한다. 기력을 아끼기 위해서인지 모두 말이 없다. 80세 할아버지는 늘 가이드 둘이 따라다닌다. 우리는 30분을 더 올라 3,700고지에서 쉬었다. '활주로'가 눈 아래 보이기 시작한다. 저 멀리 넘어야 할 다른 고개가 보인다. 우리가 쉬는 사이 다시 독일 팀이 지나갔다. 두 팀이 서로 앞서거니 뒤서거니 한다.

계속 오르막을 오르자니 땀이 비 오듯 하고 숨도 가쁘다. 마실 물도 떨어졌다. 무게를 줄인다고 아침에 반 병만 받은 것이 잘못이었다. 아껴 먹었지만 점심을 먹고 나니 얼마 남지 않았다. 오르막에서 계속 목을 축였으니 남아날 리가 없다. 이 구간에 물 마실 데가 없다는 것은 알고 있었으나 이렇게 땀을 많이 흘릴 줄 몰랐다. 옆 사람 물을 조금 얻어먹었다. 아직 갈 길이 먼데 물이 없으니 난감하다.

쉬고 있는 독일 팀을 다시 앞질러 가장 높은 고개(3,910m)에 당도했다. 고개 너머에는 또 다른 풍광이 기다리고 있었다. 전망이 툭 터지고 멀리 다울라기리가 보이는 황무지 사이로 끝이 가물거리는 길이 이어져 있다. 고개 위라 바람이 엄청나게 분다. 점심 먹고 출발하여 2시간이 채 걸리지 않았는데, 훨씬 오랜 시간이 지난 것 같다. 마지막 남은 삼툭의 물을 조금씩 나누어 마시며 바람에 땀을 식힌다. 멀리 아래에서는 짐을 실은 우리 말들이 오고 있다.

다시 출발. 일단 급경사 내리막길이다. 아래로 내려가면 대체로 평지 길이지만 중간 중간 골이 있다. 골을 오르내리는 일도 힘들다. 멀리서 보면 작은 도랑 같지만 가까이 가보면 제법 깊은 골이다. 3,700고지에서 30미터 내려갔다가 다시 30미터 오르는 일을 여러 번 반복하기란 쉬운 일이 아니다. 점심도 부실하게 먹었고 목도 탄다.

그렇게 50분을 더 걸어 두 번째 고개(3,785m)에 도착했다. 모두 지친 표정이 역력하다. 10시 20분에 간단하게 요기하고 나서 3시간 이상 땀나는 오르내림을 반복했으니 지치지 않을 수 없다. 그나마 멋진 풍광이 노고를 위로해 주었다. 무스탕으로 올라가면서 보았던 풍경이 바로 눈앞에 있다. 기하학적 무늬와 서로 다른 색깔을 지닌 지층이 완연하다. 건너편에 보이는 짜랑과 마랑은 뒤로 많이 물러나 있다.

고개에서 길은 능선을 우회하다가 기이하게 생긴 작은 봉우리 두 개를 돌아 내려가고 있다. 면도로 삭발한 머리처럼 매끈한 봉우리인데 풀이 전혀 없는 완벽한 불모지대. 표면은 가뭄 든 논처럼 갈라져 있다. 올라가 보니 겉은 무르나 그 아래는 단단하다.

　무스탕의 산들은 다양하고 신기한 모양의 절벽과 토질을 가지고 있어, 황량하지만 지루한 느낌이 전혀 들지 않는다. 이 동쪽 사면은 서쪽 사면처럼 마을과 문화유적은 많지 않다. 그러나 자연이 준비해 둔 다이내믹한 풍광이 사람의 마음을 빼앗는다. 다만 오늘은 배가 고프고 목이 말라 풍광을 편히 즐길 마음의 여유가 없다. 무스탕도 식후경인가.

　봉우리를 돌자 급경사 내리막길이고 그 길이 끝나는 곳부터는 넓은 '땅게 활주로'가 시작되고 있다. 내려올 때는 잘 몰랐는데 내려와서 돌아보니 고개까지 여간한 높이가 아니다. 밑에서 보는 산의 모습도 특이하다.

　여기서도 초반에는 작은 골짜기를 오르내리는 일이 반복되었다. 평지의 고원길을 걷는 것은 그리 힘들지 않다. 그러나 평지 길은 발놀림이 빨라져

**땅게 가는 길에 나오는 민머리 동산.**

**땅게 위 절벽의 평원길.**

다리가 바빠진다. 길은 곧 두 갈래로 나뉘었다. 오른쪽 길은 땅게로 바로 가는 길이고 왼쪽 길은 마을 위쪽 계곡으로 가는 길이다. 모두 지친 상태였으나, 바로 앞쪽에 다울라기리와 툭체봉이 우뚝 솟아 있어 걷는 내내 위로가 되었다. 그렇게 직선 길 1.5킬로미터를 40분 동안 부지런히 걸어 땅게 마을 위의 절벽 끝에 도착했다. 햇볕은 뜨겁고 바람은 거세다. 잠시 숨을 고르며 쉰다. 넓은 고원과 설산, 깎아지른 듯한 절벽이 줄지어 있는 계곡의 풍광은 그야말로 환상적이다.

### 땅게

절벽에서 마을까지 400미터를 내려간다. 길은 지금까지와는 달리 자갈과 모래가 섞여 있는 자갈밭이다. 미끄럽기는 하지만 발이 푹푹 빠지기 때

253

문에 넘어질 염려는 없다. 조금 내려가자 보리밭이 나타나고 곧 마을이 보였다. 마을 언덕 캠프장에는 독일 팀 스태프들이 쳐 둔 노란 텐트가 보이고, 마을집 지붕에는 먼저 온 이탈리아 팀의 텐트가 바람에 펄럭인다. 우리 텐트는 아직 보이지 않는다. 마을 어귀의 붉은 세로줄무늬가 그려진 초르텐들을 지나자 비로소 우리의 야영지가 나타났다.

스태프들이 막 텐트를 치고 있다. 삼툭이 바깥에 마련된 식탁으로 비스킷과 차를 내 왔다. 뜨거운 물부터 서너 컵 연달아 들이켜 갈증을 달랬다. 목이 탈 때는 찬물보다 뜨거운 물이 더 시원하다는 사실을 알았다.

점심을 짜파티 하나로 간단하게 때운 스태프들은 이제야 라면을 끓여 먹고 있다. 우리도 힘들었지만 무거운 짐을 지고 따라온 주방 팀에 비하면 아

**땅게 위 절벽에서 내려오다 본 땅게 콜라 하류.**

땅게 마을.

무엇도 아니다. 우리는 마당에서 쉬다가 햇볕이 너무 뜨거워 나무 그늘로 피신했다. 그곳에서 우리가 내려온 절벽 길이 까마득하게 보이고 막 독일 트레커들이 내려오고 있다. 우리보다 30분가량 늦었다.

   땅게는 멋진 마을이다. 무스탕 어디에서도 이렇게 훌륭한 풍광을 지닌 동네를 보지 못했다. 나무들이 둘러싸고 있는 마을은 강을 바라보고 있고, 마을 앞 강변에는 푸른 경작지가 있다. 마을 앞뒤로 서 있는 웅장한 절벽과 넓은 계곡을 흐르는 강물이 완벽한 조화를 이룬다. 무엇보다도 마을 한쪽에 모여 있는 초르텐들이 이 소담한 마을을 동화 속 풍경처럼 정취 있게 만들고 있다. 주민들의 삶은 무스탕의 여느 곳과 같이 척박하겠지만, 경관만으로는 이곳이 파라다이스 아닌가 싶다.

   서양의 어떤 트레커는 만일 네팔이 알프스 같다면 결코 해마다 가지 않

초르텐이 아름다운 땅게 마을 풍경.

을 거라고 했다. 알프스는 지루하다는 것이다. 알프스에는 관광객들을 위한 편의 시설이 잘 갖추어져 있기만, 10여 일씩 자신의 두 다리로 산을 오르내릴 수 있는 트레킹 코스는 드물다. 또 숙식비가 비싸 여러 날 머무르기도 부담스럽다. 트레커가 갈 데가 별로 없으니 지루할 법도 하다. 네팔에서는 몇 달을 다녀도 다 다닐 수 없을 만큼 많은 트레킹 코스가 있고, 코스마다 다른 느낌을 받는다. 그러나 어느 코스든 전체를 일관하는 큰 감동이 있으니 그것은 대자연과 하나가 되는 행복감이다.

무스탕은 어떻게 보면 이상향 같기도 하다. 사람들은 해 뜨면 일하고 해지면 잠잔다. 농사와 목축이 주업이라 복잡한 업무로 인한 스트레스도 없다. 경쟁과 사회적 성공의 강박관념도 없다. 술집도 도박장도 없다. 출세할 일이 별로 없어, 학교 공부도 많이 할 필요가 없다. 소박한 식사에 매일 육체노동을 하므로 몸은 고단할지언정 문명사회의 온갖 성인병은 없다. 육체노동을 하지 않는 왕족과 귀족이 있지만, 계급갈등 같은 요소는 발견되지 않는다. 또 모든 사람이 불법을 신앙해 종교적·도덕적 지주가 확고하다. 많은 사람이 '옴 마니 밧메 훔' 진언을 하면서 마니차를 돌리는 것도 그 때문이다. 번뇌가 적은 안빈낙도安貧樂道의 삶이라 하겠다.

그렇지만 무스탕에도 애환이 많다. 주민들이 가난한 것은 둘째 치고, 현대적 의료 시설이 거의 없어 죽지 않을 병에도 죽을 수 있다. 기초적인 의약품조차 부족하다. 여기라고 질병이 없겠는가. 또 살다 보면 부상을 입기도 하고 상처가 곪을 수도 있으며, 과도한 육체노동으로 인한 관절염도 생길 수 있다. 아이들의 영양실조나 여성들의 부인병도 있을 것이다.

예로부터 무스탕 사람들은 병이 나면 주술사에게 의지하는 경우가 많았

**악령잡이 및. 까그베니의 어느 집 벽에 걸린 것이다.**

다. 사람이 병이 드는 것은 악령이 몸에 들어오기 때문이라고 믿어서이다. 무스탕의 집들을 보면 야크나 염소 두개골에다 실을 거미줄처럼 감아 창문이나 문 위에 걸어둔 것을 흔히 볼 수 있다. 이것은 악령의 침입을 막기 위한 '악령잡이 덫'이다. 우리가 볼 때는 미신적인 방법이지만 보건 상식이 빈약하고 의료 체계가 미비한 곳에서는 그런 정신적 의지처가 필요한 법이다.

그러므로 무스탕은 결코 이상향일 수 없다. 다른 어디에는 그런 곳이 있을 수 있을까? 인간의 삶 자체가 생로병사의 고통 속에 있는데, 지상의 어디서 낙원을 찾겠는가? 진정한 낙원은 어떤 장소가 아닌, 삶의 괴로움을 벗어난 '상태'일 것이다. 그것은 우리의 내면에서, 우리의 번뇌로 얼룩진 마음을 넘어선 곳에서 찾아야 할 것이다. 그것을 성취하는 것이 곧 깨달음, 열반 혹은 구원이리라. 내면이 자유로울 때, 우리는 어디에서도 행복을 발견할 것이다. 고인古人도 '수처작주 입처개진 隨處作主 立處皆眞'\* 이라 하지 않았던가? 이 낙후된 오지에 와서 나는 새삼 샹그릴라나 샴발라의 진정한 의미를 음미하고, 참된 자유를 꿈꾸어 본다.

늦은 오후 마을 주변 초르텐 주위를 어슬렁거렸다. 땅게의 상징은 이 초르텐들이다. 이게 없다면 분위기가 많이 다를 것이다. 초르텐들은 마을 어귀나 길가에 여기저기 흩어져 있다. 두 줄로 네 개씩 붙은 8개의 작은 초르텐이 한 지붕을 쓰고 있는 독특한 모습의 것도 있다. 마치 흥부네 아이 8명이 한 모포에 각기 구멍을 뚫고 머리를 내밀고 있는 것 같다.

그러나 이곳의 초르텐들도 다른 곳과 마찬가지로 오랫동안 보수를 하지 않아 조금씩 깨지거나 떨어져 나가고 있다. 제행무상諸行無常이라더니 이 불탑들도 세월 앞에서는 속수무책이다. 하긴 저 크고 높은 절벽들도 허물어지는데 인간이 만든 이 작은 구조물들이야 말할 것도 없다.

\*"어디서든 주인공이 되라. 서 있는 그 자리가 모두 참되다."는 뜻으로, 중국 당나라 때의 임제 선사가 한 말이다.

계곡 건너편에서 본 땅게 마을.

　이곳의 절벽에도 동굴이 많이 보인다. 아이들이 떠드는 소리가 들린다. 야영지 위쪽 공터에 초르텐 하나가 외따로 서 있다. 독일 팀의 젊은 여성 트레커가 산책을 나왔다. 가벼운 눈인사. 무스탕에서는 말이 필요 없다. 이런 곳에서는 서로 느낌으로 통한다. 모처럼 말 많은 세상에서 말없는 세상으로 들어왔는데 굳이 말을 할 이유도 없다.

　마을 동쪽 바로 앞산은 완벽한 불모지대. 부분적인 불모지는 많지만 이처럼 산 전체가 풀 한 포기 없이 시커먼 모습은 처음 보았다. 마치 달 표면 같다. 토롱 라를 넘을 때도 불모지대가 나타나지만 그곳은 5,000미터가 넘는 곳이라 당연한 일이다. 여기는 고도 3,300미터의 비교적 낮은 곳인데도 풀 한 포기 없다. 풀이 자랄 수 없는 토양인 모양이다.

일몰의 마지막 햇살이 구름 속에서 머뭇거린다. 강물이 햇빛에 잠시 반짝이더니 곧 해가 지고 계곡과 마을이 천천히 어둠 속으로 잠긴다. 그리고 물소리, 풀벌레 소리, 염소 우는 소리, 아이들 떠드는 소리……. 계곡에 밤이 찾아들고 있다.

## 17. 무스탕의 바람골 빠 콜라

 날이 밝자 목동들이 염소를 몰고 산으로 올라간다. 저녁이면 구름이 몰려와 밤새도록 흐리다가 아침 7시경부터 날이 개기 시작하는 것이 요즘의 일상이다. 몬순 철 무스탕 날씨의 특징이다. 안나푸르나 남쪽은 비가 내리기 시작했을 것이다. 여기는 비그늘 지역이라 구름만 끼고 있다.
 아침 먹기 전에 산책을 나선다. 초르텐 안을 들여다보기 위해서다. 어제 저녁 보명화 보살이 초르텐 안의 벽에 멋진 불화가 그려져 있다고 말했다. 까그베니의 초르텐처럼 기단부 안으로 들어가 볼 수 있게 만들어진 초르텐은 맨 끝에 있다. 들어가 보니 벽화는 빗물에 얼룩이 많이 져 있다. 사방 벽으로 불보살과 빠드마삼바바 등을 그렸는데 얼룩이 지기는 했지만 정교하고 아름다운 작품이다. 벽화에 덧칠을 하지 않은 것은 그나마 다행이다. 하루빨리 이 벽화가 복원되기를 기원했다.
 캠프로 돌아가자 독일 팀과 이태리 팀 스태프들이 짐을 챙겨 출발하고 있다. 트레커들은 5시 전에 출발했다고 한다. 그들은 오늘 테탕Tetang까지 간다. 일정을 짤 때 가장 고심했던 구간이 땅게-테탕 구간이다. 땅게에서 테탕까지는 부지런히 걸어도 10시간 걸린다고 하니 내 취향은 아니다. 중간에 마을이 하나 있으면 좋겠는데 계속 산꼭대기를 지나는 길이라 마을이

벽화가 있는 초르텐(맨 위)과 그 안에 있는 벽화.

없다. 그래서 여행사들은 다소 무리이지만 테탕까지 바로 가는 일정을 잡고 있다. 혹시 어떤 방법이 있지 않을까 인터넷을 찾아보니 제이미 맥기니스Jamie MacGuinness라는 사람이 운영하는 여행사의 트레킹 상품에 이 구간 중간의 빠 콜라Pa Khola에서 야영을 한다고 나와 있었다. 야영이 가능하다는 것은 물이 있다는 뜻이다. 그래서 문제가 쉽게 해결되었다. 4천 고지에서 물을 만나는 것은 사막에서 물을 만나는 것과 같다. 실제로 이곳은 사막이나 다름없다. 무스탕 동쪽 사면 여행이 어렵다는 것은 물이 귀하기 때문이다. 땅게에서 빠까지 4시간 걸린다고 하니 천천히 걷는 우리는 5시간이면

땅게 마을 밖에 있는 초르텐. 초르텐의 두 가지 양식이 함께 나타나 있다.

충분하리라 생각했다. 오늘 일정은 그래서 대체로 느슨한 편이다. 그래도 4,200미터의 고개를 넘어야 하니 만만하게 볼 일은 아니다. 고도를 900미터 더 올려야 한다.

땅게는 로초둔, 즉 로 왕국의 맨 아래쪽 마을이다. 로쵸둔의 동쪽 사면 마을들은 디<sup>(디가온)</sup>, 수르캉, 야라, 가라, 데가온<sup>Dhe gaon</sup> 그리고 땅게인데, 땅게는 서쪽의 게미보다 조금 더 아래쪽이다. 땅게 앞의 넓은 계곡은 마을 위쪽<sup>(동쪽)</sup>에 있는 땅게 콜라<sup>Tange Khola</sup>와 야크 콜라<sup>Yak Khola</sup>가 마을 바로 위에서 만나 만든 큰 계곡이다. 빠로 가는 길은 먼저 땅게 콜라부터 건넌다. 계곡에 튼튼한 다리가 놓여 있다. 다리를 건너 오른쪽 산비탈 길을 타고 야크 콜라로 향했다. 멀리 땅게의 전체 모습이 잘 보인다. 파란 하늘이 조금씩 드러나자 아침 구름으로 우중충할 때와는 다른 멋진 풍경이다. 누구나 땅게를 보고 나면 그 모습을 쉽게 잊을 수 없을 것이다.

### 끝없는 오르막

야크 콜라의 강바닥까지는 그리 힘들지 않았다. 야크 콜라는 땅게 콜라보다 훨씬 넓어 계류를 건너기 위해 강바닥을 한참 걸었다. 아직 주방 팀이 오지 않았기 때문에 이번에는 업혀 건너는 호사는 누릴 수 없었다. 신발을 벗고 무심코 발을 넣었다가 이번에도 차가운 물에 깜짝 놀랐다.

계곡을 건너면 바로 오르막이 시작된다. 이제부터 고개에 오르기까지는 내리막이 없다는 사실을 알고 있기에 마음을 단단히 먹었다. 위를 보니 하늘 아래 거대한 성벽 같은 절벽이 버티고 있다. 이 역시 땅게 주변의 특별한 지형이 만든 절벽이다. 30분 오르고 휴식. 땅게 절벽이 차츰 눈높이로 보인다. 현재 고도는 약 3,500미터. 이제 겨우 200미터 상승했다. 앞으로 700미터를 더 올라가야 한다.

도중에 염소 떼들이 풀을 뜯고 있는 절벽 모퉁이 부근에서 쉬었다. 고도

땅게 계곡 건너 오르막길.

가 높으니 30분 이상 계속 오르기는 힘들다. 가파른 30도 경사면을 계속 올라가야 하기 때문에 거의 등반 수준이다. 3,800미터 지점에서 다시 긴 휴식을 취하며 준비해 간 간식을 먹었다. 오르막은 끝이 보이지 않는다. 주방 팀과 독일 팀의 말들은 우리를 추월했다. 그동안 다른 팀의 말을 보지 못했는데 독일 팀도 말을 열댓 마리 동원하고 있다. 그들의 캠핑 장비와 식량 등의 짐을 다 운반하려면 아마 20명의 포터가 필요할 것이고, 그 포터들의 식량과 잠자리도 문제다. 그렇다면 들판에서 풀을 뜯고 노지에서 자는 말을 쓰는 것이 훨씬 편리하고 효과적이다.

유럽의 도보 순례길 중에는 스페인의 유명한 기독교 순례길 카미노 데 산티아고Camino de Santiago가 있다. 나는 2004년 일본 NHK가 제작한 다큐멘

터리 〈엘 카미노-산티아고 가는 길〉을 TV로 보고 이 길에 마음이 끌렸다. 무엇보다도 전 일정을 걸어서 마친다는 점이 매력적이다. 프랑스 국경부에서 시작되는 800킬로미터의 카미노 프랑스 Camino France 코스는 산티아고로 가는 8개의 코스 중 가장 긴 것인데, 만약 기회가 온다면 나도 이 길을 한 번 걸어 보고 싶다.

영국의 뉴에이지 음악가인 고머 에드윈 에번스 Gomer Edwin Evans의 〈아이 워크 더 마운틴스I Walk the Mountains〉라는 곡이 있다. 이것은 그가 산티아고 순례 중 영감을 얻어 작곡한 것인데, 내가 히말라야 산자락을 걸으며 MP3로 즐겨 듣던 곡이다. 이 곡은 특히 오르막을 오를 때 큰 힘이 되어 주었다. 그런데 무스탕에서 들으니 전혀 분위기에 맞지 않아 계속 들을 수가 없었다. 오르막에서도 별 도움이 되지 않았다. 히말라야 산길에서는 힘을 주던 음악이 여기서는 아무 감흥이 나지 않는 것은 무슨 까닭일까? 아무래도 이번 무스탕 여행은 우리 자신에게 불교 성지순례의 의미가 있기 때문인 듯하다.

불교 성지에는 석가모니 부처님과 직접 관련이 있는 장소들도 있지만, 불멸佛滅 이후 형성된 불교권의 성지들은 대부분 불도 수행으로 깨달은 스승들, 또는 그 깨달음을 얻기 위해 각고의 수행을 한 분들의 자취가 있는 곳이다. 순례자는 자신도 그 길을 따라갈 수 있기를 발원하기 위해, 또는 그곳에 아직도 남아 있을 스승들의 영적인 기운을 흡수하기 위해 그런 곳을 찾는다. 무스탕 지역은 전체적으로 그런 기운이 느껴지며, 그것은 은미隱微하게 우리 내면으로 스며들어 해이해진 우리의 종교적 감수성을 자극한다. 나로서는, 무스탕 계곡 전체가 하나의 싱그러운 성지로 느껴진다.

다시 고행이 시작되었다. 우리를 추월한 말들은 어느새 산꼭대기로 올라가 있다. 작은 골짜기 옆으로 난 지그재그 길을 한참 올라가야 저곳에 도착할 것이다. 모두들 아무 말 없이 오르고 있다. 숨쉬기도 힘든 판이라 말을 하고 싶지도 않다. 이런 곳에서는 천천히 걸음을 떼어야 한다. 급하게 힘을 쓰다가는 금방 지치고 만다. 토끼처럼 빨리 걷고 자주 쉬기보다는 거북이처럼 느리게 꾸준히 걷는 것이 힘도 덜 들고 도착도 빠르다.

그렇게 한 걸음 한 걸음이 모여 마침내 고갯마루에 당도했다. 그러나 고개임을 표시하는 룽다나 타르초가 보이지 않는다. 아니나 다를까, 다시 오르막으로 이어지는 길이 나타났다. 한숨이 절로 나왔다. 시간은 이미 11시를 넘고 있다. 저만치 아래로는 아침에 우리가 출발했던 땅게가 꿈속의 나라처럼 아련하게 보인다. 땅게 위의 '활주로'도 보이고 더 멀리로는 짜랑과 마랑, 그리고 수평선을 이루고 있는 티베트 고원까지 한눈에 들어온다.

슬슬 배도 고프고 물도 바닥나기 시작했지만 내처 오르기 시작하여 곧 정상이 보이는 지점에 도착했다. 타르초가 펄럭이고 있는 것을 보니 그곳은 꼭대기임이 분명하다. 그제야 마음이 좀 느긋해졌다. 이제는 각자 알아서 쉬고 있다. 운행 속도가 다르니 그것이 편하다. 말을 타고 올라오던 한 현지인 여인이 보명화 보살에게 힘들면 자기 말을 타라고 했지만 눈앞에 정상을 두고 자존심이 허락하지 않는지 사양하고 있다.

12시 22분, 드디어 고갯마루에 도착했다. 고도는 4,165미터. 땅게에서 여기까지 5시간 걸렸으니 생각보다 많이 걸렸다. 높은 곳이라 바람이 거세다. 잠시 간식을 먹으며 쉬었다. 배도 고프고 다리도 아팠지만 가장 견디기 힘든 것은 갈증이다. 이번에도 물이 모자라 물이 남은 사람의 것을 조금씩 나누어 마셨다. 다행히 빠 콜라는 1시간 거리에 있다고 한다.

고갯마루에서 보니 빠 가는 길이 가물가물하다. 암갈색 산은 세월의 주름이 깊이 패여 있다. 서쪽 깔리 간다키 계곡 건너편으로 길링이 보인다. 산 너머 오른쪽으로는 높이 솟은 다울라기리가 반갑다. 여기서 다울라기리 정상까지는 직선거리로 55킬로미터이다. 좀솜에서는 26킬로미터밖에 안 되지만 거기서는 마을 뒷산에 가려 보이지 않는다. 까그베니에서는 산봉우리 끝만 조금 보인다. 안나푸르나 북쪽지역에서는 묵티나트에서 가장 잘 보인다. 다울라기리 산군은 1봉부터 6봉까지 있는데, 2봉부터 6봉까지는 큰 빙하를 사이에 두고 1봉 서쪽에 남북으로 줄지어 서 있다.

다울라기리 일주Dhaulagiri Circuit 트레킹 역시 캠핑이 필요한 트레킹이다. 포카라 서쪽 70킬로미터 지점의 베니에서 출발하여 시계 방향으로 북쪽으로 올라가 다울라기리 산군 사이의 빙하지대에 있는 베이스캠프(4,750m)를 통과하고 프렌치 패스(5,360m)와 타파 패스(5,250m)를 넘어 좀솜 아래 마을인 마르파로 내려온다. 마르파에서 처음 출발한 베니까지 내려오면 일주가 끝나지만 보통은 좀솜으로 올라가 비행기를 타고 포카라로 돌아온다. 이 트레킹을 할 정도라면 안나푸르나 일주는 이미 오래 전에 마친 사람들이다.

땅게 위 고개에서 바라본 다울라기리(사진 왼쪽의 봉우리).

안나푸르나 산군 동쪽에는 마나슬루가 있고 서쪽에는 다울라기리가 있다. 안나푸르나 산군을 중심으로 하는 트레킹 코스는 간단한 푼힐 트레킹부터 고난도의 다울라기리 트레킹까지 다양한 코스가 있다. 그러므로 안나푸르나 산군을 히말라야 트레킹의 메카로 부르는 것은 당연한 일이다. 이 지역의 트레킹 코스를 난이도 순으로 적어보면 대체로 다음과 같다.

푼힐Poonhill 트레킹
좀솜Jomsom 트레킹
안나푸르나 베이스캠프Annapurna Base Camp 트레킹
안나푸르나 일주Annapurna Circuit 트레킹
나르-푸가온Naar-Phu gaon 트레킹
틸리초 횡단Manang-Tilicho-Mesokanto la-Jomsom 트레킹
마나슬루 일주Manaslu Circuit 트레킹
무스탕 일주Mustang Circuit 트레킹
돌포 일주Dolpo Circuit 트레킹
다울라기리 일주Dhaulagiri Circuit 트레킹

## 빠 콜라

고갯마루에서 다시 출발하여 오후 1시 20에 빠 콜라(4,080m)에 도착했다. 콜라라고 해서 계곡인 줄 알았는데, 그냥 움푹 파인 마른 계곡 사이의 작은 언덕이다. 까마귀가 많이 날고 있다. 오르는 도중 산비둘기도 보았다. 이런 곳에도 먹이가 있는 모양이다. 계곡 아래에서 바람이 세게 불어와 스태프들이 텐트를 치느라 애를 먹는다. 건너편으로 붉은 절벽 닥마르가 잘 보인다. 동쪽 사면에서는 서쪽 사면의 마을들이 한 눈에 들어와 마치 무스탕의 조감도를 보는 것 같다.

이곳에 돌담으로 구획한 마당이 있는데 가축 우리용이다. 마당 한쪽에는 목자들을 위한 공간이 두 개 있다. 돌담 바깥에 물이 나오는 수도꼭지가 하나 있다. 방목하는 염소나 양들을 위한 것이다. 쫄쫄 흐르는 정도지만 이런 고지대에 물이 나오는 것만 해도 고마운 일이다. 이 물이 없다면 우리는 테탕까지 계속 가야 했을 것이다.

빠 콜라는 유난히 먼지가 많다. 텐트 안에 들어가니 먼지가 뿌옇다. 수건을 적셔 닦아보지만 감당할 수가 없다. 그래서 포기하고 그냥 유목민이 되기로 한다. 그게 마음 편하다. 먼지를 성가셔 하는 보명화 보살은 텐트 바닥을 열심히 닦고 있다. 돌담 안의 마당에 텐트를 치면 먼지가 덜 들어오겠지만, 마당에 가축의 마른 똥들이 층층이 쌓여 있어 냄새를 감당하기 어려울 것이다. 고산지대라 해도 코밑의 냄새까지 사라지지는 않는다.

텐트 안이 덥고 해가 많이 남아 있어 밖으로 나갔다. 내일 갈 곳을 미리 답사해 보기 위해 길을 따라 4,130미터까지 올라갔다. 꼭 안나푸르나 베이스캠프의 높이다. 아래쪽 야영지가 잘 보였다. 서쪽에서 햇살이 쏟아져 시야를 막아 풍경이 뿌옇게 보인다. 한 아주머니가 염소 떼를 몰고 산에서 내려오고 있다. 해가 조금씩 기울고 있는 이 시간에 동네로 갈 것 같지는 않고 근처의 야외 우리로 가는 모양이다. 염소들이 우르르 수돗가로 몰려가 목을 축인다. 하루 종일 돌아다니며 메마른 땅에 거의 붙어 있다시피 한 풀을 뜯느라 고생했을 염소들이다.

저녁은 맛있는 스파게티가 나와 잘 먹었다. 살아 있는 모든 생명은 먹는 것이 무엇보다 중요한 일이다. 저 염소들이 온종일 고원을 헤매고 다니는 것도 먹고 살기 위해서이다. 인간이 노동하는 것도 마찬가지이다. 철학적 성찰도 낭만적 유희도 허기를 채운 후에야 가능한 일이다. 왜 생명체들은 먹어야만 살게 만들어졌을까. 이것은 나에게 큰 불가사의이다. 해가 지자 바람의 방향이 바뀐다. 이제는 산 위에서 불어 내려온다. 잠시도 그칠 기세가 아니고 바람의 힘도 엄청나다. 그래서 나는 빠 콜라를 '무스탕의 바람골'이라고 명명했다.

  별이 많은 밤이 찾아왔다. 텐트 앞으로 목을 내어 하늘을 쳐다보다가 내친 김에 텐트 속의 매트리스를 밖에다 깔고 눕는다. 누워서 쳐다보는 별도 오랜만이다. 이곳에는 순수한 자연의 빛만 있다. 한참을 바라보다가 아예 침낭을 가져다가 그 속에 들어가 얼굴만 내놓고 올려다본다. 이럴 때 나는 영락없이 소년이다. 30분쯤 지나자 구름이 몰려오기 시작해 그만 텐트 안으로 들어가 잠을 청했다. 염소 우는 소리가 바람에 끊어졌다 이어진다. 별들만 빛나는 고원의 밤이 깊어갔다.

**빠 콜라의 야영지.**

## 18. 황홀한 4천 미터 고원길

　밤새 불던 바람은 새벽녘이 되어서야 잠잠해졌다. 날이 밝아오면서 양과 염소 그리고 개가 짖는 소리가 잦다. 운무가 가득한 아침이다. 오늘도 가야 할 길이 멀기 때문에 아침을 일찍 먹고 7시에 출발했다. 오랜만에 김치찌개를 먹어서인지 속이 개운하다. 한때는 어느 나라에 가도 음식에 구애받지 않노라고 큰소리쳤던 적이 있는데, 찌개 냄새에 군침이 도는 것은 어쩔 수 없다. 마음은 속일 수 있어도 몸은 속일 수 없는 것 같다.

　우리 세대는 원래부터 서양 음식과 친하지 않은 편이다. 10년 전 인도로 단체 순례여행을 갔을 때 노老보살님들이 밑반찬을 바리바리 싸 오던 것을 두고 속으로 '노인네들은 할 수 없어!' 하고 혀를 찼다. 같이 잘 먹으면서도 말이다. 어느새 나도 오십 줄에 들어섰으니 곧 노인네 소리를 들을 나이가 되었다. 이제는 젊은이들이 나를 그렇게 불러도 괘념치 않을 것이다. 다만 "경험 많은 내가 더 잘 안다. 젊은 너희가 뭘 아느냐." 하는 고집은 부리지 않겠다. 내가 보기에 그것이 노인들의 가장 큰 결점이다. 젊은이들이 미숙해 보여도 기꺼이 주도권을 넘겨줄 수 있어야 한다.

　그런 점에서 무스탕은 기성세대가 가장 빨리 은퇴하는 사회라고 할 수 있다. 이 조기 은퇴가 무스탕 사회의 역동성을 가능케 하는 한 요소라고 페셀은 지적한 바 있다. 은퇴란 사회 활동의 전면前面에서 물러나 조용히 지내는 일이다. 무엇을 성취하겠다는 욕심을 버리고 자신을 정리하는 과정이다. 이제까지 밖으로 향한 시선을 내면으로 돌려야 할 때인 것이다. 요즘은 노인들도 일을 계속 하고 싶어 하고 또 그래야 하는 경우가 많겠지만, 그렇다 하더라도 젊었을 때와는 달리 마음의 여유를 갖는 자세가 필요하다.

완만한 오르막이 계속된다. 첫 번째 고개에 이어 4,145미터 지점에 있는 두 번째 고개에 도착했다. 출발한 지 한 시간이 지났다. 산 아래에서 운무가

계속 올라오고 있다. 이어서 사방으로 툭 터진 고원이 나타났다. 4,000미터 고지대에서 이렇게 넓은 고원을 만날 줄은 전혀 생각하지 못했다. 현지인 두 사람을 만난 삼툭이 그들과 이야기하며 나란히 가고 있다. 저만치 앞으로는 우리가 가야 할 길이 끝없이 이어져 있고, 좌우로는 6천 미터급 산들이 구름 속에서 노닐고 있다.

왼편에는 다울라기리가 얼굴을 내밀고 있다. 설산과 수천만 년 세월이 묻어 있는 절벽, 구름과 계곡, 물에 씻긴 듯한 자갈 등이 묘한 조화를 이루고 있는 이곳은 전혀 이 세상 같지 않다. 오르막과 내리막 경사가 완만해 높은 고도라도 힘은 그리 들지 않았다.

현지인들은 각자 갈 길로 가고 이제 우리 일행만 남았다. 외길만 있는 줄 알았는데 현지인들이 이용하는 길이 따로 있다. 붉은색, 노란색 그리고 오렌지 빛깔의 산과 절벽에 둘러싸인 고원은 신비의 세계로 들어가는 관문 같다. 이 구간을 이틀로 나누어 걸으니 여유가 있다.

세 번째 고개(4,115m)를 지났다. 슬슬 바람이 불기 시작한다. 고개에 도착해서 돌무지에 돌을 하나 얹고, 우리를 여기까지 오게 해 준 모든 존재에게 감사드린다. 얼마 후 네 번째 고개(4,030m)에 도착했다. 이곳의 돌은 대부분 희고 반질반질하다. 깨끗한 모습의 돌무지에는 오렌지색 돌이 중

**고원길의 한 고개에서 지나온 길을 돌아본 풍경.**

간 중간 섞여 있어 마치 설치미술 작품 같다. 고개에서 보는 새로운 풍경은 지금까지와는 또 다른 파노라마를 보여주고 있다. 길 왼쪽에 있는 나르싱 콜라 좌우로 깎아지른 절벽이 서 있는데 모양이 범상치 않다. 초목이 거의 없고 멀리 설산이 둘러싸고 있어 극적인 분위기를 자아낸다. 길은 능선 꼭대기 바로 아래로 나 있다. 왼쪽은 수직의 절벽이다. 산 모양을 따라 굽이치는 길은 중간에 작은 고개가 몇 개 나오지만 오르내림이 거의 없는 평탄한 길이다. 황홀하기까지 한 고원길이다. 무스탕 여행의 마지막 부분을 장식하기에 부족함이 없다.

오른쪽 깔리 간다키 계곡 건너편으로는 우리가 내려갔던 랑충 곰빠 협곡이 보인다. 지난 열이틀 동안 지나왔던 무스탕의 길을 생각해 보았다. 축상 가던 깔리 간다키 계곡의 비탈길, 쩰레에서 사마르로 이어지는 높은 절벽길, 랑충 곰빠 갈 때의 험준한 협곡길, 북쪽 계곡의 삭막한 광야길, 동쪽 사면으로 넘어올 때의 고원길, 발을 벗고 건너던 계곡들……. 모두 경이로운 풍광을 보여주었다. 또 그곳에는 수백 년의 세월을 고스란히 묶어둔 듯한 마을들과 투박한 초르텐들, 유서 깊은 곰빠들이 있었다.

규모로 보면 지구상에서 미국의 그랜드 캐년을 능가할 만한 협곡은 없다. 길이 363킬로미터에 평균 너비가 16킬로미터나 되니 말이다. 무스탕의 깔리 간다키 협곡은 너비는 비슷하나 길이는 그 7분의 1에 불과하다. 그러나 깊이는 그 반대이다. 그랜드 캐년은 가장 깊은 골짜기가 1,600여 미터이지만, 깔리 간다키 계곡 양쪽으로는 6천 미터급 설산이 수없이 늘어서 있기 때문이다. 무엇보다도 그랜드 캐년에는 더 이상 사람이 살지 않지만, 무스탕에는 아직도 전통적 방식으로 살아가는 많은 사람들이 있다. 무스탕은 단순한 관광지가 아니라 자연과 인간의 조화로운 어울림을 보여주는 생생한 삶의 현장이다.

## 외로운 길

앞쪽으로 멀리 끝없이 이어진 길이 보인다. 어차피 여기서는 되돌아갈 수 없다. 무조건 앞으로 가야 한다. 기왕 갈 길이면 곧 목적지에 도착하리라는 희망을 가지고 씩씩하게 갈 일이다. 우리의 인생도 그와 같다. 시간 속의 모든 것은 한 순간도 되돌릴 수 없다. 뒤를 돌아볼 것이 아니라 앞을 내다보고 가야 한다. 과거의 실수를 되풀이하지 않으면서 말이다. 짧은 인생에서 같은 실수를 반복하는 것은 어리석은 일이다.

걸음을 옮길 때마다 풍경이 변한다. 고도는 계속 3,800미터에서 4,000미터 사이를 오르내린다. 오른쪽 비탈은 깔리 간다키 계곡 쪽으로 이어져 있어 자칫 실족하면 한참 미끄러져 내려갈 것이다. 그러나 길이 넓어 그럴 일은 없다. 가끔 독특한 모양의 바위 절벽이 나타나 발길을 멈추게 한다. 이런 데서는 당연히 쉬어야 한다.

다섯 번째 고개에 올라 지나온 길을 되돌아본다. 굽이굽이 외로운 길 하나가 끝없이 이어져 있다. 까마득하게 보이는 저 먼 길을 지나왔다. 다시 고개를 지나 앞으로 나아간다. 우리가 가고 있는 길을 경계로 오른쪽 사면과 왼쪽 절벽의 풍광이 전혀 다르다. 오른쪽 사면은 캘리포니아 사막과 같은 조금은 밋밋한 모습이고 왼쪽은 장대한 협곡이다.

한참 걸어가니 조금 위험해 보이는 구간이 하나 나타났다. 지금까지의 분위기와는 달리 바위 절벽 허리를 가로지르는 길이다. 절벽 중간으로 길이 나 있는데 끊어진 길을 사람들이 돌을 쌓아 이어놓았다. 갑자기 나타난 독특한 모양의 절벽이다. 길에 부스러기 돌이 많아 조금 신경이 쓰였지만 실제로 그리 위험하지는 않았다.

다시 바람이 불 시간이 되었다. 무스탕에서 바람을 빼고 나면 이야깃거리가 반으로 줄 것이다. 바람은 매일 어김없이 같은 시간에 불기 시작해 점점 세어져 12시 전후에는 좀 과장해서 몸이 날아갈 정도가 된다. 계곡 아래쪽

일수록 그 세기가 더하다. 깔리 간다키 계곡에서 매일 오후에 남쪽에서 불어오는 바람은 '룽', 문자 그대로 '바람'이라고 하며, 북쪽에서 내려오는 바람은 '팍모'로 불린다고 한다. 팍모에는 '암퇘지'라는 의미가 있다는데 바람을 그렇게 부르는 이유는 알 수 없다. 앞쪽을 보니 아직도 갈 길이 멀다.

11시가 넘으니 거센 바람과 뜨거운 햇빛, 하염없이 이어진 길에 점점 다리가 무거워지기 시작했다. 높은 오르막이 없어 땀은 나지 않지만 부지런히 다리를 놀려야 하니 체력 소모가 많다. 그래서 풍광을 명분 삼아 자주 걸음을 멈춘다.

모퉁이를 돌 때마다 왼편의 절벽 바위 풍경에 감탄한다. 바람만으로 저 오묘한 모습을 빚어내기 위해서는 상상을 초월하는 시간이 걸렸을 것이다. 무스탕에는 이런 독특한 지형이 여러 군데 있다. 닥마르의 붉은 절벽은 아래에서 바라보는 장엄함이 있다. 이곳은 아래로 내려갈 수는 없지만 위에서 내려다보는 풍경이 장관이다. 그래서일까? 무스탕에서는 시간이 정지된 것 같은 느낌을 자주 받는다. 100년 전과 별로 다를 것 같지 않은 주민들과 마을 풍경도 그런 느낌에 한몫을 한다.

숲이 있는 곳은 풍요롭다. 아마존의 밀림은 그곳 주민들에게 필요한 모든 것을 제공해 준다. 몽골의 초원이나 알프스의 산록도 마찬가지다. 인류는 물이 풍부한 강을 끼고 숲과 넓은 농경지가 있는 곳에 삶의 터전을 잡았다. 목축에서 시작한 유목민의 생활에서 나중에는 농경 정착민의 생활로 변했다. 지금은 많은 사람들이 빌딩 숲의 도회지에서 이전과는 비교할 수 없는 풍요로운 생활을 하고 있다. 그럼에도 사람들은 원시의 초원이 그리운지 틈만 나면 자연을 찾는다.

무스탕의 자연은 풍요로움과 거리가 멀다. 고원지대라 초목이 드물어 산들은 황량하고 강에는 물이 적다. 바람도 세차다. 그럼에도 삼림이나 초원

**동쪽 사면의 기암절벽.**

지역과는 다른 독특한 아름다움이 있다. 현상적인 풍요는 없지만 영혼의 본질을 자극하고 깊이 끌어들이는 내적인 힘이 있다. 이것은 잠들어 있는 우리 내면의 풍요로움을 일깨우는 특이한 환경이다. 특히 빠 콜라에서 테탕 가는 이 고원 능선길이 그렇다. 주변에 아무 인적이 없어 더없이 삭막한 데도, 표현하기 어려운 아름다움으로 우리 존재의 심연을 건드린다. 허허롭고 단순하며 어떤 원초적 침묵이 지배하는 곳이다.

 기암절벽 앞에서 다시 잠시 쉰다. 멀리 동산 너머로 넓은 평원이 보이는 것으로 보아 능선길이 거의 끝나가고 있음을 알 수 있다. 15킬로미터의 이 능선길을 걸어 본 사람이라면 누구나 이곳이 무스탕에서 가장 아름다운 길이라는 데 동의할 것이다. 열흘 넘게 여행하고서야 우리는 이 길을 만났다. 삶에서 값진 모든 것은 많은 노고의 뒤에 있다고 했던가. 루리 곰빠와 함께

이 고원길은 동쪽 사면의 백미라고 할 수 있다.

### 테탕

평원길로 접어든다. 노란 황톳길이어서 한결 분위기가 좋다. 오른쪽 깔리 간다키 계곡 건너편으로 쩰레와 사마르 가는 절벽길, 그 앞의 기야까르가 보인다. 저곳을 지날 때는 막 무스탕에 발을 들여놓았던 참이라 정신이 없었지만 구석구석을 돌아본 지금은 친숙한 풍경으로 다가온다.

멀리 아래로 축상과 테탕이 보이기 시작한다. 오늘의 목적지 테탕은 축상에서 동쪽으로 오르막 20분 거리에 있다. 그러고 보면 축상과 그 주변의 토질은 특이한 것 같다. 10여 일 전 축상 마을 앞 절벽을 처음 보았을 때 감탄을 금치 못했는데, 축상 위쪽에도 이런 장대한 계곡이 형성되어 있을 줄은 몰랐다.

멋진 풍광을 선사하는 긴 4천 고지 능선이 끝나고 내리막길이 시작되었다. 그런데 이 길이 엄청나다. 험악한 절벽 사이를 급경사로 내려가고 있다. 지금까지 경험한 내리막 절벽길 중 최고로 어려운 길이다. 수백 미터 아래로는 나르싱 콜라의 좁은 협곡이 가물가물 보인다. 길을 벗어나면 바로 낭떠러지다!

칼스텐의 무스탕 여행기를 보면 그가 묵고 있던 테탕 근처의 절벽길에서 저녁에 짐을 싣고 내려오던 당나귀 한 마리가 절벽 아래로 떨어졌다고 한다. 당나귀가 떨어졌다면 아마 이 절벽길에서였을 것이다. 낮에도 현기증이 나는 길을 해가 진 뒤에 지나가는 것은 위험천만한 일이다. 어제 독일 팀과 이태리 팀이 새벽에 출발한 것도 이 절벽길을 해지기 전에 통과하기 위해서였다.

아슬아슬한 절벽길을 벗어난 후 모퉁이를 돌아 오른쪽 비탈로 빠져 나왔다. 이곳은 어려움은 덜하지만 역시 미끄러운 모랫길이다. 바람이 강하게 분다. 바람이 갑자기 몰아칠 때는 몸이 날아갈 것 같아 자세를 웅크려야 한다. 바위 그늘에서 간식을 먹으며 잠시 쉬었다. 11시 45분, 고도는 3,360미터이다. 아래로는 축상이 잘 보인다.

그곳에서 자갈이 깔린 지그재그 내리막길을 한참 내려가니 축상으로 가는 길과 테탕으로 가는 길의 갈림길이 나왔다. 완만한 사면을 그대로 계속 따라 가면 축상이고, 왼쪽으로 방향을 틀어 급경사 비탈길로 내려가면 테탕이다. 우리는 테탕으로 바로 가는 길을 택했다. 엊그제 지난 땅게 절벽길 같은 내리막길이다.

이 길도 만만치 않다. 잠시도 긴장을 늦출 수 없다. 깎아지른 절벽 아래 지그재그로 난 미끄러운 길이어서 해가 진 뒤라면 절대 가서는 안 될 길이다. 45도 경사면의 횡단로라면 피부로 느끼는 위험은 덜하다. 그러나 이곳은 길 오른쪽 바깥 절벽이 거의 수직에 가까워 넘어지면 사정없이 200미터 아래로 떨어진다. 사마르 지나 랑충 곰빠 가는 길도 수직 절벽길이지만 전혀 위험하게 느끼지 않았는데 여기서 위험을 느낀 것은 이곳의 길이 바깥쪽으로 비스듬히 경사져 있기 때문이다. 바람이 세게 부는 시간이라 몸의 균형을 유지하기가 더 어려웠다. 앞으로 이곳을 여행하려는 사람에게는 웬만하면 축상으로 우회하는 길을 권하고 싶다. 삼툭도 앞으로 다른 팀을 안내할 때는 축상으로 우회하겠다고 한다. 그렇게 조심조심 무사히 아래로 내려왔다.

테탕이 올려다 보이는 길가에는 특이하게 네모난 초르텐 세 기가 모여 있다. 가장 큰 초르텐이 눈길을 끄는데, 사각의 탑신 위에는 둥근 복발 형태가 아니라 탑신을 축소한 형태의 작은 사각 탑두塔頭가 얹혀 있고, 그 위의 상륜부는 아주 작다. 탑두에는 눈이 크게 묘사된 사람의 얼굴이 단순한 모양으로 그려지고, 탑신의 네 면에는 한 면에 나란히 두 개씩 8길상 그림이

테탕 마을 못미처 길가에 있는 초르텐. 탑신에 8길상 그림이 그려져 있다.

세밀하게 그려져 있다. 상무스탕의 초르텐들과는 생김새가 확연히 다르다. 다만 로게까르의 가르 곰빠 주변 불탑들이 이와 비슷한 모양이었는데, 이곳의 불탑은 탑신에 아름다운 문양이 있다는 점이 다르다. 이로써 무스탕의 초르텐에는 크게 보아 사각 상자형을 관철하는 형태와 방형方形의 대좌臺座 위에 원형의 복발을 올리는 형태의 두 가지가 있다는 것을 알 수 있다. 기본적으로 같은 형태라 해도 마을마다 초르텐의 모양이 저마다 다른 것은 각기 조성 시기가 다르기 때문일 것이다.

 땅에 전깃줄이 늘어져 있는 것으로 보아 곧 전기시설이 들어올 모양이다. 마을로 가려면 나르싱 콜라의 계류를 건너야 한다. 여기서도 신발을 벗고 물로 들어가야 했다. 저지대인데다 움푹 파인 협곡 아래여서 아주 더운

테탕 마을의 일부. 마을 오른쪽 끝의 높은 벽은 폐요새이며, 뒤로 피라미드 모양의 절벽이 웅장하다.

곳이다. 거센 바람이 오히려 고맙다.

　테탕 마을 자체는 위에서 내려다 볼 때와 달리 좀 황량하다. 이 마을도 요새처럼 생겼다. 골목길에는 돌담이 높이 쌓여 있다. 집을 둘러싸기 위해서가 아니라 밭의 흙이 무너지지 않도록 둑을 쌓은 것이다. 돌담 위쪽은 모두 밭이고 밭 가운데 성채 같은 마을이 셋 있다. 나르싱 콜라로 합류하는 작은 지류를 가운데 두고 아래쪽에 두 마을이 가까이 붙어 있고 위쪽에 따로 마을 하나가 있다. 윗마을에는 폐요새가 있다. 테탕에서 나르싱 콜라를 따라 두 시간쯤 오르면 폐광된 소금광산이 있다고 한다.

　마을 전체를 보면 주변 절벽과 어울린 멋진 성채 모양의 집과 그 주위를 녹색 보리밭이 에워싸고 있는 멋진 모습이다. 그러나 그동안 무스탕을 여행하면서 현지 주민들의 삶이 얼마나 고달픈지 알게 되었다.

　야영지는 마을 위 초등학교 앞마당이다. 마당에 백일홍이 많이 피어 있다. 오후 1시가 조금 넘었다. 빠 콜라에서 테탕까지 6시간 걸렸다. 어제도 6시간 걸렸으니 만일 땅게에서 출발했다면 12시간이 소요된다는 결론이 나온다. 걸음이 아무리 빨라도 9시간은 걸릴 것이니 그런 일정으로 떠난 이태리 팀이나 독일 팀에게는 무척 힘든 운행이었을 것이 분명하다.

　캠프가 준비될 동안 마당 입구의 시멘트로 만든 쉼터에서 쉬었다. 햇볕은 뜨겁고 바람은 시원하다. 아이들 네댓 명이 우리를 구경하러 왔다. 네팔에서는 초등학교부터 초보적인 영어를 가르치기 때문에 자기 이름 정도는 영어로 말할 수 있다. 아이들 이름을 하나씩 물어보고 기념으로 머리핀을

**맑은 아침 햇살 아래의 테탕 마을. 맞은편에 파이프오르간 같은 절벽과 축상 마을이 보인다.**

테탕 내려가는 비탈길에 피어 있는 사막의 야생화.

선물로 주었다. 이 학교 교사의 말에 의하면 현재 학생은 10명이며, 아랫마을 '축상초등학교'도 역시 10명이라고 한다.

맞은편 피라미드 모양의 붉은 절벽은 우리가 그 위로 지나온 절벽이다. 그런데 윗부분 왼편에 인위의 흔적이 있어 자세히 보니 주거용 동굴이다. 앞쪽에 흙벽돌을 쌓은 모습도 보인다. 대략 3천 년 전의 혈거 동굴로 추정되지만 그 이상은 아무도 알 수 없다. 동굴까지의 높이가 무척 높다.

시원한 교실에서 점심을 먹고 나서 텐트로 들어갔다. 칼스텐의 무스탕 여행기를 다시 읽어보니 그 느낌이 더욱 생생하게 다가온다. 한참 누워 피로를 푼 뒤 마을 위쪽을 둘러보러 나갔다. 초르텐이 줄지어 늘어서 있는 곳을 올라 마을을 내려다본다. 멀리 축상까지 한눈에 들어온다. 마을 사람들이 '성채' 앞 작은 마당에 나와 곡식을 손질하고 있다. 계곡 건너편 아래에는 200년 이내의 비교적 최근에 판 듯한 동굴들이 있다. 조금 전 우리가 내려온 내리막길 바로 옆이다. 거기도 제법 높은 곳이다.

산이 높은 곳이라 해가 일찍 진다. 야영지로 돌아오니 마을 아낙네들이 여러 명 몰려와 떠들고 있다. 기부금을 얻으러 온 것이다. 강요하는 태도가 마음에 안 들어 삼툭이 조금만 주니 성에 차지 않는지 언성을 높이며 삿대질까지 하고 간다. 이곳만 해도 도시인 좀솜이 가까워 사람들의 순박함이 상무스탕 사람들에 비해 덜 한 것 같다.

저녁을 먹고 나서 일행들과 앞으로의 일정에 대하여 이야기를 나누었다. 내일이면 13일의 허가 기간이 끝난다. 12일간 별 탈 없이 여행을 마쳤다는 사실에 안도한다. 칼스텐의 글에서 내일 넘을 규 라가 높다고 해서 걱정이 되기는 하지만, 내일 일은 내일 걱정하자. 잠시 하늘의 별을 바라본 뒤 텐트로 돌아와 잠을 청했다. 풀벌레 소리가 요란한 밤이다.

## 19. 규 라를 넘어 묵티나트로

　6월이 시작되었다. 엊그제 시작한 것 같은 여행이 어느새 14일째를 맞았다. 실질적인 무스탕 여행은 오늘로 끝난다. 마지막 코스를 무사히 마칠 수 있기를 기원하는 마음이 앞서, 무스탕을 떠나는 섭섭한 심정은 잠시 뒤로 물러난다. 일찍 일어나 출발을 준비했다. 힘든 여정이라면 서두르는 것이 좋다. 일단 묵티나트까지만 가면 거기서부터는 문제가 없다. 묵티나트에서는 루브라를 경유해 좀솜으로 갈 예정이지만 상황에 따라서는 큰길로 해서 바로 좀솜으로 갈 수도 있다. 동포들은 긴 여정에 지쳐 루브라에 별 흥미가 없는 기색이다.

　5시 50분 아침식사. 보통은 6시 30분에 먹지만 오늘은 힘든 일정일 것을 생각해 다른 때보다 일찍 먹고 일찍 출발하기로 했다. 팀원들에게는 아침을 단단히 먹는 게 좋다고 말했다. 두 사람 다 긴장해 있다. 조금 지쳐 있는 보명화 보살과 백산 스님은 우리가 다시 높은 규 라Gyu La, Gnyu La를 넘어야 한다는 사실에 다소 걱정이 되는 모양이다. 나는 두 사람에게, 정 자신이 없으면 까그베니의 체크포스트에 무스탕 출경出境 신고를 하러 가는 빠상과 함께 좀솜으로 바로 내려가 기다리는 것이 어떻겠느냐고 말했다. 하지만 그들도 결국 이 긴 여정의 마지막을 그런 식으로 마치기를 원치 않았다. 무

테탕에서 규 라를 향해 처음 오르막을 오르면 나오는 평원. 왼쪽에 다울라기리와 그 바로 앞의 툭체봉이 조금 보인다.

엇보다 규 라에서 볼 수 있다는 안나푸르나 산군 파노라마를 놓칠 수는 없는 일이었다. 그러나 미리 말한다면, 규 라가 생각보다 힘들지 않아 잔뜩 긴장했던 것이 오히려 허무할 정도였다.

사실 어느 여행사의 트레킹 정보에서 규 라로 가는 도중 샘물이 있어 점심을 먹기 좋다고 한 것을 읽은 적이 있기 때문에 안심한 면이 있었다. 점심을 먹을 수 있다면 롯지 트레킹을 할 때처럼 여유가 있다. 칼스텐이 힘들었던 것은 샘물에서 점심을 지어먹지 않고 그냥 갔기 때문이다. 2년 전 규 라를 넘은 적이 있는 삼툭도 샘물이 있다고 확인해 주었다.

식사 후 휴식 시간에 잠시 뒷동산으로 올라가 햇살이 밝게 비치는 마을을 내려다보니 시야가 수정처럼 깨끗하다. 히말라야 뒤편이어서 몬순의 영향을 별로 받지 않고 있다는 것을 실감한다. 다른 트레킹 지역은 6월의 아침이 이렇게 선명하지 않다. 스태프들은 출발 준비를 하느라 장비를 챙기고 삼툭은 조금 전 내가 써 준 ACAP 설문지를 두 장 더 만들고 있다. 설문 내용은 트레커들에게 안나푸르나 지역에 몇 번 왔느냐, 개별 트레킹이냐 여행사 트레킹이냐 등이다. 이 설문지는 우리의 무스탕 비자와 함께 빠상이 오늘 체크포스트로 가지고 간다.

6시 45분에 출발. 지금부터 규 라까지 1,200미터를 올라가는 코스라 힘들 것이다. 길은 야영지였던 초등학교 바로 뒤편으로 나 있다. 아침부터 땀이 흐른다. 위로 오를수록 테탕과 축상의 모습이 작아진다. 지난 번 축상에서는 절벽에 가려 볼 수 없었던 절벽 뒤 산들도 잘 보인다. 저 산을 넘으면 영화 《히말라야》의 무대인 돌포가 나온다. 무스탕보다 더 오지인 그곳은 트레커들도 무스탕보다 드문 편이다.

돌포에 비하면 무스탕은 양반이다. 무스탕은 고원이라 눈이 적고 거센 바람이 불지만 비교적 따뜻한 편이다. 돌포는 험준한 히말라야 설산들 사이에 있어 춥다. 출입 허가비는 무스탕과 같고 카트만두에서 출발하여 국내선을 두 번 타고 트레킹을 시작하는 것도 같다. 그러나 돌포 일주 트레킹은 기본 16일의 허가와 19일의 트레킹 기간이 필요하다. 돌포 트레킹을 계획하는 사람이라면 칼스텐의 홈페이지 http://www.myhimalayas.com에서 여행기를 읽어보면 도움이 될 것이다. 또 돌포 지역의 문화에 대해서는 그 지역을 집중적으로 답사한 스넬그로브 교수의 책 《히말라야 순례》에 잘 나와 있다.

네덜란드의 로스말렌Han van Roosmalen 팀은 2000년 9월 중순 좀솜과 묵티나트를 거쳐 까그베니에서 출발, 우리와는 반대로 무스탕 동쪽 사면을 통해 로만탕으로 들어갔다. 그리고 게미로 내려와 그곳에서 이번에는 돌포로 들어가 한 바퀴 돌고 11월 초순에 카트만두로 돌아갔다. 무스탕과 돌포를 엮은 50일간의 연속 트레킹이었다. 로스말렌은 그 여행에 대해 이렇게 쓰

테탕에서 규 라 가는 길

고 있다.

깔리 간다키의 서쪽 사면에 있는 게미에서 우리는 돌포로 가는 가장 험한 산을 넘었다. 우리가 아는 한 외국인으로서는 우리가 처음으로 이 고개를 넘었다. 돌포에서 우리는 많은 곰빠를 방문했다. 그리고 성산 크리스탈 산을 돌며 순례했다. 그 후 우리는 북쪽으로 갔는데 그곳은 더 깊은 오지로 예전에 티베트 땅이었던 곳이다. 북쪽을 방문한 뒤 우리는 동쪽에서 남쪽 내內돌포로 내려가 네팔에서 가장 아름다운 폭순도Phoksundo 호수를 방문하는 등 16일간의 트레킹을 즐겼다. 우리는 5,000미터 이상의 고개 11개를 넘었고 대부분의 시간을 3,500미터 이상에서 보냈다.
http://home01.wxs.nl/~han.roosmalen/travelogue0001/nepal00.html.

뒤에서 염소 떼들이 우르르 몰려오더니 곧 우리를 추월했다. 조금 오르니 이상하게 생긴 바위 하나가 보였다. 자연산이 분명한데 마치 일부러 홈을 낸 모양이다(나는 이 바위를 곰보바위로 명명했다.). 가파른 오르막을 지그재그로 오르니 넓은 평원이 펼쳐져 있고, 염소들이 흩어져 풀을 뜯고 있다. 너비 1킬로미터, 길이 1.5킬로미터 정도 되는 마름모꼴 평원이다. 이 평원은 동쪽에서 서쪽 계곡 방향으로 완만하게 경사져 내려오다 갑자기 작은 봉우리 하나를 치켜세운 뒤 급경사로 깔리 간다키 강으로 떨어진다. 여행 2일째 땅베에서 축상으로 가는 도중 지났던 바위 부스러기 길이 바로 그 비탈에 있다. 평원 왼쪽으로는 멀리 구름 사이로 만년설에 덮인 다울라기리 북동면이 보인다.

길은 산 아래로 1킬로미터 가까이 길게 이어져 있다. 평원길을 지나자 이제는 작은 계곡 옆길로 들어선다. 출발한 지 1시간 40분이 지났다. 비탈을 따라 좁은 길이 여러 갈래 난 것은 염소들이 다니는 길이라고 한다. 이제부터는 경사도가 40도쯤 되는 산허리 비탈길이다. 길바닥에는 까만 돌 부스러기가 온통 널려 있다. 이런 검은 토질은 처음이다. 테탕 주변은 여러 토양이 혼합되어 있는 특이한 곳이다. 비탈 끝 부분은 수직으로 5미터 아래 계곡 바닥으로 떨어지고 있다. 미끄러지면 위험하다. 스틱을 짚어 몸의 균형을 유지한다. 그래도 생각보다 길바닥이 단단하여 걷는 데 별 어려움은 없다.

검은 흙 비탈길을 통과하여 오르막으로 접어들었다. 조금 더 올라 평탄한 곳에서 숨을 고르며 뒤를 돌아본다. 등에 짐을 지고 따라오는 우리 말들이 걱정되어서다. 다행히 주방 팀과 말들이 무사히 나타나 우리를 안심시켰다.

군데군데 계곡 양쪽으로 하얀 흙이 보인다. 소금기가 배어나온 모양이다. 테탕은 무스탕에서도 소금이 가장 많이 나오는 지역으로 이미 오래 전

규 라 가는 도중 샘물이 나오는 곳. 이곳에서 점심을 먹었다.

에 폐쇄되긴 했지만 동굴 소금광산이 있다.

  무스탕이 티베트와 네팔·인도 사이의 주요 교역 중계지였을 때는 티베트 소금호수에서 나는 소금과 네팔의 쌀·보리 등 곡물이 주 교역 상품이었다. 물론 모피제품·가축·설탕·차·향신료 및 인도산 수공예품 등도 함께 거래되었다. 그러나 티베트가 중국에 합병되면서 1959년 이후 이런 남북교역은 거의 끊어졌는데, 소금의 경우는 요오드 성분이 없어 갑상선종 甲狀腺腫을 유발하는 티베트산 암염보다 인도의 값싼 천일염이 더 환영을 받게 되었다. 테탕의 소금광산이 폐광된 것도 아마 그 때문일 것이다.

  계곡을 벗어난 길은 완만한 오르막이다. 가파르지는 않아도 고도가 높아 움직일 때마다 숨이 차다. 오전 10시, 3,800미터 지점의 샘물에 도착했다. 넓은 초원이 펼쳐진 곳이다. 물이 흘러내려 주변에 초지가 생겼다. 이 삭막한 고원에 작은 샘 하나가 있음으로 해서 푸른 낙원이 된 것이다. 주방 팀이 점심을 준비할 동안 우리는 커다란 깔개에 앉아 쉬었다. 어제 능선길에서 본 풍경이 무스탕 고원의 마지막 모습이었다. 여기서는 바로 앞에 있는 절벽밖에 보이지 않는다. 땡볕이지만 바람이 시원하게 불어준다. 이런 곳에서는 하루 야영을 해도 좋겠다.

### 규 라

점심을 먹고 나서도 한참을 쉬었다. 앞으로 400미터를 더 올라가야 하니 충분히 쉬는 것이 좋다. 스태프들이 식사를 마치고 짐을 다 챙기는 것을 보고 11시 40분에 출발했다. 700미터 오르는 데 3시간 걸렸으니 400미터는 넉넉잡아 2시간이면 충분할 것이다. 바로 위에도 작은 샘이 하나 있었다. 그러나 장소는 아래보다 협소하다. 조금 전에 지나간 말들이 벌써 제법 멀리 가 있다.

페이스를 조절하며 가고 있는데 능선 위에 타르초가 펄럭이고 있는 것이 보였다. 앗! 그렇다면……. 역시 규 라였다. 꽤 힘들게 올라가야 할 거라고 생각했는데 이건 너무 싱겁지 않은가!

규 라에 도착한 시각은 12시 15분. 점심 먹고 출발한 지 불과 35분 만이다. 고도계는 4,030미터를 가리키고 있다. 지도에 4,200미터로 나와 있는데 어찌 된 일일까? 나중에 이 지도가 잘못된 것임을 알았다. 더 정밀한 지도에는 4,077미터로 나와 있었다. 뜻밖에 너무 쉽게 도착했다.

고갯마루는 바람이 무척 시원하다. 강풍에 줄이 팽팽해진 타르초가 요란하게 펄럭인다. 오랜만에 보는 닐기리도 반갑다. 우리는 돌무지에 돌을 하나씩 얹고 무스탕 순례를 무사히 마치게 된 것을 감사드렸다. 이 고개를 지나면 더 이상 무스탕은 보이지 않는다. 마침내 마지막 큰 고비를 넘었다는 안도감과 만족감을 느낀다. 백산 스님과 보명화 보살도 환하게 웃으며 기뻐한다. 이제 정말 뭔가를 성취한 듯한 표정들이다.

돌무지 가에 앉아 잘 보이지도 않는 무스탕 쪽을 바라보았다. 이제 여행은 거의 끝나가고 있다. 여기서 묵티나트까지는 천천히 걸어도 3시간이면 충분한 순탄한 내리막길이다. 지난 14일 동안 200킬로미터 이상 산을 넘고 물을 건넜다. 많은 곰빠를 참배했고 옛 수행자들의 동굴을 방문해 신심을 다졌다. 척박한 땅에서 대대손손 뿌리 내려 살고 있는 주민들도 만나보았다. 오랜 세월 바람이 만든 기묘한 절벽과 바위들, 황량하고 광활한 고원, 정해진 때에 어김없이 부는 바람, 그 바람에 휘날리는 룽다와 타르초, 나그

**규 라. 왼쪽에 닐기리봉이 보인다.**

네들의 염원이 모인 돌무지, 늘 반가웠던 초르텐, 그리고 무너져 가는 옛 성채들……. 이 모든 것이 마치 꿈속의 일로 여겨진다.

　즐거운 상념도 잠시, 함께 기념사진을 찍고 규 라를 내려가기 시작했다. 그리고 낮은 언덕에 올라섰을 때, 우리는 벌린 입을 다물지 못했다. 바로 눈앞에 거대한 산들이 장대한 파노라마를 이루고 있다. 왼쪽으로는 토롱 라의 양쪽 봉우리인 야크와강과 카퉁강이, 그 오른쪽에는 닐기리가 도열해 있다. 틸리초와 안나푸르나는 구름에 가려 있지만 그 장엄한 기운은 여실히 전해져 온다. 지도에서는 이곳을 '안나푸르나, 다울라기리, 툭체 산군이 140도 파노라마로 보이는 곳'이라고 했다. 카메라 셔터를 열심히 눌렀다. 그러나 돌아와서 사진을 뽑아보니 현장의 감동에는 10분의 1에도 미치지

규 라를 넘어 묵티나트 가는 길.

못했다. 사진에는 생생한 입체감이 없었다.

　이곳의 전망이 좋은 이유는 설산들이 가까운 데다 바로 아래 묵티나트 계곡이 깊어 눈앞의 공간이 텅 비어 있기 때문이다. 여기서 카퉁강 정상까지는 10킬로미터밖에 되지 않는다. 틸리초는 11킬로미터, 닐기리는 20킬로미터, 가장 먼 다울라기리도 40킬로미터 정도다.

　지금까지 히말라야 파노라마를 여러 번 보았다. 안나푸르나 산군이 보이는 포카라 쪽의 사랑코트, 포타나, 담푸스Dhampus와 랑탕 산군이 보이는 카트만두 북쪽의 나가르코트Nagarkot, 쿰부 히말의 파노라마가 보이는 고쿄리Gokyo ri에 올랐다. 랑탕의 로우레비나 야크Laurebina Yak에서는 장엄한 일출의 파노라마를 보았다. 특히 로우레비나 야크는 세계 히말라야 트레커들의 사랑방인 〈예티존〉Yeti Zone의 운영자 이안Ian P. Johnson이 "세상에서 가장 아름다운 풍광"이라고 극찬한 곳이다. 그러나 지금 이곳에서 우리가 보는 웅장한 파노라마는 그 모든 장면을 잊게 만들었다.

　설산을 마주 보며 걸어가는 앞쪽으로 길고 긴 내리막길이 이어져 있다. 여기서 묵티나트까지는 제법 멀다. 다른 사람들은 중단 없는 전진을 계속하고 있지만 나는 가끔씩 멈추면서 대자연의 모습을 사진에 담는다. 이곳도 넓은 고원이다. 바람이 고원을 세차게 쓸고 있다.

　조금 더 내려가자 오른쪽 구릉에 가려져 있던 다울라기리와 툭체봉이 나타났다. 몬순 철의 오후여서 시야가 아주 청명하지는 않지만, 아스라이 구름 속에 얼굴을 내민 파노라마 설산들이 암갈색의 앞산과 어울려 부드러운 파스텔 톤의 풍경을 만들고 있다.

　한참 내려오니 주변은 차츰 사막지대로 변하면서 넓은 벌판에 이름 모를 야생화가 지천으로 피어 있다. 생전 처음 보는 특이한 모양의 꽃이다. 히말라야 산자락에서 이렇게 넓은 야생화 군락을 만날 줄 몰랐다. 설산이 가까

묵티나트 가는 길의 야생화 군락.

운 다른 히말라야 지역에서는 볼 수 없는 장관이다. 무스탕 특유의 사막지형이 만든 신비의 화원이다. 선인장 종류로 보이는 작은 식물에서 핀 꽃들이 앙증맞다.

## 라니포와

고개에서 1시간 걸려 묵티나트가 마주 보이는 언덕에 도착했다. 묵티나트는 고도 3,760미터로 규 라보다 불과 270미터 낮기 때문에 어제의 그런 급경사 내리막길은 없다. 바로 앞에 쳉가르Chhengar 마을과 계곡 건너 묵티나트 사원이 잘 보인다. 빤히 보이지만 묵티나트 콜라를 건너 사원 아랫마을 라니포와Ranipauwa까지 가려면 한참 걸어야 한다.

묵티나트 콜라를 향해 내려가니 긴 현수교가 나왔다. 이곳에 이렇게 긴

무스탕
296

규 라를 넘어 묵티나트 가는 길. 설산은 카퉁강이다.

규 라를 내려오며 바라본 다울라기리와 툭체봉. 높은 봉우리가 다울라기리이다.

다리가 있을 줄은 몰랐다. 그만큼 계곡이 깊다는 뜻이다. 다리를 건너 마지막 힘을 내어 언덕을 오른다. 그리고 쳉가르 마을과 비구니 승원 곁을 지나 뒤 묵티나트 사원 옆길로 들어선다. 사원은 내일 방문할 예정이므로 오늘은 그냥 통과한다.

  다시 문명사회로 돌아왔다. 좀솜이나 묵티나트는 우리가 생각하는 도시와는 비교할 수 없지만 전기가 들어오고 TV가 나온다. 물자도 풍부하고 교통이 편리하다. 외국인 트레커들의 왕래가 잦은 도시급 마을이다. 동네는 6년 전보다 좀 깨끗해졌으나 크게 변한 것은 없어 보인다. 하늘엔 구름이 잔뜩 끼어 있어 몬순의 영향권에 들어왔음을 실감한다. 시즌이 끝난 탓에 트레커들의 모습이 별로 보이지 않아 한산한 동네가 흐린 날씨와 더불어 을씨년스럽다. 6년 전 안나푸르나 일주 때는 토롱 라를 넘어 묵티나트에 도착했는데, 그때는 힌두교 축제 기간이어서 라니포와에 방이 모자라 숙소를 구하느라고 애를 먹었던 기억이 있다.

내려오는 길에 여유를 가지고 천천히 살펴보니 묵티나트 지역에 마을이 많이 모여 있었다. 대충 세어도 열 개는 되었다. 그 중 큰 마을로는 토롱 라를 넘은 트레커들이 지친 몸을 쉬어가는 라니포와 외에도 계곡 아래쪽으로 뿌랑, 자르코트, 킹가르가 차례로 있다. 작은 마을은 쳉가르, 종 등 대여섯 개쯤 된다. 마을마다 곰빠가 있다.

묵티나트에서는 9월에 유명한 야르퉁Yartung 축제가 열린다. 이때는 이 계곡 일대와 까그베니는 물론, 로만탕을 위시한 무스탕의 여러 마을과 고개 너머 마낭, 서쪽 돌포 지역의 보티야Bhotiya(티베트인)들까지 참여해 기마술, 도박, 음주가무 등 시끌벅적한 잔치판을 벌인다. 이런 야르퉁 축제는 시기를 각기 달리하여 로만탕과 마낭에서도 열린다고 한다.

라니포와에서 우리가 야영할 곳은 큰길 끝, 길이 좁아지는 입구에 있는 '묵티나트 호텔' 안마당이다. 그곳에 도착하니 오후 2시 50분으로, 규 라에서 2시간 20분 걸렸다. 규 라에서 라니포와까지 약 7킬로미터이니 중간에 쉰 시간 20분을 제하면 평지를 걸을 때 걸리는 시간과 비슷하다.

까그베니를 들른 빠상은 이미 와 있었다. 주방 팀도 조금 전에 도착했다. 우리 캠프 아래쪽 야영지에는 어제 온 이탈리아 팀의 텐트가 보인다. 이들은 오늘 묵티나트 투어를 했다고 한다. 독일 팀은 벌써 좀솜으로 떠나고 없다. 그들은 일정이 바쁜지 계속 강행군이다.

모처럼 샤워하고 밀린 빨래까지 하고 나니 개운하다. 마지막 샤워를 야라에서 했으니 4일만이다. 가장 나중에 샤워를 마친 백산 스님이 보명화 보살의 손거울을 빌려 얼굴을 보더니 소리를 지른다.

"억! 이건 인간의 얼굴이 아니구나!"

햇볕에 탄 시커먼 얼굴을 우리는 진작부터 알고 있었는데 거울 볼 일이 없었던 본인은 이제야 알고 깜짝 놀란 것이다.

토롱 라 동쪽에 있는 봉우리는 야크와강이다. 야크와는 위가 희고 아래가 까만 머리의 야크를 뜻하는 말이라고 한다. 산을 자세히 보니 과연 그렇다. 그동안 선크림 바르기를 소홀히 한 백산 스님 얼굴은 모자와 선글라스 덕분에 위쪽은 별로 타지 않았지만 코 아래쪽은 원정대 수준으로 새카맣게 타 '야크와 스님'이 되었다. 나도 얼굴이 타기는 했으나 매일 아침 출발 전에 선크림을 바른 덕분에 심하지는 않았다. 선크림을 하루 두 번 이상 바르고 얼굴을 칭칭 동여매다시피 하고 다닌 보살은 거의 타지 않았다.

롯지 뒤 언덕에 올라 규 라를 바라보았다. 예전에는 막연히 저 산 뒤에 무스탕이 있다는 말만 들었다. 그곳은 아직 '가까이 하기에는 너무 먼 곳'이었다. 나는 저 고개 너머에 전혀 다른 차원의 세상이 펼쳐져 있으리라고는 상상하지 못했다. 그저 오래된 티베트 마을들이 있을 거라는 막연한 생각을 했다. 그러나 무스탕에 발을 디딘 순간부터 그곳은 하나의 장엄한 신세계로 나에게 다가왔다. 무스탕을 나온 지금도, 사람을 압도하는 풍광과 시간이 정지된 듯한 옛 마을들, 그리고 강인하고 순박한 무스탕 사람들의 모습이 눈앞에 생생하게 살아 있다. 아직도 나는 무스탕의 황량한 고원에서 거센 바람을 맞으며 걷고 있는 듯하다. 몸은 벗어났으나 마음은 아직 그곳에 있다.

## 20. 구원의 땅 묵티나트

　오랜만에 늦잠을 좀 자려고 했으나 날이 밝으니 저절로 눈이 떠졌다. 트레킹 시즌이 아니어서 마을 전체가 조용하다. 혹시 일출을 볼 수 있을까 기대했는데 하늘에 구름이 잔뜩 끼어 있다. 무스탕에서도 제대로 된 해돋이를 보지 못했는데 이 몬순 지역에서 그것을 기대할 수는 없겠다. 빠상은 아침부터 세탁하느라 바쁘다. 오늘 하루 스태프들은 한가하다. 나는 히말라야를 여유 있게 다니는 것을 신조로 하고 있어 나와 동행하는 스태프들도 덩달아 여유가 있다.
　오늘도 차와 세숫물이 배달되었다. 바로 옆에 수도가 있지만 스태프들은 철저히 의무를 다한다. 삼툭에게 오늘 아침은 느지막하게 8시에 차려 달라고 했다. 어제 저녁부터 우아한 롯지 식당에서 식사를 하고 있다. 주방장도 여행 끝 무렵이라 더욱 신심을 내어 요리를 하는 것 같다. 이탈리아 팀은 짐을 꾸려 막 떠나고 있다. 그 팀의 포터 중에는 여자도 보인다. 네팔 트레킹 포터는 여자라고 해서 남자보다 짐을 적게 지지 않는다. 물론 보수도 남자와 똑같이 받는다.
　처음 무스탕 여행 계획을 짤 때 묵티나트에서 하루 더 묵기로 한 것은 몇 가지 이유가 있었다. 우선 규 라를 넘는 것이 힘들어 사람들이 지칠 것 같았다. 또 묵티나트에서 루브라를 경유하여 좀솜 가는 일도 만만찮다고 하니 충분한 휴식이 필요했다. 그리고 6년 전 묵티나트를 제대로 구경하지 못했기 때문에 이번에는 차분히 돌아보고 싶은 마음도 있었다.

그러나 묵티나트에서 하루 더 머물 필요까지는 없었다. 규 라를 넘는 것이 그리 힘들지 않았고, 묵티나트에 도착한 것도 오후 2시경이었으므로 좀 쉬다가 묵티나트 사원을 방문하면 되었다. 사원을 방문하고 오는 데는 2시간이면 충분하다. 우리는 다음날 오전에 사원을 참배하고 오후에 자르코트 Jharkot까지 다녀왔지만, 이미 무스탕을 보고 왔으므로 자르코트나 주변의 다른 마을들에서 특별한 인상을 받지는 못했다.

### 묵티나트 사원

오전 9시에 묵티나트 사원으로 향했다. 마을에서 천천히 20분 정도 걸어 올라가면 나오는 곳이다. 사원은 전체 경내가 하얀 담장으로 둘러쳐 있어 멀리서도 눈에 잘 띤다. 사원 조금 못 미친 곳에서는 일주문 같은 것이라도 세우는지, 사각형 구조물을 하나 짓고 있다. 여기부터 사원 구역이며 신의 영역이라는 표시일 것이다.

묵티나트Muktinath는 산스크리트어로 '구원의 땅'을 의미한다. 현지 티베트어 이름은 '추밍 갸차Chuming Gyacha' 이며 '100개의 샘[百泉]' 이란 뜻이다. 묵티나트 사원은 불교 사원과 힌두 사원의 복합체다. 힌두교도와 불교도들이 모두 이곳을 성지로 여겨 방문하고 있어, 이곳은 두 종교의 독특한 융합을 보여주고 있다. 그러나 사원의 관리는 전통적으로 자르코트와 그 아래 킹가르 마을 출신 비구니 스님들이 맡고 있다.

전해 오는 이야기에 따르면 8세기에 구루 린포체(빠드마삼바바)가 84명의 싯다를 데리고 티베트로 가는 도중 묵티나트에 머물렀다고 한다. 그리고 티베트로 떠나기 전 각기 땅에 지팡이를 꽂았는데 그것이 현재의 포플러 숲을 이루었다는 것이다. 다른 전설에서는 지팡이가 꽂힌 곳에 기적처럼 84개의 샘이 땅에서 솟아났다고 한다. 또 어떤 설명에서는 티베트의 카일라스를 순례한 84명의 싯다들이 마나사로바 호수에서 목욕을 한 뒤 그 물을 떠와서 이곳에 묻어 샘들이 솟게 했다고도 한다.

예나 지금이나 신기한 자연 현상은 경배의 대상이다. 묵티나트는 비교적 높은 산기슭인데도 물이 콸콸 흐르고, 물과 바위와 흙의 세 군데서 타오르는 불이 있어 유명해졌다. 이 불은 천연가스가 솟아오르는 현상이지만, 옛날 사람들에게는 경이롭고 숭배할 만한 현상이었을 것이 분명하다.

묵티나트는 빠드마삼바바가 이곳에 발자국을 남긴 뒤에 불교 성지가 되었으나, 불교가 전래되기 전에는 뵌교도들이 숭배하던 곳이었을 것이다.

**묵티나트 사원의 정문.**

그 후 깔리 간다키 강바닥의 살리그램을 찾아 힌두교 순례자들이 오기 시작하면서 불교와 힌두교 공동 순례지가 되었다. 네팔 국내는 물론 멀리 티베트와 인도에서도 순례자들이 연중 이곳을 찾는다. 특히 힌두교도들에게는 랑탕의 고사인 꾼드 Gosain Kund, 카트만두의 파슈파티나트 Pashupatinath와 더불어 네팔의 힌두교 3대 성지 중 하나이며, 그들이 평생에 한 번은 꼭 찾아오고 싶어 하는 곳이다.*

사원으로 들어서는 정문을 아주 멋있게 만들어 놓았다. 입구에 있는 종을 힘차게 울렸다. "참배 왔습니다."라는 뜻이다. 힌두 사원 앞에는 늘 이런 종을 달아둔다. 이런 종은 주저하지 말고 힘차게 한 번 쳐 볼 일이다. 대문을 지나 바로 왼편에 있는 곰빠는 묵티나트에 상주하는 비구니 스님들 처소다.

입구에서 중심 사원으로 가는 길은 계단으로 되어 있다. 계단을 오르는 중간 왼편에 있는 힌두 예공실에서 한 사두가 열심히 예공 puja을 올리고 있다. 바로 옆에는 힌두 사원인 시바 빠르바띠 만디르 Shiva Parvati Mandir가 있다. 시바는 파괴의 신, 빠르바띠는 그의 배우자인 여신이다. 이 사원 주위의 네 코너에는 세계를 유지하는 신 비슈누, 비슈누의 7번째 화신 라마, 8번째 화신 크리슈나, 그리고 시바의 아들이자 지혜와 문학의 신인 가네쉬 Ganesh를 모신 사당들이 있다.

길 건너 맞은편에 있는 작은 기념물은 11살 때 이곳에 와 75일간 고행 끝에 깨달음을 얻었다는 18세기의 성자 스와미나라얀 Sawminarayan을 기리는 조형물이다. 2003년 그의 헌신자들이 이곳을 방문하여 묵티나트 사원의 흰 담장을 쌓고 이 기념물을 세웠다.

*고사인 꾼드는 카트만두 북쪽 랑탕 지역의 해발 4천미터 지점에 있는 산간의 작은 호수이고(꾼드는 '호수'라는 뜻이다), 파슈파티나트는 전 세계 힌두교도들에게 가장 성스러운 시바 사원 중의 하나다.

경내 왼쪽 위편에 있는 닝마파 사원인 마르메 라캉Mharme Lhakhang 곰빠는 빠드마삼바바를 본존으로 모시고 있는데, 이 빠드마삼바바 상은 아주 영험이 좋다고 알려져 있다. 그리고 빠드마삼바바의 발자국이 사원 북서쪽 코너 바위에 있다고 하는데 우리는 보지 못했다. 발자국이 찍힌 바위가 있다는 사실을 나중에 알았기 때문이다.

### 108 성수와 비슈누-첸레직 사원

묵티나트의 중심 사원main temple인 비슈누-첸레직 사원으로 가는 길은 제법 크고 무성한 나무들이 둘러싸고 있다. 나무가 잘 자라는 이유는 물이 있기 때문이다. 곧 낮은 담으로 에워싸인 사원에 당도했다. 사원 옆에는 경찰 초소가 있고 경찰관 두 명이 한가히 의자에 앉아 있다.

사원 뒤편에는 3면 벽에 유명한 108 성수聖水, 즉 108개의 물 분출구가 있다. 분출구는 비슈누의 10화신 중 하나라고 하는 멧돼지Varaha의 머리 모양이라고 하지만, 머리에 뿔이 두 개씩 나 있어 소머리 같기도 하다. 이것은 사원 뒤 절벽에서 내려와 사원을 지나는 빙하수의 물길을 파이프를 통해 끌어들인 장치에 불과하다. 그러나 물이 높은 언덕으로 내려온다는 특이한 사실로 인해 예로부터 사람들은 이곳을 성스러운 곳으로 생각했다. 이 108 성수는 여러 차례 보수되었는데, 지금의 모습은 1990년에 개수한 것이다.

힌두교도들은 이 108개 분수에 몸을 적시면 지난 과거의 업장이 모두 소멸되고 행운이 온다고 믿는다. 그래서 순례자들은 이 물을 병에 담아 집으로 돌아가 가족 친지들에게 나누어준다. 힌두교도 남자들은 아예 속옷 바람으로 몸을 적시며 돌기도 한다.

물과 순례는 연관성이 깊다. 산스크리트어의 '순례'라는 말은 '강을 건너다' 또는 '강을 건너는 여행'이란 뜻이다. 특히 힌두교에서는 히말라야의 호수들을 아주 신성하게 여긴다. 히말라야의 호수는 대부분 성지로 간

**묵티나트 사원의 108 성수.**

주되는데, 랑탕의 고사인 꾼드, 마낭의 틸리초, 무스탕의 다모다르 꾼드가 특히 중요한 성지이다. 이런 호수에서 목욕하면 죄가 소멸된다고 믿기 때문이다. 호수들 중에서도 가장 신성한 호수는 티베트의 성산 카일라스 앞에 있는 마나사로바Manasarobar 호수다. 힌두교도들은 카일라스도 물론 순례하지만, 이 호수에서 목욕재계하는 것을 오랜 순례 여정의 마침표로 삼는다. 반면 티베트 불교도들은 카일라스 산 자체를 더 신성시하여, 3박 4일이 걸리는 53킬로미터의 카일라스 꼬라를 평생의 소원으로 삼는다.

우리도 108개의 분출구를 따라 돌며 머리에 물을 적신 후 낮은 담에 둘러싸인 비슈누-첸레직 사원으로 갔다. 이 사원은 1815년에 네팔 왕비가 꿈을 꾼 뒤에 창건했다고 한다. 건물은 카트만두 일대에서 흔히 볼 수 있는 전형적인 네와르Newar* 풍의 힌두사원 양식이다. 내부에는 청동 비슈누 상이 있는데, 불교도들은 이 상을 첸레직Chenrezig으로 부른다. 첸레직 또는 첸레지는 관세음보살의 티베트 이름이다. 그러니까 이 사원은 두 종교가 하나의 조형상을 각기 자기 종교의 신이나 보살로 여기는 독특한 곳이다. 이 사원은 건물 밖에서만 참배하도록 되어 있다. 예전에 사람들이 참배하면서 비슈누(첸레직) 상의 코를 만지는 바람에 코가 훼손된 뒤 실내 참배가 금지되었다고 한다. 중년의 비구니 스님이 문을 열어주었다. 내부에는 삼존불이 모셔져 있다. 힌두교도들의 참배지답게 울긋불긋한 향과 염료가 어지럽게 뿌려져 있다.

사원에서 나와 맞은편 촛불 공양실로 가서 버터 촛불을 켰다. 이것은 여기 온 사람이면 누구나 하는 의식인데, 100루피 정도의 공양금만 내면 10개의 등불을 밝힐 수 있다. 사원은 참배객들의 이런 공양금을 주 수입원으로 하여 운영된다. 공양실 밖으로 나와, 우리를 안내했던 비구니 스님과 보명화 보살의 사진을 찍어 주었다. 네팔은 아직도 사진이 귀한 곳이다. 오며 가며 찍은 그들의 사진을 인화하여 보내주는 일도 내가 네팔 트레킹에서 얻는 즐거움 중 하나이다.

### 즈왈라 마이 곰빠

이어서 경내의 남쪽 코너에 있는 즈왈라 마이Jwala Mai(불의 여신) 곰빠로 갔다. 메바르 라캉Mebar Lhakang('불꽃 곰빠')이라고도 불리는 이 곰빠는 '영원한 불꽃'이 있어 유명한 곳이다. 힌두교도들은 이 불꽃을 불의 신 아그니Agni의 현현으로 믿는다. 곰빠 건물이 단아하다. 맞은편 2층 건물은 비구니 승방이다. 삼툭의 말로는, 얼마 전 한국의 비구니 스님들이 여기 와서 한 철

---

*분지형인 카트만두 주변 일대를 카트만두 밸리라고 부른다. 네와르는 이 지역의 토착 종족으로, 정교한 미술품이나 공예품 생산자들로 이름나 있다.

동안(하안거 3개월간) 정진하고 갔다고 한다.

곰빠 앞에 어린 비구니 스님이 앉아 있다가 문을 열어주었다. 내부에는 조금 조악하게 만든 조형상이 있는데 불상이 아니고 보살상이다. 탁자 기단부에 작은 문이 있고 커튼으로 가려놓았다. 그곳이 영원의 불꽃이 있는 곳이다. 예전에는 왼쪽에 흙에서 나오는 불꽃, 가운데는 물에서 나오는 불꽃, 오른쪽에 돌에서 나오는 불꽃이 있었다고 하는데 지금은 물에서 나오는 불꽃만 살아 있다. 1950년 해럴드 틸먼이 방문했을 때는 세 불꽃이 모두 있었다. 1956년 스넬그로브가 찾아왔을 때는 바위에서 나오는 불꽃은 2년 전에 꺼지고 이때는 흙과 물에서 나오는 불꽃만 보였다고 한다. 지금은 흙에서 나오는 불꽃도 소진되고 물에서 나오는 불꽃만 남아 있다. 영원의 불꽃이라고 하지만 현상계에 영원한 것은 없는 법이다.

커튼을 들쳐보니 작은 웅덩이에 물이 고여 있고 그 가운데가 물이 끓듯

영원의 불꽃이 있는 즈왈라 마이 곰빠.

조왈라 마이 곰빠 내부. 불단 아래 노란 커튼을 열면 불꽃이 보인다.

 부글거린다. 가스가 올라오는 소리다. 처음에는 잘 안 보였으나 자세히 보니 물 위로 파란 가스불이 보인다. 마치 알코올에 불을 붙인 모양이다.
 여기서도 버터 촛불 공양을 올린 우리는 곰빠를 나와 사원 뒤쪽 초르텐 옆으로 올라가 풍광을 조망했다. 이곳이 이 사원의 전망대인 듯 나무 벤치가 놓여 있다. 어제 본 앙증맞은 선인장 꽃들이 주변에 많이 있다. 꽃이 하도 예뻐서 사진을 한 장 찍었다. 아래쪽으로는 묵티나트 주변이 한 눈에 들어온다. 바로 앞에 라니포와가 있고 그 뒤로 자르코트가 보인다. 무스탕의 황량한 산을 걷다가 여기 오니 마치 초원을 보는 것 같다.
 좀 콜라를 끼고 양쪽으로 넓은 경작지가 있고 마을들이 여럿 모여 있다. 멀리 다울라기리와 툭체봉이 구름 위로 솟아 있다. 툭체봉 오른쪽은 담푸스봉(6,012m), 그 오른쪽은 타시강(6,386m)이며, 그 다음 산들은 아예 이름도 없는 5, 6천미터급 봉우리들이다. 무스탕과 돌포 지역 사이에는 그런 봉우리가 50개 이상 있다.

　어제 삼툭에게 백산 스님과 보명화 보살을 위해 말 두 필을 알아봐 달라고 했다. 내일은 우리가 좀솜으로 내려가는데, 나는 루브라를 경유하고 두 사람은 말을 타고 묵티나트 계곡을 따라 큰길로 가기로 했다. 루브라에 별 흥미가 없는 지친 여행자들에게 루브라 코스를 강요할 수는 없다. 나는 이왕 묵티나트까지 왔으니 루브라를 답사해 보고 싶었다. 또 그곳의 뵌교 사원도 궁금했다. 서양인들은 그 길로 많이 가는데 한국인은 아직 가 보았다

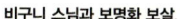
비구니 스님과 보명화 보살.

묵티나트 사원 경내의 야생화.

는 사람이 없었다.

　오늘 묵티나트에서 하루 쉬었으니 체력은 충분하다. 삼툭에게 혹시 루브라도 말을 타고 갈 수 있냐고 물으니 내리막길을 제외하면 탈 수 있다고 한다. 그렇다면 추가로 말 한 마리를 더 구해 달라고 했다. 그러자 동포들이 갑자기 심경의 변화를 일으켜 자기들도 루브라로 가겠다고 한다. 루브라에 말을 타고 갈 수 있다고 하자 용기가 나는 모양이다.

　오늘 아침 삼툭은 이곳 라니포와에 있는 말 주인이 1,600루피씩 달라고 한다는 말을 전해 왔다. ACAP에서 정한 가격이 1,100루피라고 했는데 너무 비싸다. 삼툭이 자르코트에서도 말을 알아볼 수 있다고 해서 일단 우리가 그곳에 가 본 뒤에 결정하기로 했다.

### 자 르 코 트

　캠프로 돌아와 점심을 먹고 자르코트(3,620m)로 향했다. 자르코트까지는 30분 걸리는 내리막길이다. 이곳을 지나는 여행자는 누구나 멀리 보이는 자르코트의 극적인 경관에 감탄한다. 계곡 옆 절벽 위에 우뚝 솟은 성채 같은 곰빠와 그 건너편 계곡(종 콜라)의 풍광도 이채롭다.

자르코트는 옛날 까그베니 이북 지역을 다스리던 왕이 살던 곳이다. 왕이라고 해야 작은 지방 토호에 불과했겠지만 그래도 요새터가 있는 곳인 만큼 마을이 제법 크다. 상무스탕이 아닌 지역에서 이런 요새터는 흔치 않다. 안나푸르나 라운딩(일주 트레킹) 때 토롱 라를 넘어와 내려가는 길에 잠시 들러 볼 만한 곳이다. 그런데도 많은 트레커들은 이곳을 그냥 통과하고 만다. 나도 예전에 그랬다.

큰 나무들이 둘러싸고 있는 마을은 여느 무스탕 마을처럼 좁은 골목길이 얽혀 있다. 이제는 너무나 낯익은 마을 풍경이다. 롯지도 대여섯 개 보인다. 좀솜 트레킹을 하는 사람이 까그베니에서 올라올 때 고소증이 온다면 이곳에서 멈추는 것이 좋다. 여기서 묵티나트 사원까지는 천천히 걸어도 1시간 30분이면 가니 서두르지 않아도 된다.

자르코트.

마을 가운데 커다란 초르텐이 있고 그곳을 지나 동네 한복판쯤 되는 곳에 악귀를 물리치기 위해 세워 놓은 남녀 수호상이 있다. 왼쪽의 남자 상은 '뽀', 오른쪽의 여자 상은 '모'라고 부른다. 무섭게 보이기 위해서인지 성기까지 표현해 놓았지만 신체구조와는 전혀 관계없는 모양이라 오히려 코믹하게 보인다. 이런 한 쌍의 조형물은 까그베니에도 있다.

마을 끝 절벽 바로 위에 있는 곰빠를 방문했으나 공사 중인지 건축 자재만 어지럽게 널려 있고 법당 문은 잠겨 있다. 이 곰빠를 방문한 투치는 법당 안에 유난히 많은 불상을 보았다고 했다. 모두 근처의 폐쇄된 곰빠에서 모셔 온 불상인데, 그 중에는 12세기 이슬람 군대에 의해 훼손된 불상을 인도 순례자들이 모셔 온 것도 있다고 했으니 묵티나트 순례가 아주 오래 전부터 시작되었다는 것을 알 수 있다. 인도에서 이곳까지 긴 여정을 무거운 불

자르코트 마을 중앙에 있는 벽사용 조형상.

상을 모시고 온 옛 순례자들의 신심이 장하다. 그 불상들이 지금도 잘 모셔져 있는지 모르겠다.

곰빠 외벽으로 난 길을 따라 꼬라를 한 바퀴 돌며 탁 트인 종 콜라를 내려다보았다. 건너편 아래로 넓은 밭이 있는 킹가르Khingar 마을이 보인다. 오른쪽 계곡 건너편에는 높은 절벽이 있고 거기도 동굴이 많다. 전에는 자연 동굴인 줄 알았지만 이 역시 선사시대 사람들의 혈거지이다. 이 종 콜라에는 여기 말고도 곳곳에 이런 혈거동굴이 있는데, 그 중의 일부에 대해서는 1986~87년에 디터 슈흐Dieter Shuh 박사가 이끄는 독일 본대학교 연구팀이 학술 차원의 면밀한 조사를 했다.

밖으로 나온 우리는 골목길을 돌며 마을을 살펴보았다. 삼툭은 말을 알아보러 갔다. 모두 일하러 갔는지 골목길은 인적이 없다. 대충 구경하고 마을을 벗어나 조금 오르고 있으니 삼툭이 한 사나이와 함께 따라오면서 소리쳐 부른다. '소남 호텔' 주인장이다. 말 임대료는 한 마리에 1,200루피, 동행하는 마부 1명 노임으로 300루피를 달라고 해서 그렇게 하자고 했다. 이 아저씨가 일정을 설명한다. 처음 오르막은 말을 타고 그 다음 내리막은 걸어간다. 계곡에 이르면 다시 말을 탄다. 그러니까 말에서 내릴 때도 있다는 것을 알아 두라는 것이다. 그 정도는 우리도 경험해서 잘 알고 있다. "오르막에서 사람을 태우지 않는 것은 말이 아니고, 내리막에서 말을 타는 것은 사람이 아니다"라는 무스탕 속담이 있다고 했던가. 내일 아침 7시에 출발하기로 하고 계약금을 주었다.

야영지로 돌아온 삼툭은 빠상과 해가 질 때까지 '쇼'라고 하는 주사위놀이를 했다. 주사위를 작은 그릇에 넣고 흔들다 우렁찬 기합과 함께 접시 크기의 두꺼운 가죽판 위에 엎은 후 그릇을 떼고 패를 보아 말을 옮기는 놀이다. 네팔에 일곱 번 왔지만 이런 놀이는 처음 보았다. 야라에서 하루 쉴 때도 이 두 사람과 마부 까르충이 저 놀이를 했다. 해 지는 줄도 모르고 열심히 하는 걸로 보아, 많지는 않아도 현금이 오가는 모양이다. 구경하는 것도 재미있는지 동네 사람들이 여러 명 와서 구경한다.

  이제 이 순례여행도 내일 하루 일정만 남았다. 지난 15일간은 3,500미터 이상의 고지에서 지냈다. 내일은 나무가 무성한 3,000미터 이하로 내려간다. 그러나 미지의 마을 루브라가 아직 남아 있다. 루브라는 과연 어떤 마을일까? 뵌교 곰빠는 불교 곰빠와 많이 다를까?
  저녁을 먹고 어두운 마을 길을 조용히 걸었다. 인적이 없는 마을에 딸랑거리는 가축의 방울 소리만 간헐적으로 들려온다. 희미한 불빛이 롯지 식당에서 새어 나오고 있다. 깜깜한 밤, 보이지도 않는 건너편 곰빠에서 아련한 나팔 소리가 들려온다.

## 21. 루브라를 거쳐 좀솜으로

새벽에 텐트에 빗방울 떨어지는 소리가 들렸다. 비가 계속 이렇게 내리면 루브라로 못 가겠구나 하고 생각했는데 다행히 비는 곧 그쳤다. 7시에 말이 오기로 했으므로 일찍 일어나 짐을 챙겼다. 밖으로 나오니 운무가 가득하다. 오늘이 이번 여행의 마지막 날이다. 규 라를 넘으면서 이미 무스탕과 작별했지만 아직 여행은 끝나지 않았다.

정확히 7시에 말이 도착했다. 가죽 재킷을 걸친 건장한 마부가 말 세 마리를 몰고 올라왔다. 말을 타고 가는 오늘의 마지막 여정에 백산 스님과 보명화 보살도 기대가 큰 것 같다. 어쨌든 말 덕분에 세 사람이 끝까지 행동을 함께 하게 되었으니 이것도 좋은 일이다.

마부가 끄는 내 말이 선두에 섰다. 라니포와에서도 루브라로 가는 길이 나 있다는 것을 어제 이정표에서 확인했다. 트레킹 지도는 정확하지 않아 세밀한 부분은 지도를 믿을 수 없다. 가져간 지도에는 자르코트에서 가는 길만 나와 있었고, 나중에 산 정밀 지도에는 라니포와에서 가는 길만 나와 있었다. 실제로는 두 마을 모두 루브라로 가는 길이 있다. 민둥산이나 다름없는 산길을 가는 데 다른 동네를 거쳐 갈 이유가 없다.

루브라로 가는 길은 처음에는 넓어서 잘 보였는데, 곧 초지 사이에 난 작

**루브라 가는 산길. 말안장 능선이다.**

은 오솔길로 바뀌어 길이 분명하지 않았다. 야크나 염소 등 가축들이 다니는 길도 가끔 나타나니 헷갈리기 쉽다. 만일 가이드 없이 간다면 무조건 멀리 서쪽에 누워 있는 산의 말안장 같은 능선으로 향하면 된다. 그러면 길을 잃을 염려는 없다. 이 일대는 무스탕과 거의 같은 고도이지만 풍경은 판이하다. 여기는 산에 관목과 풀이 많아 초원의 느낌이 강하다. 몬순 때 비가 자주 내리기 때문이다.

   한 시간 정도 지나 말안장 고개에 도착했다. 이 고갯마루 능선의 정식 지명은 당글라 단다 Dhangla Danda이다. 고도계는 3,775미터를 가리키는데 지도에는 3,800미터로 표기되어 있다. 저기압이라 고도계가 좀 낮게 나온 듯하다. 말을 끌던 마부가 거친 숨을 몰아쉬며 털버덕 땅에 주저앉는다. 우리는 말 위에서 경치를 즐기며 올라왔지만 마부와 삼툭은 부지런히 따라오느라고 힘들었을 것이 분명하다. 우리가 걸어 올라왔다면 중간에 두어 번 쉬고 2시간 가까이 걸렸을 것이다.

고갯마루에서 보는 설산 쪽에는 운무가 가득하다. 이 길로 온 이유 중 하나는 이곳에서 다울라기리와 툭체봉의 멋진 풍광을 볼 수 있을 거라고 기대했기 때문이다. 이곳은 묵티나트 지역에서 다울라기리의 장엄한 모습을 볼 수 있는 가장 좋은 전망대이다. 또 여기서 보는 안나푸르나 산군의 모습도 근사하다고 한다. 칼스텐이 인터넷에 올린 이곳 사진에는 "묵티나트에서 루브라로 가는 길에 펼쳐진 경이로운 안나푸르나 산군"이라는 설명이 붙어 있다. 그러나 아쉽게도 우리는 몬순이 시작되는 계절에 왔다. 운무에 싸인 부드러운 산세와 묵티나트 전경을 조망하는 것으로 만족할 수밖에 없다.

높은 산비탈을 가로지르며 난 길을 말을 타고 지나가는 것도 멋진 경험이다. 절벽이 아니어서 그다지 위험하지도 않다. 백산 스님과 보명화 보살도 즐거운 표정이다. 푸른 초원지대를 말을 타고 오르니 무스탕의 황야에서 말을 탈 때와는 또 다른 느낌이다.

비탈길을 지나자 잠깐 평지 길이 나온다. 자르코트에서 올라오는 가파른 길과 여기서 만난다. 조금 더 가니 돌무지가 있는 고개가 나타났다. 돌무지가 있으니 고갯마루이고 그 다음부터는 내리막이다. 돌무지 앞에서 말을 내렸다. 여기서 루브라가 있는 계곡인 빤다 콜라 Panda Khola까지는 걸어 내려가야 한다. 우리가 내려갈 계곡 아래쪽에서 구름이 피어오르고 있다. 잠시 쉬면서 주변을 둘러보았다. 3,800미터 고지는 오늘로 마지막이다. 묵티나트 쪽으로 조금 전 우리가 지나온 산비탈 길이 부드러운 언덕을 가로지르고 있다. 바로 앞쪽에 자르코트가, 그 뒤로는 멀리 라니포와 하얀 담장의 묵티나트 사원이 보인다.

자르코트 계곡 건너편 마을은 뿌랑 Purang이다. 뿌랑 뒤쪽의 쳉가르도 보인다. 묵티나트의 넓은 계곡을 채우고 있는 푸르디푸른 경작지는 그곳이 비옥한 곳임을 말해준다. 무스탕에도 마을 주변에 푸른 경작지들이 있지만 여기와는 비교가 되지 않는다. 그러나 황량하고 척박한 무스탕의 대지는 그것대로 아름답고 소중한 것이라고 하지 않을 수 없다.

구름에 가려진 무스탕 쪽을 바라보았다. 이제 여기서 우리는 무스탕과 눈으로 작별해야 한다. 고개를 넘으면 더 이상 무스탕 쪽은 보이지 않는다. 그곳은 다시 은둔의 왕국, 혹은 잊혀진 전설의 왕국으로 기억 속에만 남아 있게 될 것이다.

## 루브라

내리막길로 내려선다. 처음은 그리 급하지 않았지만 조금 지나자 가파르게 변한다. 멀리 오른쪽으로 빤다 콜라 가장자리의 루브라가 보인다. 루브라의 고도는 3,000미터이니 능선에서 800미터 하강해야 한다. 마지막 힘든 길이기는 하지만, 나는 묵티나트에서 바로 좀솜으로 가는 밋밋한 길을 걷기보다는 조금 힘든 코스로 마지막을 장식하고 싶었다. 가이드 삼툭에게도 새로운 루트를 답사하는 기회가 될 것이다. 좀솜에서 묵티나트를 다녀오는 간단한 좀솜 트레킹의 경우에도 돌아오는 길에 루브라를 거치면 같은 길을 다시 내려오는 지루함을 피할 수 있다.

계곡 아래로 내려오니 의외로 계곡이 넓다. 무스탕 지역의 계곡이나 깔리간다키의 물과는 달리 물이 아주 맑다. 이곳 빤다 콜라의 발원지는 틸리초 Tilicho 호수 앞쪽에 있는 묵티나트 히말이다. 묵티나트 히말은 틸리초 호수에서 좀솜으로 가려면 넘어야 하는 메소칸토 라(5,099m)에서 시작하여 토롱라의 서쪽 봉우리인 카퉁강까지 이어져 있는 5, 6천 미터급 산봉우리 대여섯 개를 묶어서 이르는 명칭이다.

루브라 마을.

먼저 도착한 말들이 계류 앞에서 기다리고 있다. 계곡물이 차갑고 세찬 데다 깊이가 무릎까지 오기 때문에 신발을 벗고 건너려면 힘들다. 한 번 건너는 것으로 끝나지 않는다. 계곡 물이 이리 저리 휘어지며 몇 갈래로 흐르는 탓이다. 우리는 말을 타고 편하게 건너지만 삼툭과 마부는 물길이 좁은 곳을 찾아 건너느라 바쁘다.

계류를 세 번 건너 왼쪽 산비탈로 올라갔다. 그리고 오전 10시에 루브라에 도착했다. 묵티나트에서 에클로바티까지 평탄한 내리막길도 보통 2시간 반이 걸리는 것을 생각하면 시간이 그리 많이 걸리지는 않았다. 사과나무와 자작나무가 있는 조그만 과수원을 지나 마을로 들어선다. 강변에 자리 잡은 전형적인 티베트풍 마을이어서 마치 다시 무스탕으로 들어온 듯한 느낌이다. 이 마을 앞 절벽에도 선사시대 혈거지가 많이 보인다. 가랑비가 내리기 시작한다. 마을에서 뿌자puja를 올리는지 악기 소리가 요란하다. 마을 입구의 첫 번째 하얀 집이 롯지다. 우리는 여기서 점심을 먹기로 했다.

건너편 마을에서 의식을 마친 사람들이 계곡으로 줄지어 내려간다. 한 해 동안 마을의 안녕과 풍년을 기원하는 의식을 거행하는 것이라고 한다. 라마승이 불이 붙은 향나무 가지를 들고 앞장서고 악단과 마을 사람들이 일렬로 동네를 한 바퀴 돌고 있다. 일종의 지신밟기이다. 우리나라에도 매년 정초부터 보름 사이에 잡신을 눌러 마을과 가정의 무사태평과 풍년을 기원하는 지신밟기 풍습이 있다. 이런 의식은 동서고금의 어느 사회에서나 볼 수 있는 인류 공통의 원형질적인 문화다.

주방 팀이 음식을 만드는 동안 동네를 둘러보았다. 무스탕 풍의 마을이기는 하나 무스탕에 비해 경작지나 주거지가 옹색하다. 몬순의 영향으로 계곡의 침식작용이 급격하게 일어나고 있기 때문이다. 이 마을 가운데 있는 언덕의 토양도 이틀 전 규 라를 넘어오는 길에 보았던 비탈길처럼 시커

많다. 석탄더미 같은 분위기의 흙은 풀 한 포기 없는 완전 불모지다.

마을 뒤 급경사 길 언덕 위로 올라가 마을을 내려다보았다. 마을 위에 수력발전소가 있는지 전봇대와 전깃줄이 마을로 이어져 있다. 마을 한가운데를 흐르는 작은 도랑을 중심으로 양쪽으로 집들이 나뉘어졌다. 마을 사람들은 아직도 계곡을 돌고 있는데 경전을 머리에 이고 돈다. 마치 우리 절집에서 경전을 이고 마당을 도는 정대불사頂戴佛事와 흡사하다.

점심을 먹고 마을 가운데 있는 뵌교 곰빠로 갔다. 롯지 아줌마가 열쇠를 가지고 있는 아줌마를 불러주었다. 여기도 승려는 없고 마을에서 관리만 하고 있다. 오늘 마을 의식을 주관한 승려는 묵티나트 곰빠에서 초청했다고 한다. 뵌교 곰빠라고 해서 특별한 점이 있을 줄 알았는데 여느 불교 곰빠와

**루브라의 뵌교 곰빠.**

크게 다를 것이 없다. 〈예티존〉에서 이안은 이 곰빠에 대해 이렇게 말한다.

안나푸르나 일주 지역에 있는 루브라는 뵌교의 영향 하에 있는 주요 센터이다. 이곳에 있는 뵌교의 푼촐링 곰빠 Phuntsholing Gompa는 원래의 삼링 곰빠를 대신하여 19세기 중반 텐징 리첸이 세웠다. 삼링 곰빠가 서 있던 땅은 빤다 콜라의 침식으로 완전히 사라져 흔적도 없다.

작은 마당을 지나 곰빠 내부로 들어갔다. 이 곰빠의 특이한 점은 푸른색의 조형상이다. 대흑천 Mahakala 상처럼 보이는 그 상은 중앙 오른쪽 벽에 안치되어 있다. 불상은 왼쪽 벽에 벽화로 그려져 있다. 뵌교에서는 푸른색을

**뵌교 곰빠 내부.**

중요시하여 불보살이나 다른 신들의 그림에 푸른색을 많이 쓴다고 한다. 그런 점을 빼면 불교 곰빠와 외형이나 내용 면에서 별 차이가 없다. 뵌교가 거의 불교화했기 때문이다.

일반적으로 뵌교는 불교가 들어오기 전부터 존재한 티베트의 토착종교로 알려져 있다. 그러나 슈타인에 의하면 뵌교는 불교의 도입 이전에 티베트에 존재한 것은 확실하나, 토착 뵌교와 함께 바깥(이란과 인도의 경계인 티베트 서남부 지방)에서 유입된 외래 뵌교가 공존하고 있었으며, 이 외래 뵌교가 주류였다고 한다. 또한 뵌교가 당시 티베트의 유일한 종교는 아니었고 원시 종교는 더욱 아니었다. 불교 유입 전의 뵌교는 체계적인 바탕을 갖춘 종교라기보다는 일종의 민간신앙이었다고 할 수 있다. 나중에 빠드마삼바바의 인도 불교에 의해 영향력이 감소되자 뵌교는 그 대응책으로 불교 경전을 본받은 뵌교 경전을 만들었다.

뵌교 사제는 종종 푸른 옷을 입은 무당으로 묘사된다. 둔황의 고대 중국 문헌이나 티베트 자료에서는 그들을 액막이로 병자를 치료하고 장례식 등에서 의례를 집행하는 사제나 마술사로 보고 있다. 어쨌든 뵌교는 불교의 전래로 크게 약화되기는 했지만 나름대로 불교와 공존하면서 차츰 불교에 동화되는 형식으로 존속해 왔다. 다만 아직도 많은 부분에서 독자성을 견지하고 있다. 예를 들면 꼬라를 할 때 뵌교도들은 불교도들과는 반대로 왼돌이를 한다.

## 마지막 여정

곰빠 방문을 마친 뒤 점심을 먹고 짐을 챙겨 좀솜을 향해 출발했다. 루브라에 도착했을 때 조금씩 내리던 빗줄기가 점점 굵어졌다. 계곡 아래로 내려가 말을 타고 다시 물을 두어 번 건넜다. 비가 쏟아지니 분위기가 영 말이 아니다. 이런 때를 대비해서 준비해 온 판초 우의는 계속 배낭에 넣고 다녔는데 그동안 비가 오지 않자 모두들 카고백 속에 넣어 버렸다. 묵티나트부터는 몬순의 영향을 받는다는 사실을 유념했어야 했다. 아니면 최소한 오늘 새벽에 비가 내릴 때 신경을 썼어야 했다.

 카메라 가방을 통째로 재킷 안에 넣고 지퍼를 채웠다. 배가 불룩해졌지만 지퍼가 닫히는 것만도 다행이다. 이번에 입고 온 방수 기능이 있는 얇은 고어텍스 윈드스토퍼가 제 때를 만났다. 모자를 쓰고 재킷 깃을 세우고 말 위에 앉아 가니 비가 많이 와도 견딜 만하다.

 출발한 지 50분 뒤 빤다 콜라를 벗어나 깔리 간다키 계곡으로 들어섰다. 16일 전 이곳을 올라갈 때보다 강물이 훨씬 불어나 있다. 우리가 무스탕에 있는 동안 이곳은 비가 자주 내린 것이다. 비가 와도 사람들의 왕래는 여전하다. 우산보다는 얇은 비닐을 덮어쓰고 가는 사람이 대부분이다. 비가 온다고 바람이 쉬지는 않았지만 다행히 세지는 않았다.

 1시간 후 좀솜에 도착했다. 다리를 건너 판석이 시작되는 지점에 이르러 말에서 내렸다. 비가 많이 내리니 마부가 롯지 앞까지 가지 않고 조금 일찍 돌아가기를 원했기 때문이다. 모자도 없이 계속 비를 맞았으니 고생이 되었을 것이다. 수고한 마부에게는 일당 300루피에 특별 보너스 200루피를 얹어 주었다. 뜻밖의 팁을 챙긴 마부는 내가 탔던 말을 타고 다른 말들의 고삐를 잡은 채 빗속을 뚫고 달려갔다.

 처음 출발하던 날 아침을 먹은 '마제스티 롯지'에 도착했다. 길고도 짧은 16일간의 무스탕 순례여행이 끝나는 순간이다. 힘들었던 여행을 별 탈 없이 잘 마쳤으니 서로 손뼉이라도 마주칠 법한데, 비가 오는 바람에 그럴 정신이 없다. 방으로 가서 옷부터 갈아입어야 한다. 그런데 이게 어떻게 된 일인가? 말에 실려 큰길로 보낸 짐들이 아직 도착해 있지 않다!

 나는 고어텍스 상의 덕분에 바지만 젖었지만 두 사람은 완전히 물에 빠진 모습이다. 보명화 보살은 고어 윈드스토퍼를 입었으나 방수 기능이 좋지 않아 흠뻑 젖었다. 백산 스님도 부분적인 방수 기능만 있는 재킷을 입은 탓에 몸이 젖기는 마찬가지였다. 두 사람은 빨리 옷을 갈아입어야 하는데 짐이 없으니 낭패다. 특히 보살은 배낭에 다른 재킷이나 우모복羽毛服도 넣지 않았다. 여행이 길어지니 갈수록 힘이 떨어져 웬만한 것은 모두 짐가방에 넣어 말에 실어 보낸다. 잘 가지고 다니던 우모복을 하필 오늘 그렇게 짐가방에 넣었다는 것이다. 삼툭이 부랴부랴 식당에 석유난로를 피우고 따뜻한 물을 마시게 해서 속을 덥혔다.

오늘 우리는 값비싼 교훈을 얻었다. 비옷과 보온용 재킷은 아무리 힘들어도 항상 배낭에 휴대해야 한다는 것이다. 히말라야에서는 날씨가 언제든지 돌변할 수 있다. 그러나 짐이 미리 도착하지 않은 것은 큰 문제였다. 오늘은 셰르파 빠상과 마부 까르충에게도 여유 있는 일정이다. 우리는 루브라에서 점심시간을 두 시간이나 가졌다. 좀솜에서 큰 길로 바로 오면 우리보다 적어도 두 시간 이상 일찍 도착할 수 있다.

가장 당황한 사람은 가이드 삼툭이었다. 분명 짐이 미리 와 있을 줄 알고 왔는데 없으니 우리를 볼 면목이 없다. 이런 일은 자신의 책임이다. 결국 짐을 실은 말들은 우리보다 1시간 30분이나 늦게 오후 4시에 도착했다. 우리는 급히 옷부터 갈아입고 따뜻한 물로 샤워를 했다. 다행히 이 집에는 전기로 물을 데우는 시설이 있었다.

나중에 알고 보니 짐이 늦게 온 원인은 두 가지였다. 하나는 풀을 뜯게 풀어 둔 말들이 멀리 가 있어 모으는 데 시간이 걸린 것이고, 다른 하나는 그렇게 늦게 출발했음에도 불구하고 여유를 부려 점심시간에 빠상이 술을 마신 것이다. 까르충과 같이 마셨겠지만 말을 부리는 사람이 많이 마실 수는 없을 테고, 아무래도 빠상이 문제였던 것 같다.

히말라야에서 산전수전 다 겪은 빠상은 트레커들과 가이드, 주방 팀이 루브라로 다 떠나고 나니 해방감이 들었을 것이다. 이제 더 이상 야영할 일이 없다. 그래서 마음이 풀어진 것이다. 나는 나중에 삼툭을 불러 다음부터는 절대 이런 일이 없도록 하라고 단단히 주의를 주었다.

롯지에는 우리보다 이틀 먼저 내려온 독일 팀과 어제 도착한 이탈리아 팀이 다 모여 있다. 날씨가 나빠 이틀 동안 비행기가 결항되는 바람에 롯지에서 하릴없이 하늘만 쳐다보고 있다. 결과적으로 그들이 무리를 하면서까지 먼저 내려온 보람이 없게 되었다. 오후 늦게 비는 그쳤지만 하늘에는 여전히 구름이 가득하다. 발이 묶인 트레커들이 삼삼오오 공항 앞에 모여 있다. 걸어갈 수 있으면 좋겠지만 현지인의 빠른 걸음으로도 베니까지(베니에서 포카라행 버스를 탈 수 있다.) 꼬박 이틀이 걸린다. 일반 트레커라면 사흘을 잡아야 한다. 걸어가고 싶어도 일정상 불가능하다.

트레킹을 마칠 때 날씨 때문에 발이 묶이면 답답하기 짝이 없다. 여유 없이 꽉 짜인 일정이라면 귀국 항공편 때문에 더욱 애가 탄다. 답답하기는 포카라에서 좀솜으로 오는 트레커들도 마찬가지여서 더러 헬기를 타고 오는 팀도 있었다.* 우리는 상대적으로 느긋했다.**

### 파티

저녁에 롯지 식당에서 파티를 열었다. 그동안 수고한 스태프들에게 주는 마지막 선물이고, 이 행사는 공식적인 것이다. 캠핑 트레킹이 아닌 롯지 트레킹이라면 가이드, 포터에게 저녁 한 끼 사 주는 것으로 충분하다. 삼툭에게 음식과 술을 준비하라고 돈을 주었다. 주방장이 만들어 온 축하 케이크

---

*2007년 현재 포카라-좀솜 간 5인승 헬기 전세 비용은 1,250불이다.
**결국 다음날도 비행기가 뜨지 못하자 독일 팀과 이탈리아 팀은 헬기를 불러 떠났다. 빠상과 타파도 돈도 아낄 겸 걸어간다면서 아침에 베니로 출발했다. 다행히 그 다음날은 날씨가 좋아 우리는 비행기를 탈 수 있었고, 빠상과 타파보다 먼저 포카라에 도착했다.

좀솜에서 포카라로 떠날 비행기.

도 한 조각씩 먹었다. 주방장 특선 요리로 저녁을 잘 먹고 나서 주방에서 식사를 마친 스태프들을 모두 불렀다.

그들과 함께 식사를 했으면 좋겠지만 스태프들은 절대 고객들과 같이 식사를 하지 않는 것이 이들의 불문율이다. 가이드와 포터는 손님들의 식사가 다 끝난 후에 밥이 나오며, 손님이 사 주는 밥이라 하더라도 같이 먹는 일은 거의 없다.

스태프들이 모두 모인 자리에서 팁을 나누어 주었다. 16일 동안의 충실한 서비스에 대한 보답이다. 오늘 저녁의 주인공은 우리가 아니라 이들이다. 이들의 헌신적인 봉사가 없었으면 오지 중의 오지인 무스탕 여행은 불가능했을 것이다. 모두들 힘들었던 16일간의 육체노동이 끝난 데다 두둑한 팁을 받아 얼굴에 웃음이 가득하다.

파티가 시작되었다. 이미 취기가 도는 빠상이 노래를 불렀고 다른 사람들이 따라 불렀다. 네팔 민요인데 우리나라 진도 아리랑처럼 한 소절이 끝나면 다른 사람이 다음 소절을 이어 부르는 식이다. 푸짐한 음식과 함께 한 박스의 맥주를 마시며 모처럼 긴장이 풀린 그들은 즐겁게 노래도 부르고, 신나게 웃고 떠든다. 다른 방에 투숙한 트레커들이나 동네 사람들도 구경을 하러 왔으면 왔지 시끄럽다고 불평을 하지 않는 것도 히말라야의 또 다른 불문율이다. 흥이 오른 차에, 롯지에서 빌린 카세트에서 네팔 민속음악이 나오자 사람들은 이제 춤을 추기 시작한다.

가장 능숙한 춤꾼은 주방장 타파였다. 생긴 모습과는 달리 몸동작이 무척 능숙하고 유연하다. 롯지 종업원들도 몰려와 구경하는데, 그 중의 한 여자 아이도 멋지게 춤을 추었다. 네팔의 민요는 노래만 들어서는 별로 흥이 나지 않는다. 흥겨운 춤이 곁들여져야 한다. 백산 스님과 보명화 보살도 성공적인 무스탕 순례를 자축하는 의미에서 자신의 춤을 선보였다. 춤을 못 추는 나는 열심히 응원을 했다. 춤과 노래, 박수와 웃음소리……. 그렇게 밤늦도록 놀다가 우리는 먼저 방으로 올라왔다.

히말라야 트레킹을 마치고 돌아갈 때는 늘 행복한 마음과 함께 오래 살던 고향을 떠나는 듯한 아쉬운 마음이 들곤 한다. 이번 무스탕 여행은 특히 더 그렇다. 생각해 보면 쉽지 않은 여정이었지만 많은 분들의 도움으로 무사히 마칠 수 있었다. 힘들었던 과정도 이제는 즐거운 추억이 될 것이다.

무스탕은 우리에게 하나의 신비였고, 인내를 요하는 도전이었으며, 벅찬 감동이었다. 또 그곳은 자연과 인간의 위대함을 증언하는 장엄한 역사 공간이자 우리의 영혼을 분발시키는 천혜의 도량道場이었다. 그곳에서 우리는 옛 수행자들의 치열한 구도의 자취를 보았고, 성인들이 남겨둔 깨달음의 향기를 맡았다. 험준한 계곡과 황량한 고원의 땅 무스탕이 우리에게 준

그 귀한 선물은 이제 우리의 가슴 속에 깊이 갈무리되었다.
　아래층에서 들려오는 노래소리와 함께 히말라야의 밤은 깊어 갔고, 머나먼 하늘 아래서 우리는 처음 출발했던 '미래'의 세상으로 돌아갈 준비를 했다.

## 글을 마치며

　무스탕을 다녀온 지 꽤 시간이 흐른 지금도 무스탕은 늘 새로운 느낌으로 다가오고 있다. 그 느낌은 말이나 글로써 적절히 표현할 수가 없다. 그저 가슴으로만 느낄 수 있는 그 '어떤 것'이다. 그러나 그곳은 분명 나의 뇌리에 깊이 각인되었고, 내가 어디에 있든 그 형언할 수 없는 느낌은 오랫동안 나와 함께할 것이다.
　복잡한 세상에서 살다가 히말라야를 마주하면 가슴이 후련하다. 무스탕은 히말라야 산자락보다 훨씬 더 단순한 곳이어서 아예 허허롭다. 여백이 많은 빈 공간이지만 미묘한 에너지가 충만해 있다. 또한 이 장대한 계곡은 큰 침묵과 큰 청정의 공간이기도 하다. 누구든지 그곳에 가면 지금까지 혼탁해지고 오염된 몸과 마음을 크게 한 번 비우고 맑힐 수 있다.
　평생에 한 번 가기 힘든 이곳을 다녀온 것은 우리로서는 큰 행운이자 축복이었다. 그러나 이런 행운을 누릴 수 있는 사람은 극소수일 거라는 점을 생각할 때, 가 보고 싶어도 가지 못하는 많은 분들에게 오히려 죄송한 마음이 앞선다. 또한 무스탕 현지의 대다수 주민들은 우리와 같은 방문자들로부터 직접적으로 별 이익을 얻지 못하면서도 우리를 받아들이는 불편함을 늘 감수하고 있다는 사실도 우리의 마음을 무겁게 한다. 외부인들로 인해 조금씩이나마 계속 환경이 오염될 수 있고, 무엇보다도 외부의 영향으로 인해 그들이 오랫동안 유지해 온 생활 방식이나 가치관이 흔들릴지도 모른다는 생각도 하지 않을 수 없다. 무스탕을 여행하실 분들은 현지인들에게 줄 수 있는 피해를 최소화하고, 그들에게 궁극적으로 이익이 될 수 있는 방법들을 연구해서 가는 것이 바람직할 것이다.
　이 책은 원래 히말라야 트레킹 정보 사이트인 〈야크존〉에 연재해 올린 글을 다시 다듬으면서 자료를 보완한 것이다. 책으로 만드는 과정에서 무스탕에 관한 자료들을 더 많이, 찬찬히 접하게 되면서 애초의 원고를 수정하거나 확장할 곳이 많다는 것을 발견했다. 특히 우리 팀이 가 보지 못한 곳이나 미처 살피지 못한 불교 문화재에 대한 정보는 이러한 다른 자료들에 의지할 수밖에 없었다. 또한 무스탕의 역사나 중요한 순례지, 불교 미술 등에 관해서는 전문 연구자들의 글을 번역하여 보충했는데, 무스탕을 처음으로 소개한다는 의미에서 비교적 자세히 인용했다.

무스탕은 접근이 쉽지 않고 연구자가 상대적으로 적어 많은 정보를 얻기 어려웠다. 그 점을 고려해 책 말미에 인터넷 사이트들을 포함한 관련 자료들을 가급적 많이 실으려고 했지만 부족한 감이 없지 않다. 그러나 이 책이 전문 연구서가 아니라 하나의 여행기라는 점을 독자 여러분이 감안해 주시기 바란다. 그나마 장차 무스탕을 여행하려는 분들에게 이 책이 작은 도움이라도 된다면, 세인의 접근을 꺼리는 이 신성한 지역을 들추어 사진을 찍고 글을 쓴 허물이 조금은 용서되리라 믿는다.

책이 나오기까지 격려해 준 백산 스님, 보명화 보살과 〈야크존〉의 많은 독자들에게 고마운 마음을 전하고 싶다. 초기 원고를 손질해 주고 최종 교정을 보아 준 윤제학 님, 짜랑의 사진들을 이 책에 수록할 수 있도록 보내준 김옥희 님과, 많은 전문 자료를 찾아 보충하여 책의 내용을 더욱 풍부하게 만들어 준 대성 스님, 그리고 편집에 힘써 준 탐구사에 감사드린다.

2007년 9월 와송굴臥松窟에서
저자 합장

# 참고자료

## 서적

Ammar Rar Guni & Hari Prasad Guni, *Mustang, The Land of Hidden Valley* (Kathmandu, 1996).

David P. Jackson, *The Mollas of Mustang*(Library of Tibetan Works & Archives, 1984).

David Snellgrove, *Himalayan Pilgrimage, a study of Tibetan Religion by a Traveller through Western Nepal*(Shambhala, 1981).

Chogyam Trungpa & Francesca Fremantle, *The Tibetan Book of The Dead*(Shambhala Publications, Inc. 1975).

Giuseppe Tucci, *Journey to Mustang 1952*(Bibliotheca Himalaya, 2003).

Harold William Tilman, *The Seven Mountain-Travel Books*(The Mountaineers, 2003).

Michel Peissel, *Mustang, A Lost Tibetan Kingdom*(Book Faith Inida, 1992).

Michel Peissel, 'Mustang, Remote Realm in Nepal,' *The National Geographic Magazine*, October, 1965.

Mikel Dunham, *Buddha's Warriors, The Story of the CIA-Backed Tibetan Freedom Fighters, the Chinese Invasion, and the Ultimate Fall of Tibet*(Jeremy P. Tarcher/Penguin, 2004).

Peter Matthiessen & Thomas Laird, *East of Lo Monthang: In the Land of Mustang*(Shambhala Publications, Inc. 1995).

Richard C. Blum, Erica Stone, and Broughton Coburn (ed.), *Himalaya: Personal Stories of Grandeur, Challenge, and Hope*(National Geographic, 2006).

Steve Razzetti, *Trekking and Climbing in Nepal*(London, 2000).

Vanesa Schuurbeque Boeye & Clara Marullo, *The Last Forbidden Kingdom, Mustang: Land of Tibetan Buddhism*(Charles E. Tuttle Co. Inc., 1995).

*Ancient Nepal*, Nos. 130-133, June-January, 1992-3.

松井亮, 奥山直司, 《ムスタン, 曼荼羅の旅》(中央公論新社, 2001),

바버라 포스어 외 지음, 엄우흠 옮김, 《백일 년 동안의 여행》(향연, 2004).

R. A. 슈타인 지음, 안성두 옮김, 《티벳의 문화》(무우수, 2004).

파드마 카포 강설, 박성준 역. 《티베트의 지혜와 명상》(불일출판사, 1990).

## 웹 사 이 트

http://guidenepal.com/teiji_festival.html(무스탕 개관).
http://showa-p.co.jp/oac/japanese/mustang/mus_sece.html(최근 100년간 외국인의 무스탕 방문).
http://yetizone.com(이안 P. 존슨의 쿰부 · 안나푸르나 · 랑탕 트레킹 웹가이드).
http://www.myhimalayas.com/mustang(칼스텐 네벨의 무스탕 여행기).
http://www.kbs.co.kr/1tv/sisa/wedplan/vod/1318982_1068.html(KBS 수요기획 〈은둔의 땅 무스탕〉(연출 이성규).
http://www.tibetbuddhism.pe.kr(양승규의 티베트불교 정보).
http://www.asianart.com/ahf/index.html(브라우턴 코번-툽첸 곰빠의 보수).
http://www.pbs.org/wgbh/nova/tibet/painting.html(브라우턴 코번-툽첸 곰빠 벽화 복원 과정).
http://dl.lib.brown.edu/BuddhistTempleArt(리버먼-로만탕의 세 곰빠 사진 조사).
http://www.holidaymountaintreks.com/fixed_departures/tiji_festival.php(띠지 축제).
http://www.asianart.com/articles/tashikabum(게리 맥큐-타시 카붐 곰빠).
http://www.nepal-dia.de(Andres de Ruiter-안나푸르나 · 틸리초 · 히든밸리 트레킹).
http://home01.wxs.nl/~han.van.roosmalen/travelogue0001/nepal00/nepal00.html(로스말렌의 무스탕 · 돌포 트레킹).

## 영 상 물

*Lost Treasures of Tibet*, Nova, WGBH Boston Video(2003).
*Mustang: The Hidden Kingdom*, Discovery Channel(1998).

**무스탕** 시간의 저편으로 떠난 여행

**초판 1쇄 발행** 2007년 10월 15일

**지은이** 대원(大圓)
**펴낸이** 이효정
**디자인** DesignZoo
**인쇄/제본** 한영문화사

**펴낸곳** 도서출판 탐구사
**등록** 2007년 5월 25일  제208-90-12722호
**주소** 121-854 서울시 마포구 신수동 93-114(4층)
**전화** 02-702-3557
**팩스** 02-702-3558
**이메일** tamgusa@korea.com

• 값은 표지에 있습니다.
• 이 책 내용의 일부 또는 전부를 재사용하려면 반드시 저작권자와 도서출판 탐구사 양측의 허락을 얻어야 합니다.

ISBN 978-89-89942-09-2  04270